現代英国の宗教教育と人格教育(PSE)

Religious Education and PSE in English Schools

柴沼 晶子・新井 浅浩 編著

東信堂

序にかえて

本書は「英国の1988年教育改革法後の公立学校における宗教教育と人格教育(Personal and Social Education)に関する基礎的研究」の題目のもとに文部省科学研究費助成金によって平成7年度から同9年度にわたって共同研究を行ってきた報告書(平成10年3月)を全面的に見直し、加筆訂正したものである。

われわれが行ってきた研究は、英国の教育において伝統的に中心的な位置を占め、また1944年教育法以後法的に義務化されている宗教教育と、それとの密接な関係を持ち、近年その役割が重視されてきている人格教育(Personal and Social Education — 以下PSEと記す)を精神的・道徳的教育(spiritual and moral education)、すなわち、いわば「心の教育」という枠組みからその内実を明らかにし、わが国のこの分野における研究および実践に資する基礎的資料と知見を提供することにあった。

英国では現行の1988年教育改革法の第1条で「児童・生徒の精神的、道徳的、文化的、知的、身体的発達を促し、成人後の人生における機会、責任、経験に対して児童・生徒に準備させる」ための「基礎カリキュラム」を公費維持学校に義務づけている。宗教教育はこの基礎カリキュラムの中にナショナル・カリキュラムの諸教科とともに位置づけられている。この条文の「精神的・道徳的」発達をとくに促すことを期待されているのが、他ならぬ宗教教育とナショナル・カリキュラムを補完するものとして近年その重要性が増してきているPSEなのである。

1988年教育改革法後の英国の教育改革については、わが国でも多くの紹介や研究がなされている。1988年教育改革法が1944年教育法以来44年ぶりの大幅な改革であったことがわが国の教育研究者の大きな関心を呼び起こしたが、なかでも従来国家による教育内容に関して法的規定がなかった英国において初めてナショナル・カリキュラムを導入し、各教科の学習内容を定めるだけでなく、それぞれの到達目標と必要な学習過程、さらに各キー・ステージの終わりに到達度を評価する評価手順まで定め、その結果の公表によって教育の質の向上を目指すという国家の取り組みが注目されてきた。

しかしながら、1944年教育法以降唯一の必修教科であり、1988年教育改革法においてもナショナル・カリキュラムとともに基礎カリキュラムに位置づけられ、その条文にも多くのスペースが割かれている宗教教育や、宗教教育ともっとも密接な関わりを持つPSEについてはあまりその実体が知られていない。英国の教育目的に掲げられた児童・生徒の精神的・道徳的発達はわが国の教育においても中心的な課題であり、現在とくに青少年の道徳性の発達を目指す教育の在り方が見直しを迫られていると言える。したがって、英国において宗教教育とPSEを中心にした「精神的・道徳的教育」がいわゆる学力の向上を目指す教育改革とともに、いかに重視され、さまざまな論議を積み重ねて取り組まれつつあるかを紹介することは、これまでこのような領域を扱った研究がないために基本的なカリキュラムの枠組みや条文、報告書など情報的な内容に紙数を費やすことになったものの、研究レベルにおいても、実践レベルにおいても有意義なことであると思われる。

本書は以下の３部および終章から構成されている。

第１部では、英国で宗教教育が一般教育として公立学校(county school)のカリキュラムに位置づけられていることの意義を踏まえて、公立学校における宗教教育について、その歴史的経緯から1988年教育改革法およびその後の政策の推移と宗教教育の目標、内容について検討している。

わが国においては従来宗教教育について教育学的な関心が持たれなかった。建学の精神の基盤を宗教に置く私立学校は別として、宗教教育は公立学校においては無縁なものであるとみなされ、宗教教育の意義やその本質について論議されることは稀であった。その理由としては第１に公立学校における宗教教育を禁じた憲法第20条および教育基本法第９条２項の規定があり、さらに擬似宗教としての国家神道の教育支配による宗教教育への警戒が教育基本法の第９条１項にある宗教の教育上の意義を認めることまでも忌避させることになったことが挙げられる。第2に公教育における世俗制を、義務制、無償制とともに公教育の三大原則とする近代公教育理念を自明のこととする認識があるためと思われる。その場合、宗教教育を公教育制度に位置づけている諸国は歴史的にその国の文化がある特定の宗教と深く関わってきたために宗教教育をいまだに行っているのであって、このような関係はわが国の場合はすでに法的に教育の宗教的中立性を確立することによって決着済みであり、公教育に宗教教育を位置づけている諸国はまだ近代化を果たしていないということになる。

しかしながら、英国の公立学校における宗教教育はその文化的背景からキリスト教が中心とはなっているものの、諸宗教の学習も含めた教育の論理によってカリキュラムに位置づけられたものであり、多文化社会における宗教教育の在り方として近年他の諸国に注目されているものである。わが国においてもオウム真理教による凶悪犯罪を契機として、公教育における宗教教育の問題に関心が高まり、教育関係学会においても教育と宗教の関係が取り上げられるようになってきた。さらに青少年のひきおこした未曾有の悽惨な事件によって、教育の根本的な問い直しを迫る「心の教育」が模索されている。このような時に、カリキュラムの中に必須の領域として位置づけられている英国の宗教教育の内実を検討することは今後のわが国のこの面での研究にとって必要なのではなかろうか。

本書では英国の公立学校という場合、地方教育当局が設置した county school を中心としている。また教科としての宗教教育を考察の対象として、宗教教育の重要な領域である集団礼拝については少数民族の宗教問題に関連した複雑で微妙な問題をはらむために、第2部で取り上げることにしている。

第2部は、英国の多文化社会におけるマイノリティの文化と宗教の実態を取り上げ、公教育における宗教教育のマイノリティの問題を浮き彫りにしている。とくに第1部では扱い得なかった英国の宗教教育の義務化において大きな問題となる集団礼拝についてマイノリティの宗教的要求と関連させて取り上げている。

宗教教育をめぐるマイノリティの問題を取り上げるにあたってはマイノリティの政策を背景に分析する必要がある。ここでは歴史的に展開されてきた同化教育、統合教育、多文化教育、反人種差別教育の4つのモデルの特徴を明らかにした上で、多文化教育の実践を紹介している。次いでマイノリティの学校の一般的課題における文脈において宗教教育固有の問題を論じている。

第3部は、現代社会における青少年の生き方の総合的かつ実践的な援助となっているPSEについて、その理論的実践的特質と1988年教育改革法後の展開について検討し、なおかつ実践例を紹介しながらその実体を明らかにしている。

英国社会の世俗化に伴い宗教によらない道徳教育の台頭や、学校における子どもの情意的側面を重視した教育実践あるいは現代的な課題に対応した教育実践の蓄積を基盤にして発展したPSEは、その理論・実践ともに多様なものとなっている。また、1988年教育改革法では、その掲げる教育目標においてはこうした領域を重視しつつも、カリキュラムとしては必修教科に加えることのない体制になったという問題点を抱えているが、このことは、PSEの行方を展望しにくいものとする原因となった。同時に、同法によるカリキュラムの全国基準という枠組みの中で、各学校におけるカリキュラム開発がどのような形で実施されているのかに関しても、必ずしも明瞭ではなかった。このような状況の中で、PSEがいかなる実体を持つものであるのかを把握することは容易ではない。本書では、そうした困難さを自覚しつつも、可能な限り明らかにすることを試みた。実践例の紹介は、紙幅の都合上、限られたものとなったが、わが国の今次の教育課程の基準の改善により創設された「総合的な学習の時間」を展開する上で、PSEの実践の蓄積から有益な知見を得る可能性を見出すことができる。

さらに、子どもの自己概念の確立および自己肯定の育成を鍵概念に据え、単に特設の時間にとどまることなく各教科の学習をはじめ学校の諸活動全体からのアプローチを強調しているPSEは、近年わが国において確立されつつある「臨床教育学」にとっても、窺知に値するものであると言えよう。

終章として、2000年から中等教育において義務化される「市民性の教育」の成立に至る過程をその論議の発端から跡づけている。

1988年教育改革法からすでに10年以上経過し、その間労働党への政権交代を経て英国の教育もさまざまな改革が行われた。宗教教育やPSEの領域においても、思わぬ方向への展開が見られた。すなわち国民各界の代表の参加による社会の「共通の価値(common value)」の設定のためのフォーラムが設置され、それが新政権に移行して新カリキュラムに「市民性の教育」が位置づけられることになった。ここに、英国の「精神的・道徳的教育」が新たな局面を迎えたとも言え、これまでに蓄積された宗教教育やPSEの研究や実践がどのような展開を見せるかが注目される。それだけに1988年教育改革法のこれまでの足跡をまとめておくことの意味もあるかと思う。現時点で現行法という場合1996年教育法を指すが、現政権の教育政策は基本的には1988年教育改革法に基礎を置き、その延長上にあるとされる。宗教教育に関する条文は国庫補助学校の詳細な規定が加わった以外は1988年教育改革法を踏襲している。

なお英国の宗教教育やPSEについてはこれまであまり取り上げられることがなかったため、宗教教育に関する法的規定やPSEについての基本的概念や用語に試訳を用いている。とくに “Personal and Social Educations” に「人格教育」という訳語をあてた。また “spiritual” については「精神的」という訳語よりも「霊的」とすべきかと迷った。その他の訳語についてもその適否についてご批判ご教示をいただければ幸いである。

2001年1月

編者代表　柴沼 晶子

現代英国の宗教教育と人格教育(PSE)／目　次

現代英国の宗教教育と人格教育（PSE）

第1部
英国の宗教教育
——公立学校を中心として——

第1章
1988年教育改革法に至るまでの宗教教育

第１節　英国における公立学校の宗教教育の伝統

英国では、現代の英国社会が世俗的また宗教の多元的状況を加速しつつある状況の中にあっても、なお宗教教育を公教育の基本的カリキュラムに位置づけている。すなわち、現行法の基礎をなす1988年教育改革法はその第１条に、公費維持学校[1)]に「児童・生徒の精神的、道徳的、知的、身体的発達を促進し、成人生活における機会、責任、経験に備えさせる」ために、９教科から成るナショナル・カリキュラムと宗教教育の２領域を基礎カリキュラムとする「調和のとれた幅広い」カリキュラムを用意すべきことを規定しているのである。このことはすなわち宗教教育を一般教育の不可欠な領域、すなわち第４のＲ[2)]として公立学校のカリキュラムに位置づけていることになる。このような英国の宗教教育の位置づけは、英国においては国教会が国政と深く結びついていることや教会が学校の設立、普及、さらにその制度化に深く関わってきた歴史があるとはいえ、公立学校における世俗性ないし宗教的中立性を近代公教育の原則として、宗教教育を排除しているフランス、アメリカ合衆国、あるいは日本の場合と比較して極めて特徴的であると言える。

1988年教育改革法における公立学校の宗教教育の法的規定と、それに基づいて実際に学校で展開される宗教教育の内容を検討するにあたって、まず、それらの歴史的背景を概観しておく必要がある。何故なら現在の英国における宗教教育のあり方とその特質を論ずる際に欠かせない諸概念は、歴史的な宗教教育の制度的位置づけと時代の変化に即応した宗教教育の展開の過程で形成されてきたものだからである。それらは、公教育制度を成立させた1870

年の初等教育法における公立学校の宗教教育規定に始まり、それを継承した1944年教育法における宗教教育に関する条項と、その後の社会的変動に伴う宗教教育の変化や公立学校における宗教教育の正当性をめぐる論議、学校において展開された実践を経て、1988年教育改革法に至るまでに蓄積されてきたものなのである。

1　1870年法のクーパー・テンプル条項と良心条項

英国の公立学校における宗教教育の基本的規定となってきたのは1870年の初等学校教育法(Elementary Education Act)の成立を導いたとも言える「クーパー・テンプル条項」(Cowper-Temple Clause)と「良心条項」(Conscience Clause)である。「クーパー・テンプル条項」とはクーパー・テンプル卿が提案した「公立学校では宗教教育にあたって特定の宗派に固有ないかなる宗教的教義や儀式も教えてはならない」とする規定である[3)]。「良心条項」とは従来から存在していた「親はその信仰に反する宗教教育の時間に子弟を退出させることができる」という良心の自由を保障した規定である。英国はこれによってそれ以前の約1世紀にわたるいわゆる「宗教的困難」を克服して、初めて公立の初等学校を設置し、公教育制度樹立への端緒を開いた。しかしその場合も、全国を学区(school board)に区分して、既存の教会を基盤とした有志団体立学校(voluntary school)の不足する地方にだけ「隙間を埋める」形で公立学校(board school)を設置していった[4)]。したがってクーパー・テンプル条項が公立学校に適用される一方、既存の有志立学校では従来の宗派的宗教教育が行われることになった。いわゆる二重制度(dual system)の始まりである。注目すべきことは、宗教教育は1870年法では必修ではなく、各学務委員会の裁量に委ねられていたことである。しかし実際はすべての学区で宗教教育が行われていた。

19世紀末から20世紀初頭にかけて、増加する公立学校で宗教教育を行うことを不可能にするのではないかという程度まで公立学校の宗教教育の内容をめぐる教派間の疑念が強まり、宗教教授の内容に関する教派間の最小限の協定が必要となった。この必要性の認識は大戦間に高まり、地方の教育当局(Local Education Authority—以下LEA)と諸教会との協力によって宗教教授の協定細目(agreed syllabus—以下アグリード・シラバス)が作成され、それによって公立学校の宗教教授の内容が整えられるようになった[5]。その最初の取り組みは1923年にウエスト・ライディングで始められたが、1924年に国教会と自由教会(国教会以外のプロテスタント教会)の著名な学者の協力を得てケンブリジ県でアグリード・シラバスが作成され、それが他の地区でも広く採用されるとともにその後のアグリード・シラバスに影響を与えた[6]。1940年には317のLEAがアグリード・シラバスを作成するか他地区のアグリード・シラバスを採択しており、このうち100以上にのぼるLEAがケンブリッジ県のものを採用していたとされる[7]。1944年法で義務化され、現在に至るまで公立学校における宗教教育の内容の基準となるアグリード・シラバスはこのように長い歴史を持つものである[8]。

2　1944年教育法における宗教教育規定

1944年教育法は第2次大戦後の教育の再建を目指して、教育制度の抜本的な改革を行った。同法は、時代の推移によって財政難に陥り、第2次大戦の経済的疲弊によって荒廃した有志団体立学校をLEAの管轄下に収め、公立学校(county school)とともに公費維持学校(maintained school)へと一元化した。しかしながら、有志団体立学校を廃止したわけではないので二重制度は残り、しかも宗教教育(一斉礼拝と宗教教授)を必修としたので、次のような宗教教育の複雑な規定をもたらした。すなわち、公費補助を得る有志団体立学校は、それぞれその補助の割合に応じて、学校理事会理事の構成、教員の任免権および宗教教育の内容が異なることになったのである[9]。

LEAの管轄にある公費維持学校は表1-1のようなものである。

1944年教育法はその第25条にすべての公立学校および有志立学校において学業を一斉礼拝で始めるべきことと、宗教教授(religious instruction)を行うべきことを定め、以下30条に至るまで各校別の宗教教育の内容について規定している。

その要点は次のようなものである。

① すべての学校で一斉集団礼拝と宗教教授が行われるが、親はその児童・生徒をその全部または一部を退出させる権利が認められている。(第25条)

表1－1　公費維持学校

学校種	Maintained School＝地方教育当局の維持学校			
	County School 公立学校	Voluntary School		
		Controlled School 管理学校	Aided School 補助学校	Special Agreement School 特別協定学校
行政管轄	LEA	LEA	LEA	LEA
理事会の構成	LEA	LEA 代表 設置者代表	LEA 代表 設置者代表	LEA 代表 設置者代表
教員任命権	LEA	LEA(校長と宗教教授の教師の任命は理事の意見をきく)	理事会 教員数の決定はLEA	管理学校に同じ
宗教教育 Syllabus	非宗派教育 Agreed Syllabus	非宗派教育 Agreed Syllabus（希望者があれば週2時間まで宗派教育が許される）	宗派教育 独自の Syllabus による	宗派教育 補助学校に同じ
補助金	LEA 全額維持	LEA 全額補助	75%補助	75%補助

② 公立学校および管理学校での礼拝は、特別な宗派によらない性格のものであること。さらに宗教教授は学校のために採択されたアグリード・シラバスによること、また、特定の宗派に固有な教理問答書や礼拝文を含まないこと。（第26条）

③ 管理学校では希望がある場合、週2時間以内まで宗派的宗教教授を行うことできる。

しかし、原則としてアグリード・シラバスに従って宗教教授を行うべきこと。（第27条）

④ 援助学校および特別協定学校ではその学校の定款に従った宗派的宗教教授を行うことができる。（第28条）

⑤ LEAはアグリード・シラバスによって行われる宗教教授の指導法、教材の選択、教師の研修に関して、当局に助言する宗教教育審議会を設置する権利を持つ。（第29条）

⑥ 教師も礼拝および宗教教授の退出権を持ち、礼拝や宗教教授に参加または担当しないことを理由とした不利益を被らない。（第30条）

さらに同法の細則第5条にはアグリード・シラバスに関する次のような規定がある。アグリード・シラバスは各LEAのアグリード・シラバス協議会

(Agreed Syllabus Conference)が召集されてそのもとに作成するか、あるいは他地区のアグリード・シラバスを採択するが、その協議会は次の代表から成る委員会(panel)によって構成される。

A　英国国教会

B　その地方の代表的なキリスト教の宗派(但しローマ・カトリックは除く)

C　その地方の代表的な教員団体

D　LEA

アグリード・シラバスの採択にはこの全委員会の一致がなければならない。注目すべきことは、1944年教育法には以上の宗教教育に関する規定以外にカリキュラムに関する規定が一切なかったことである。したがって集団礼拝と宗教教授から成る宗教教育だけが唯一の法的に定められた「必修領域」であった。

1944年教育法の前文には「すべての地域の地方教育当局は、その力の及ぶ限り、地域社会の精神的(spiritual)、道徳的、知的、身体的発達に貢献しなければならない」と掲げられており、このために英国の伝統的な宗教であるキリスト教を基盤にした宗教教育を学校教育の中心に据えることによって、戦後の精神的復興を図ることをねらいとしたと言える。すでに戦時下においてもナチズムに対してキリスト教的倫理や世界観の勝利をうたって国民的統合が図られたが、戦後の宗教教育、とくに宗派的対立を越えた公立学校の宗教教育への期待は大きかった。1944年教育法には宗教教育についてとくに規定はないものの、当時においては、宗教教育はキリスト教によることは自明のことであった。それゆえ1870年初等教育法におけるクーパー・テンプル条項は、宗教教育が学校で当然行われることを前提にした、公教育における妥協的解決法であったが、1944年教育法の宗教教育の規定は1870年初等教育法の宗教教育規定を基本的に継承しながらも、英国の国民的期待を担って唯一の必修領域として宗教教育を「地域社会における精神的、道徳的、知的、身体的発達に貢献する」ものとしてカリキュラムの中核に位置づけたものであったと言える[10)]。ロンドン大学とコロンビア大学の共同編纂による比較教育の『教育年鑑』1951年版は道徳教育を特集し、世界24か国の道徳教育を取り上げているが、英国については、オックスフォード大学のイークスリー(Yeaxlee,

Basil A.)が、英国の場合を非宗派的キリスト教による宗教教育を道徳教育として紹介し、「道徳教育はキリスト教によって行われるべきであり、聖書が教えられれば、他の倫理は不要である」と述べている[11)]。戦後間もなく採択された代表的なアグリード・シラバスは、宗教教育の目的を「キリスト教社会におけるキリスト教的市民を育てること」に置いている[12)]。

3　1944年教育法後の宗教教育の展開

このような宗教教育への期待も社会の変化によって次第に冷めていくことになる。ことに1960年代に入ると、急激な社会の変動によって国民の間に世俗化、価値観の多様化が進み、従来の聖書を中心とする宗教教育は生徒の生活や関心から遠いものとなり、道徳教育としての役割をも果たし得なくなる。このような状況下で、旧態依然たる宗教教育への批判が噴出し、その中から宗教によらない道徳教育の研究や実践が行われ、一時は宗教教育にとって代わるのではないかとさえ言われた[13)]。宗教教育に替わる道徳教育の主張はヒューマニストと呼ばれる人々によってなされている[14)]。例えば1968年の中央審議会の初等教育に関する答申、通称プラウデン・レポートには少数意見としてこれらの人々の主張が載せられている[15)]。さらにキリスト教的立場とヒューマニストの立場の妥協を見出す試みから宗教教育のオープン・アプローチという宗教教育概念が提唱されたのもこの頃である。オープン・アプローチとは、ある1つの信条を絶対的なものとして受け入れさせようとするインドクトリネイション、あるいは一定の信仰または価値観に生徒を導くことではなく、生徒の生きる拠り所となる信仰あるいは人生観、世界観を自ら主体的に見出すように援助することを宗教教育の本質であるとするものである[16)]。このような宗教教育観の転換から、宗教教育の内容や方法の改革が行われるが、それらの動因となったのは、伝統的権威の失墜と世俗化の加速、他民族の移住によるキリスト教絶対主義への懐疑と価値観の多様化、児童中心・生活中心主義的教育観に基づく指導法の普及、ブルトマン(Bultmann, Rudolf)、ティリッヒ(Tillich, Paul)らの神学の影響を受けた信仰観などであった[17)]。これらを背景に1960年代後半から多くのアグリード・シラバスが改訂された。このような時代にアグリード・シラバスの改訂に先鞭をつけたのがウエスト・ライディングであったが[18]、内ロンドン(ILEA)のアグリード・シラバスは児童・生徒の経験を通して自分自身の拠り所となる(究極的にはキリスト教ではあるが)信条や生き方に導くものとなっており、他の教科を総合したテーマあるいはトピック学習によって構成する時代を画すものとなっている[19]。

1970年代に入ると、そのような改革を基礎にしながらも、新しい論理によって宗教教育のカリキュラムにおける位置づけが主張されることになった。すなわち、60年代後半のアグリード・シラバスに具体化された宗教教育の内容や方法の改革に一定の評価を与えながらも、それらが究極的には児童・生徒をキリスト教信仰へと導く「信仰告白的(confessional)」宗教教育の範疇を免れておらず、公立学校における宗教教育としては不適切であると断じ、公立学校における宗教教育はキリスト教信仰やキリスト教的倫理観を培うことを目的とするのではなく、人間形成に不可欠な領域としてカリキュラムに位置づけるべきことが主張されるに至ったのである。

すでに60年代からこのような教育的論理に基づく宗教教育のカリキュラムへの位置づけへの論議が行われていたが、「教育的(educational)宗教教育」という表現で宗教教育の新しい概念を打ち出したのはコックス(Cox, Edwin)であった[20]。つづいて1971年に公刊された学校協議会(Schools Council)の『中等学校における宗教教育』(*Religious Education in Secondary Schools, Working Paper 36*)は、公立学校の宗教教育は従来の宣教・教化的な「信仰告白的宗教教育」とは峻別される「教育的宗教教育」にとって代わるべきであるとした。さらにそのような宗教教育のアプローチとして、生徒の経験を通して自己の存在や苦悩、生きることの意味といった人生の究極的問題(ultimate question)を問う「経験の探究」と宗教多元社会(pluralistic society)における各々の信者の生き方や信者が帰依する宗教を理解するのための「諸宗教の学習」を提唱し、前者を内包的(implicit)アプローチ、後者を明示的(explicit)アプローチと定義づけた[21]。さらに同年に公刊されたキリスト教宗教委員会の『第4のR』(*The Forth* R、通称ダラム・レポート)は従来の宗教教授(religious instruction)に代わる教育的宗教教育をピーターズ(Peters, R. Stanley)の「価値あるものへのイニシエーション」という教育の定義から意義づけている[22]。この他この時期の宗教教育の教育的論拠にはフェニックス(Phenix, P.)やハースト(Hirst, Paul)のカリキュラム論が援用されている[23)]。

しかしながらこれら2つのレポートの両者の立場は究極的には異なるものである。前者は諸宗教の学習に宗教教育の目的を置くスマート(Smart, Ninian)の影響のもとにあって、宗教に対して中立的であるべきであるとの立場に立っている。スマートは宗教教育の目的を宗教の共感的理解にあるとし、宗教を教義的、神話的、儀礼的、社会的、経験的、倫理的の6側面から理解させる現象学的(phenomenological)アプローチを提唱した[24)]。これに対して、後者はキリスト教を基本的には英国の宗教教育の中核にすべきであるとの立場に立っている[25)]。

前者の立場を具体化したものが1975年に採択されたバーミンガム市のアグリード・シラバスであった。このシラバスは、宗教教育の目的を「諸宗教の客観的理解」であるとして、キリスト教とユダヤ、イスラム、ヒンズー、シーク教を低学年から並列的に扱うという画期的な内容で大きな論議を巻き起こすとともに、現象学的アプローチによるアグリード・シラバスのその後のモデルとなったものであった[26)]。

一方、1978年に採択されたハンプシャーのアグリード・シラバスは、自己認識から出発して生徒の経験や人間関係の中に生きる意味や究極的価値を求めさせる「意味の探究」と、歴史的に築き上げられた宗教とその信奉者をその諸側面から理解させる「諸宗教の学習」から成っており、この「内包的」および「明示的」、あるいは「経験的」および「現象学的」と呼ばれるアプローチから成るアグリード・シラバスの枠組みは、このシラバスが多くのLEAで採択されたことからも言えるように、その後の宗教教育の基本的枠組みとなっている。

70年代末から80年代にかけて宗教教育は現象学的アプローチが優勢になり、諸宗教の学習によって宗教を理解させるという目的が現場にも認識されてきていた[27)]。1985年に出された、少数民族の教育問題を扱いその改善を勧告したスワン・レポート(*Swann Report*)はそれを政府が公認、奨励し、さらに普及させたことになった[28)]。このレポートのタイトル『すべてのもののための教育』(*Education for All*)は少数民族の多い地域——バーミンガム、ブラドフォードなど——だけでなく、これらの諸宗教について学習することは英国

表１－２　1944年教育法後の宗教教育の展開

	宗教教育の特徴	アグリード・シラバスの内容	代表的なアグリード・シラバス	改訂の要因など
1944～	キリスト教の知識の教授・聖書の歴史・ 信仰告白的宗教教授	聖書の歴史・キリスト教の教義 キリスト教倫理の実践	Sunderland (1944) Cambridge (1947)	1944年法
1965ˆ	子どもの生活経験中心 援助の生き方 オープン・アプローチ	日常経験から聖書の世界へ 身近かな疑問への キリスト教の回答 キリスト教倫理へ	West Riding (1966) ILEA (1968)	世俗化・教会離れ 神学の変化 経験主義教育原理
1970	宗教の客観的理解 人間の自己理解 Educational REI	宗教の学習 生きる意味の探究 ・究極的問い	Birmingham (1975) Hampshire (1978)	多民族・多宗教 多文化社会
1980	諸宗教とその信者への共感的理解	諸宗教の学習 主題アプローチ 究極的問い	Cambridge (1982) ILEA (1984)	多文化の統合 スワン・レポート
1988	宗教の理解 意味の探求 実践の強調	諸宗教の知識・理解 生きる意味の探求 個人の心情と実践	SACRE（宗教教育諮問審議会）のもとに各 LEA が作成	1988年法 SACRE の役割の強化 OFSTED による視察
1995	キリスト教中心 他の５宗教の学習	宗教についての学習 宗教からの学習	モデル・シラバス	1993年法 1994年通達

におけるこれらの人々の存在と多文化社会に生きることをすべての生徒たちに準備させることでもあった。とくに伝統的な地域の生徒にとっては宗教教育は異文化理解のための唯一の教科であった[29]。その意味で宗教教育は新たに国家統合の役割を担いつつあったと言えよう。

以上のような宗教教育の変化をその後の展開も加えて一覧しておこう（表１－２）。

第２節　1988年教育改革法の宗教教育に関する規定

１　主な関係条項

宗教教育に関する規定は、全40章、238条から成る1988年教育改革法の第

1章のカリキュラムに関する条項の中に位置づけられている。まず序文の第1条に「公費維持学校のカリキュラムは(a)学校および社会における児童・生徒の精神的、道徳的、知的、身体的発達を促し、(b)成人後の生活における機会、責任および経験に対して児童・生徒を準備させる、均衡がとれた、幅の広いものでなければならない」と述べ、第2条に、すべての公費維持学校は宗教教育とナショナル・カリキュラムから成る基礎カリキュラムを備えるべきことを定めている。

同法第1章のカリキュラム関係の条文はカリキュラム評価審議会に関するものも含めて1条から25条にわたっているが、そのうち宗教教育の項目に関しては集団礼拝、宗教教育、退室権に関する規定が第6条から10条に、さらに11条から13条に宗教教育審議会に関する規定がある。その公立学校に関係する規定の概略を以下に挙げる。

(1)　集団礼拝

集団礼拝(Collective Worship)に関する条文は6、7、9の各条にわたっており、以下のように定めている。

第6条では、

① 公費維持学校のすべての生徒は毎日集団礼拝に参加すべきこと。(第1項)

② 集団礼拝は全校一斉礼拝でも年齢別あるいはその他のグループ別の礼拝でもよい。(第2項)

③ 集団礼拝の計画は公立学校の場合理事会と協議の上校長が行い、有志団体立学校の場合は校長と協議の上理事会が行う。(第3項)

④ 礼拝は学校の構内で行われなけれならない。但し理事会が学校以外の場所で行うことを要求する場合は、学校外の適切な場所での礼拝を行うことができる。(第4項)

第7条は公立学校の集団礼拝の内容を以下のように定めている。

① 公立学校の集団礼拝は、全体として、あるいは主として広い意味でのキリスト教的性格のものでなければならない。(第1項)

② この広い意味でのキリスト教的性格とは、特定のキリスト教の宗派によらないキリスト教の広い伝統を反映するものを言う。(第2項)

③　第6条に要求されている集団礼拝は公立学校の場合、全学期の大部分が①に従っていればよい。（第3項）

④　キリスト教信仰の広い意味での伝統に従った集団礼拝をどの程度行うか、あるいはどの程度、またどのように従うべきかは、生徒の家庭的背景と年齢と適性によってその適切さを考慮すること。（第4、第5項）

⑤　SACREが第1項を適用することが適切でないと決定した場合、学校あるいは学級は第1項は適用されないし、集団礼拝は特定のキリスト教あるいは他の宗派によらないこと（但しこれは特定宗派の礼拝を妨げるものではない）。

以上のように、集団礼拝に関して1988年教育改革法によって改正された主な点は、第1に、従来の毎日の学校の始業時に全校一斉に行うべきことになっていた集団礼拝の時間や集団に柔軟性を持たせたこと、第2に、公立学校における礼拝をキリスト教を中心にすべきことを定めたことである。但しこの原則に第7条第3項以下の複雑な例外規定が設けられている。このことは後段に見るように集団礼拝と宗教教育におけるキリスト教の強化を求める意見に対して、それを配慮しながらも、複数民族社会の現実を考慮した結果であることを表している。

⑵　宗教教育とアグリード・シラバス

宗教教育に関しては第8条に次のように定めている。

①　1944年法の第26条から28条の規定に基づいて特定の宗派や教義によらない。（第2項）

②　アグリード・シラバスは「英国（Great Britain）」における宗教的伝統は主としてキリスト教であるという事実を反映するものでなければならず、同時に英国において相当数の信者のいるキリスト教以外の主要な宗教の教説や実践に対しても配慮を示すものでなければならない。（第3項）

この規定に応ずるために、アグリード・シラバス作成協議会の英国国教会以外のキリスト教の委員会にキリスト教以外の諸宗教の代表を加えることになった。したがって協議会の構成は、A.英国国教会、B.その地方の宗教的伝統を代表するとLEAがみなすキリスト教あるいはその他の宗教教団、C.その地方の代表的教員団体、D.LEAの4委員会から構成される。協議会は

LEAが新しいアグリード・シラバスを作成することが適切であると決定した場合、あるいはSACREがアグリード・シラバスの見直しを要求した場合に召集される。（細則1-12、13）

宗教教育の内容に関しても、キリスト教によることを明記した上で、他の宗教に配慮することを義務づけている。

⑶　退出権（良心条項）

英国の宗教教育において良心条項として歴史に認められてきた宗教教育からの退出を認める権利に関する規定は第9条に定められている。ここでは、日曜学校または宗教的礼拝の場に出席することまたは出席を控えることを生徒が公費維持学校に通学する条件としてはならないこと（第1項）、父母がその子女の宗教礼拝または宗教教育の授業またはその両方の出席への参加の免除を求める場合、その要求が撤回されるまで免除しなければならないこと（第3項）が定められ、退出を認めるにあたって次のことが条件となっている（第4項）。⒜父母がその子女の退出を許可される時間に他の宗教教育を受けさせることを希望すること。⒝父母が希望する宗教教育を行う他の公費維持学校に通学させることが容易でないこと。⒞父母が希望する宗教教育を授業時間中に他の場所で受ける手続きが完了していること。さらに退出できるのは、他の授業の出席に支障がないことを地方教育当局が認めた場合に限るとしている（第6項）。

⑷　常設宗教教育諮問審議会（Standing Advisory Council on Religious Education）

宗教教育諮問審議会、通称SACREは1944年法にも設置されることになってはいたが、1988年教育改革法によって設置が義務づけられ（第11条第1項）、その規定は第11条から第13条にわたっている。その任務は、

①　公立学校における宗教礼拝とアグリード・シラバスに従って行われる宗教教育に関するLEAの諮問事項について勧告すること（同第1項⒜）と、第12条に定めたキリスト教による集団礼拝を適用しな場合の措置を講ずること（同項⒝）である。

②　とくに教育方法や教材の選択、教員の養成の提供も含んでいる（同第2項）。SACREは宗教礼拝に関して公立学校の特定のクラスや生徒に対してキリスト教による集団礼拝を要求することの是非について、理事会と

協議の上校長の申し出に基づいて検討する義務がある。(第12条、関係条項、第7条6 a)

その委員は次の団体の代表から地方教育当局によって任命される。

(a)　地方教育当局がその地域における主要な宗教的伝統を反映すると認めるキリスト教およびその他の宗教の宗派

(b)　ウェールズ以外の地域では英国国教会

(c)　地方教育当局がその地方の代表的であると認める教員団体

(d)　地方教育当局

SACREはアグリード・シラバスの検討を要求することができ、LEAはアグリード・シラバス検討のために1944年教育法の細則5の規定によってアグリード・シラバス作成協議委員会を召集する義務を負う(第7、8項)。さきに挙げた委員会の構成は、改革法では細則1－7(2)においてその構成代表団の「(b)その地方の代表的キリスト教の宗派」から、上のSACREの(a)のように、「キリスト教および他の宗教の宗派」の代表に置き換えられている。

この他にとくに注目すべき改正として、1944年法の「宗教教授」という名称を「宗教教育」に改めたことと、集団礼拝や宗教教育に対する不服申請の権利を保障した(第23条)ことが挙げられる。前者については後に触れるので、後者について述べておく。

第23条ではすべてのLEAは宗教教育についての不服申請の手続きを定める必要がある。不服申請の対象となるのは、宗教教育の時間配当、宗教教育と使用されるアグリード・シラバスの内容、宗教教育に関するLEAが出した方針、学校またはLEAの情報提供の拒否、SACREの設置である。

学校に対する不服申請は理事会の議長に書面で行われる。理事会はこれを検討して書面で回答する。その結果に不満がある場合はLEAまたはSACREに訴えがなされ、その決定が不服の場合は大臣に提出されることになる。LEAに対する不服申請はLEAの教育長に提出されるが、これもその回答が不満足であった場合には文部大臣に提出することができる。最終段階の決定が出るには約1年かかる[30)]。

以上のように1988年教育改革法における宗教教育に関する規定は1944年教育法を基礎としながらも大きく変わった点もある。1988年教育法の宗教教育に関して改正された主な点は以下のようになろう。

① 唯一の必置修領域から新たに設定されたナショナル・カリキュラムとともに基礎(basic)カリキュラムとして位置づけられた。

② 教科としての「宗教教授」は「宗教教育」という名称に変更されている。

③ 公立学校の毎日の集団礼拝は、「全体としあるいは主として広い意味でのキリスト教的な性格(wholly or mainly of a Christian character)のものであること」と規定される。

④ 公立学校の宗教教育はアグリード・シラバスによる。しかしそのアグリード・シラバスは「英国における宗教的伝統がキリスト教であることを反映し、同時に英国において多数の信者を持つ、他の主要な宗教の教えと実践を考慮しなければならない」こととされている。故に各宗教の教義をも扱うことから、クーパー・テンプル条項に多少の修正がなされることになった。

⑤ アグリード・シラバス作成協議会の委員会として、国教会以外のキリスト教の諸宗派のグループに他宗教の代表も加わることになった。

⑥ 各地方教育当局に宗教教育諮問審議会の設置を義務づけた。審議会の構成はアグリード・シラバス作成協議会の構成と同様である[31)]。

改正の基本的特色はに宗教教育を強化したことである。しかも英国の伝統的価値観や道徳的基盤をキリスト教に求める人々の声を反映して、キリスト教を中心とするべきことが明確にされた。1944年教育法当時は宗教教育の内容はとくに規定はなくてもキリスト教によるものであることは自明のことであった。しかしいまや世俗化や多文化化の進行しつつある社会に突入して、失われつつある英国のキリスト教的伝統を復活することによって、道徳的基盤の確立と国民的統合を目指すことが再び宗教教育に期待されたのである。しかし1944年法の成立当時とは異なって複数民族が社会を構成する多元的社会であることの現状も無視し得ず、すでに実態として行われていたキリスト教以外の宗教を扱うこを初めて法的に規定することになった。この点について宗教教育の在り方をめぐる論議は法案審議の過程で激しくたたかわされ、法案成立後もいくつかの問題が持ち越されることになる。

2　改正をめぐる法案審議における論議

当初、政府は宗教教育については1944年教育法の諸条項について改正する意図はなかったと言われている。それが論議の過程で修正案に次ぐ修正案が提出され、法案の成立した際には重要な新しい意義と規定が宗教教育と集団礼拝に盛られ、学校生活におけるそれらの重要性が明確に打ち出されることになったのである[32]。

まず宗教教育がナショナル・カリキュラムの基礎科目（foundation subjects:[33]）に位置づけられず、周縁科目に押しやられる不満と批判が出された。ナショナル・カリキュラムにおけるような評価や検討がなされないために宗教教育を軽視することになるからである[34]。担当大臣であったベーカーは、宗教教育はすでに1944年教育法によってカリキュラムにおける位置づけは明確であるとしていた。また宗教教育については地方教育当局の管轄事項であるので、ナショナル・カリキュラムに入れるることは不適切であること、さらに教会の意向をも容れたためであると説明している[35]。

これに対して議員たちは、各自の経験から宗教教育の重要性を強調し、道徳意識の低下や宗教教育軽視の憂慮すべき実態について発言を連ねている。すなわち、1944年教育法の規定にもかかわらず、宗教教育は小学校段階と中等学校の低学年ではともかく、中等学校の上級学年ではほとんど行われておらず、集団礼拝に至っては小・中学校段階での実施率は極めて低いことが調査によっても明らかにされていることを問題にし、青少年の道徳の低下を指摘し、キリスト教に基づく宗教教育が生徒の道徳的発達にとって絶対的に必要であること、英国の歴史的背景や文化的伝統からも欠かせないものであることを強調している[36]。

結局ナショナル・カリキュラムとともに基礎(basic)カリキュラムという範疇に宗教教育を位置づけることによってその独自性が強調された[37]。同時にSACREの設置の義務化とその役割を高める修正案が可決された。

審議は次第に当時の社会の道徳的低下を招いた原因が宗教教育の内容にあり、ことにキリスト教と他の諸宗教とを無差別に学習させる宗教教育が価値観の混乱や、極端な価値相対主義をもたらしていることへの批判へと集中していった。議員たちはキリスト教以外の宗教をキリスト教と同等に扱って学習させる宗教教育の実態を次々と取り上げ、それらを諸宗教の「薄められた学習」、「ごたまぜ(hotch-potch)」、「フルーツ・カクテル」と批判した。

キリスト教の復権を目指して法の改正を主張し、キリスト教の危機を煽ってロビー活動を行っていたコックス議員(Baroness Cox)は、遂に「すべての公費維持学校の宗教教育はキリスト教を最優先(predominantly Christian)すべきあり、他の宗教の礼拝を、父母の適正な要求がある場合、学校の構内で行う」という修正案を提出した[38]。同議員は現在行われている宗教教育におけるキリスト教と諸宗教の扱いはキリスト教のみならず他の宗教の理解をも皮相なものとしているだけでなく、オカルトやマルクス主義まで扱っている場合もあると述べ、そのようなアグリード・シラバスの神学的スタンスと粗雑な内容を批判し、その典型としてバーミンガム市やダドリイ市のアグリード・シラバスを名指しで非難した[39]。また多文化社会においてはキリスト教会はなお一層宣教的使命を果たすべきであり、ユダヤ教のラビの証言に言及して[40]、他の宗教の信者にとってもキリスト教の伝統的な礼拝の方が世俗的な、多宗教的な礼拝よりもその信者自身の宗教についての理解を深めるものだと述べて、多くの共感を得た。多元的な宗教教育に対する議員たちの非難は繰り返され、他の宗教を扱うことが問題なのではなく、多くの宗教に表面的に触れるにすぎないこと、とくに諸宗教を「聖典」「礼拝の場所」といった主題によって学習させる現象学的主題アプローチは宗教を理解させるにはほど遠く、これがまさしく生徒を混乱させる「諸宗教のフルーツ・カクテル」「ごった煮」であると批判した[41]。

コックス議員の修正案は上院の多くの支持とキリスト教以外の宗教界からも支持を得たものの、ロンドン主教の修正案によって[42]、コックス議員のあくまでもキリスト教を最優先に(predominantly)という主張は退けられ、結局は「主として(mainly)」という表現に変えられるなど、穏健な、しかし微妙で曖昧な表現をとる条文で成立することになった。法案審議の過程で高まった諸宗教の主題アプローチへの非難と、条文の「主として」「広い意味での」「(他の宗教に)配慮すること」という表現などはその後にその曖昧さで問題を残すことになる。

コックス議員を中心とする「一族[43]」の強硬なキリスト教復権を他の宗教に配慮することでバランスを回復したものの、1988年教育改革法の宗教教育の基本的な姿勢は次のロンドン主教の言葉に表現されているだろう。

「この法の目的は、すべての宗教は平等な価値を持つとして、さまざまな宗教を提供して子どもたちに選択させるという1960年代の一般的態度を避けることであり、子どもたちにキリスト教がわれわれの宗教であることを教える。これこそがわれわれが努力してきた基本的な変革である[44]。」

注

1）公費維持学校(maintained school)には地方公共当局の設置する公立学校(county school)と宗教的背景を持つ有志団体立学校(voluntary school)があり、その公費の補助額によって、宗教教育の内容、理事会の構成、教師の任免権等が異なる。表1－1参照。なお、1997年の学校水準・大綱法(Schools Standards and Framework Act)によって county school は community school となる。

2）後述のように *The Forth R, The Durham Report on Religious Education, The Report of the Commission on Religious Education in Schools, appointed in 1967 under the chairmanship of the Bishop of Durham*, SPCK, 1972, 通称ダラム・レポートは宗教教育を教育の不可欠な領域として宗教教育をカリキュラムに位置づけた。

3）Elementary School Act, Sec.14-2、新設の Board school は地方税の援助の条件としてこの条項に従う。

4）1880年の統計では voluntary 14,181校、Board 3,433校である。Cruickshank, M., *Church and State in English Education, 1870 to the Present Day*, Macmillan, 1963, p.190.

5）Cox, Edwin, "Agreed Syllabuses", Sutcliffe ed., *A Dictionary of Religious Education*, SCM, 1984, p.19.

6）Insititute of Christian Education, *Religious Education in Schools, —The Report of an Inquiry Made by the Research Committee of the Institute of Christian Education into the Working of the 1944 Education Act*, National Society, SPCK, 1954, p.22. Hull, J., "Agreed Syllabuses, Past, Present and Future", in Smart, N. & Horder, D. eds., *New Movements in Religious Education*, Temple Smith, 1975, p.98.

7）ICE, *ibid*, p.23.

8）1944年法後のアグリード・シラバスの展開については Hull, J. *op.cit*. また柴沼「アグリード・シラバスにあらわれたイギリスの宗教教育の動向」『日本大学教育制度研究所紀要第9集』1978年。

9）1944年法第9条2に county school, voluntary school の規定。その他詳細な規定については Nice, David, *County and Voluntary Schools*, Longman, 1992.

10）政府の宗教教育に対する期待について Cruickshank はチャーチルが宗教の重要性を「学校生活の基本的要素である」とし、「宗教団体が宗派の敵対心を越えながら各自の信仰を守る体制を歓迎している」ことを挙げている。Cruickshank, *op.cit*., p.160.

11) Yeaxlee, B., "Undeminational Christianity and Moral Training in the English School System", Lauwerys, J.A., & Hans, N. eds., *The Year Book of Education,* Evans, 1951, p.268.

12) 例えばSunderland County Borough (1944)、Middlesex County (1948) A.S. など。

13) 1960年代のJohn Wilson, P.Mackfaileらの道徳教育の研究については遠藤昭彦・福田弘「イギリスにおける学校カリキュラムと道徳教育」国立教育研究所道徳教研究会編『道徳教育における現状と課題』ぎょうせい、1982年、183-210頁。Smith, J.W.D., *Religion and Secular Education,* St.Andrew Press, 1975, p.1.

宗教教育への批判の口火となったのは、Loukes, H., *Teenage Religion,* SCM, 1961や1961年にシェフィールド大学が行った中等学校の生徒のキリスト教の理解に関する実態調査 Pollard, H.M. ed., *Religious Education in Secondary Schools,* Nelson, 1966等であった。

14) ヒューマニストは不可知論の立場に立っている。1963年に British Humanist Asociationを結成して、宗教教育に対して独自の主張をしている。Elvin, Lionel, "The Standpint of the Secular Humanist", Weddwespoon, A.G. ed., *Religious Education 1944-1984,* George Allen, 1966, pp.166-188. White, John, "A Humanist Response", Cox, E., "Reforming Religious Education", *Learning for Living,* 10-4, 1971, pp.90-93. 拙稿「イギリスの公立学校における宗教教育に対するヒューマニストの立場」『フェリス論叢』23、24号、1984、1989年。

15) プラウデン・レポートは宗教教育に関して意見の一致が見られず、勧告主文とは別に少数意見を添付している。その署名者の筆頭に当時の英国のヒューマニスト協会の会長であったA.J.エアーの名がある。少数意見は初等教育段階での宗教教育の義務規定の撤廃、もしくは道徳教育としての存続を提唱している。*Children and their Primary Schools,* HMSO, 1967, pp.489-493. ヒューマニストはダラム・レポートにも同様の意見を寄せている(*The Forth R, op.cit.,* pp.326-329)。

16) オープン・アプローチとは「生徒にある信条を絶対的なものとして受け入れさせようとするindoctorinationに対して、生徒が自己の生き方の拠りどころとしうる信仰、人生観、世界観をできるだけ自由に身につけることを援助する」宗教教育。キリスト教徒とヒューマニストの対話文書 "Religious and Moral Education in County Schools" 1965から提唱された宗教教育の原理。この対話に参加したのは、Alves, C.、Hilliard, F.H.、Hirst, P.、Niblett, W.R. (キリスト教徒)、Elvin, L.、Hemming, J.、Blachham, H.J. (ヒューマニスト)らである。

17) これらの神学を踏まえたロビンソン主教(A.T. Robinson)の『神への誠実』(*Honest to God* (1963)は伝統的なキリスト教への挑戦として「この世的な聖」「われわれの存在の根拠としての神」を提示して宗教界、宗教教育界に衝撃を与えた。

18) *Suggestions for Religious Education,* West Riding Agreed Syllbus, 1966.

19) *Learning for Life,* Agreed Syllabus of Education of the Inner Londonは代表的なものである。これについては拙稿「アグリード・シラバスにあらわれたイギリスの宗教教育の動向」『日本大学精神文化研究所紀要』第9号、1978年に紹介している。

20) Cox, E. "Educational Religious Education", *Learning for Living,* 10-4, 1971. 現

在、Hull, J. ed., *New Directions in Religious Education,* Falmer Press, 1983, pp.53-59所収。

21) 同レポート pp.34-38. Evans／Methuen Educational, 1971, pp.34-42.

22) Peters, R.S., *Education as Initiation,* The Univ. of London Institute of Education, 1964, *Durham Report (op.cit.),* pp.97-101. 拙稿「英国の公立学校(county school)における宗教教育の教育的論拠としてのR.S.Petersの『宗教教育』の概念」『敬和学園大学研究紀要』第3号、1994年。

23) Phenix は *Releams of Meaning*において一般教育のカリキュラムの領域に宗教を位置づけている。Hirst も *Liberal Education and the Nature of Knowledge* などにおいて宗教と道徳をカリキュラムの構成要素としている。

24) Smart, N., *Secular Education & the Logic of Religion,* Humanities Press, 1969, pp.15-19.

25) これらは宗教教育を中立的なアカデミックな教科として位置づけようとする宗教教育の専門家の立場と教会と政府の保守的であるがリベラルな立場をそれぞれ代表していると言われる。

26) その内容は次のようなものである。

3～8歳：	1. 祭り(キリスト教・ヒンズー・ユダヤ・ムスリム・シク) 2. 祭礼と慣習　3. 世界の宗教の物語　4. 自然界　5. 人間関係、
8～12歳：	1. 日常生活の理想　2. 祭りと慣習　3. 聖なる場所　4. 聖典 5. (始祖の)生涯、
12～16歳：	1. 宗教の直接的学習　2. 宗教の間接的学習

このシラバスの作成にはスマートとともにヒック(Hick, John)の参加があった。彼の宗教的多元主義の影響があり、その後彼の神学は諸宗教を対等な立場で扱うという宗教教育を神学的に支えることになる。

27) Shools Council, *A Groundplan for the Study of Religion,* 1977, p.12.

28) *Swann Report: Education for All,* 1985, 3.24, p.491. 5.4. p.498.

29) Robson, Geoff, "Religious Education, Government Policy and Professional Practice, 1985-1995", *British Journal of Religious Education,* 19-1, 1996, p.14.

30) Hart, Colin, *Religious Education from Acts to Action,* Cats Trust, 1991, pp.35-37. イーリングの不服申請に関しては第2章、注7)、58頁参照。

31) SACREは常設の審議会であり、アグリード・シラバス協議会を必要に応じて召集する。両方の委員が重なることもある。SACRE については Taylor, J.M., *SACREs—Their Formation, Composition, Operation and Role on RE and Worship,* NFER, 1990に詳しい。

32) Mcleod, John, "Chuch and State, the Religious Settlement in the 1988 Education Reform Act", Morris, Robert ed., *Central and Local Control of Education after the ERA 1988,* Longman, 1990, p.38.

33) キー・ステージ1-4では、英語、算数、理科(中核科目)技術、体育。キー・ステージ３－４では、近代外国語、歴史、地理、美術、音楽(1995年からキー・ステージ１－３で必修)。

34) House of Commons, *Hansard,* 23 March 1988, col.404, 413.

35) *Ibid.*, 1 December, 1987, col.774.

36) *Ibid.*, 23, March 1988.

37) *Ibid.*, col.422.

38) House of Lords, *Hansard,* 3 May 1988. Amendment No.28, Col.502.

39) *Ibid.*, col.502-503, コックス議員はバーミンガム・アグリード・シラバスが反宗教的思想を扱っている非難しているが、議会で採択を否決されたシラバスのハンドブックのことを指している。シラバスの改訂版にはヒューマニズムとマルキシズムは削除されている。

40) *Ibid.*, Col.503. Chief Rabi (Lord Jakobovets) の発言は *ibid.*, col.418-419.

41) Hull, J., *Mishmash-Religious Education in Multi-Cultural Britain-A Study of Metaphor, Birmingham Papers in Religious Education,* No.3, CEM, 1991では審議の中で使われた多宗教的な宗教教育を非難する食物のメタファーを挙げている。

42) House of Lords, *Hansard,* 21 June 1988, col.638 et seq., *ibid.*, 7 July, col.444.

43) The "Tribe" については Copley, Terence, *Teaching Religion-Fifty Years of Religious Education in England and Weles,* University of Exeter Press, 1997, pp.140-146.

44) *The Daily Telegraph,* 23 September 1989.

第2章
1988年教育改革法後の宗教教育

第1節　1988年教育改革法への対応

1988年教育改革法の中央集権化政策の1つとしてナショナル・カリキュラムの諸教科の内容が国レベルによって規定されたのに対して、宗教教育は1944年法を踏襲してその目標や内容が各県のLEAの方針に委ねられているので、各LEAは1988年教育改革法後、同法の宗教教育の新たな規定に準ずる集団礼拝と宗教教育の方針を明確化し、アグリード・シラバスの作成や改訂に取り組むことが課せられた。本章では、1988年教育改革法後のLEAの対応と改革法後に改訂されたアグリード・シラバスの内容を検討して、そこに見られる宗教教育の変化を考察してみたい。

1　宗教教育界およびLEAの宗教教育担当者の受け止め方

1988年教育改革法における宗教教育の改正は、一議員が「将来これが、今世紀にこの政府の行った最善のことであり、これまでの政府の行った最善のことの1つとなる時がくることを信じている」と自負したように[1)]、法案審議の当初周縁に置かれていた宗教教育が論議の高まりの後に曲折を経て前記のような新たな規定として掲げられたことは、宗教教育の実態の低迷を憂えていた人々にとっては歓迎すべきことであったと言えよう。宗教教育界の受け止め方をハル(Hull, John)の次のような総括に見ることができる[2)]。

① 宗教教授(religious instruction)が宗教教育界が主張し、努力したように、宗教教育(religious education)として規定され、諸教科とは独立した領域としてカリキュラムに位置づけられたことを評価する。当初ナショナル・

カリキュラムに含められなかったことに対する危惧の念は、基礎カリキュラムとして独自の領域に位置づけられることにより、かえってこれまで蓄積されてきた宗教教育の独自性が継承され、他の教科やPSEとの関連を図りながら児童・生徒の精神的発達に貢献するために展開させていくことが期待できる。

② キリスト教を英国の文化的伝統として確認した上で、他の宗教に配慮すべきことを義務づけたことは、これもまたこれまでの少数民族を多く抱える地方の実態を踏まえて、多元的社会における宗教教育の在り方として方向づけてきたことが法的に確認されたものである。

③ 改革法による新しい取り組みは本質的には「変化」と言うよりも「継続」とも言うべきもので、従来宗教教育において取り組まれてきたものをさらに前進させたものであった。しかし低迷していた後期中等教育段階の宗教教育を第6学級やシティー・テクノロジー・カレッジも含めて強化したことは評価される。

前述のように、法案の審議の過程において一部で強く主張されたキリスト教の絶対優位は、他宗教の学習を含むことでバランスを回復し、大方の支持を得たが、その条文の曖昧さが改革法成立の当初から指摘されており、その点をめぐる論議と後述のような新たな政策を追加させることになった。

次にLEAの対応を見てみよう。

教育改革法の成立後、各LEAの対応についてもっとも早く取り組まれた調査に、NFER (National Foundation for Educational Research) の宗教教育委員会が行ったアンケート調査がある[3)]。同委員会はすでに1988年5月に発足、同年10月に104のLEAの宗教教育指導主事(advisor)に向けて彼らの改革法の施行にあたっての宗教教育と集団礼拝の計画についての意見を求めた。質問は大部分自由記述方式で、①改革法施行にあたっての彼らの責任と役割、②キリスト教中心主義に対する解釈とキリスト教以外の宗教の扱い、③集団礼拝に関する条文の解釈と宗教多元社会における集団礼拝の意義、④宗教教育と集団礼拝の意義と生徒の発達への貢献(以上27問)などについてであった[4)]。回答は63名、59%にあたるが、委員会は、多忙な時期にもかかわらず、予想を上回る関心の高さを示す回答を得たこととその質の高さを評価している。本節ではこの中の①、②および③の中の宗教教育に関する回答によって、1988年改革法の宗教教育の規定に対するLEAの受け止め方を見ておきたい。

まず、①に関しては、回答者の正式職名は指導主事、アドヴィザー、インスペクター、コンサルタントと多様であり、これらの人々は次のような宗教教育以外の責任を負う者が多い。

宗教教育RE専任：10(人)
宗教教育＋PSHME(Personal Social Health Moral Education)、パーソナル・ケア：12
宗教教育＋多文化教育：11
宗教教育＋ヒューマニティーズ(地理、歴史、経済、商業、社会科)：16
宗教教育＋平等教育、クラフト、二言語教育、美術、キャリア教育、道徳等

改革法の要求によって、彼らの責任にどのような変化があると思うかという質問には62人が少なくとも当分の間宗教教育の存在が重要視されるであろうと答え、回答者は明らかに法の施行に責任を感じており、視察と観察の役割が増す方向にあると予想している。なかでも集団礼拝の指導・助言と視察が重要となると述べている。そのほかにSACREやアグリード・シラバス協議会との関わり、INSETの運営、最終的にはアグリード・シラバスのレヴューに責任を持つことになると述べている。1988年の秋の時点で38のLEAがSACREを持っておらず、SACREの設置は緊急の課題となる。さらに宗教教育と集団礼拝の新しいガイドラインを準備する必要が述べられている。(調査時点で36(59%)のLEAはまだ持っていない。)とくに宗教教育の目的(aim)と目標(objective)を明確に打ち出す必要が指摘されていることは注目に価する[5)]。

②では、まず、「(アグリード・シラバス)は英国の宗教的伝統が主としてキリスト教であるという事実を反映すべき」ことに対する意見が求められている。その回答は、「キリスト教をさらに強調すべきである」という意見と「英国は宗教多元社会であり、すべての信仰を平等に尊重すべきである」という意見に分かれているが、なかに、「これまでも英国の宗教教育は主としてキリスト教であった。この条文がこのことを再確認するものであるならばよいが、

他の宗教を排斥することを意味するのであれば反対である」という回答が見られた。英国の宗教教育の本質をとらえていると同時に法案審議の過程で優勢であった保守的な意見への危惧が表明されていると言えよう。「主として(mainly)」という語は法案での“predominantly”にとって代わって挿入されたものであった。しかしこれが実際にどのようなことを意味するのか、内容の取り扱いの比重を意味するのか、時間的な配分と解釈されるべきなのか、後にまで論議の的となる。

キリスト教を教える理由について1位から3位の順位を含めて賛成の回答の多い項目を挙げると次のようになる。

「キリスト教の知識と理解を得させる」	81
「精神的伝統」	61
「他の宗教を理解するために」	59
「文化的伝統」	57
「道徳と価値観の源」	45

これらの理由は法案の審議過程で宗教教育の重要性が強調された理由と同じようであるが、道徳的理由がやや弱い点と、「他の宗教の理解のために」という項目が入っていることに特徴がある。他方、他の宗教を教える理由について同様に項目を挙げると、

「宗教多元社会である英国で他の信仰者の経験、態度、信条と実践を理解するため」	68
「宗教はそれ自身重要な信条体系である」	55
「1つの世界に生きるため」	55
「すべての宗教の類似と違いを理解するため」	46
「多宗教的な地域で生活するための準備」	42

となっている。

条文の「他の宗教にも配慮すること(taking account of)」については次のようなさまざまな解釈が寄せられている。「ついでに扱う」「注目する」「導入を用意する」「強調する」「生徒に情報を与える」「真実を認識させる」「尊重する」「真

に関心を払う」「真剣に学習する」など。他宗教の扱いについてはキリスト教に対して二次的なものとして扱うべきであるとする意見と教育的かつ社会的な重要性からカリキュラムにおいて平等に扱うべきであるとする意見がある。前者は明らかに立法に携わった保守的な政治家やキリスト教関係者の立場であり、後者は大部分の教育の専門家の立場である。

2　アグリード・シラバスの改訂

以上のように各LEAの宗教教育担当者が自らの課題と認識していた改革への取り組みは実際にどのように進められたであろうか。その具体的方策であるアグリード・シラバスの法的基準の見直し作業を見てみよう。

著者らは、1993年9月に116のLEAに対してアグリード・シラバスの改訂状況と、ナショナル・カリキュラム体制下での人格教育(PSE)の取り組み、ガイドライン等の作成状況、宗教教育と人格教育(PSE)との関連についてのアンケート調査を実施した[6)]。65のLEAから回答を得たので、それらをもとに各LEAから発行された宗教教育のアグリード・シラバス、人格教育(PSE)のガイドライン等を可能な限り収集した。新しい規定に準じてどのように集団礼拝と宗教教育に変化が見られるか、またナショナル・カリキュラム体制下における人格教育の実体を明らかにするためである。

すでに前章に見たように、これまでにもアグリード・シラバスは1960年代後半とさらに1970年代後半を転換期として改訂が行われ、1988年教育改革法を迎える頃には、LEAによって差はあるものの、おおむね第3世代のアグリード・シラバスが使用されていたと言える。これらの改訂はそれぞれの時代の社会構造の変化とそれに伴う教育観や宗教教育観の変化の流れに対応して各LEAの独自の判断によって行われたものであった。しかしながら今回は法によって一斉に現行のアグリード・シラバスの見直しを迫られたのである。教育改革法の要求する内容は、集団礼拝に関して、「全体としあるいは主として、広い意味でのキリスト教的性格のものであること」(第7条1－1)とアグリード・シラバスは「英国の宗教的伝統が主としてキリスト教であるという事実を反映するものでなければならず、同時に英国の代表的な他の宗教の教説や実践に対しても配慮しなければならない」(第8条3)という規定である。見直しについては、LEAに設置を義務づけられたSACREが行う。これについては次のような細則(細則12および13)が1944年教育法のアグリード・シラバスの作成および採択に関する規定(細則5)に加えられている。すなわち、

① 現在使用中のアグリード・シラバスを再考すべきであるとLEAが判断した場合、そのための協議会が召集される。(細則1－12)

② その協議会が全会一致で現在のアグリード・シラバスを継続して使用することを勧告した場合、LEAはそれを実行(細則1－13(2))、または新しいアグリード・シラバスを採択することを勧告し、そのアグリード・シラバスが8条3の規定(主としてキリスト教的伝統を反映したものであるべき)に適っているとLEAが判断した場合(細則1－13(3))LEAはその勧告を実行しなければならない。

著者らの質問紙調査への回答によると、各LEAのアグリード・シラバスの作成、採択(他県あるいは都市のアグリード・シラバスを採択)、および改訂は表1-3のように行われている。

なおこの調査では、1988年以前にどのようなアグリード・シラバスを採択していたかによって、そこでの宗教教育のおよその実態を推測できるために、1965～74年と1975～88年に採択していたアグリード・シラバスについても質問している。この表に見られるように、当初アグリード・シラバスの改訂あるいは新規作成作業は内ロンドンLEAが解体して新たに誕生したLEAを除いてはあまり進展が見られなかった。1993年の時点で1988年以前のものを使用している地区も見られるが、その中にはサリイやブロムリーのように、従来のアグリード・シラバスを継続使用して、ハンドブックやガイドブックだけを新たに発行している地区もある。いずれにしても1992年までは改訂作業は採択までに至っていなかったことがわかる。なかでもイーリングでは新たに採択されたアグリード・シラバスが父母の反対にあって新たな改訂を余儀なくされている[7]。アグリード・シラバスの見直しは政府が期待したようには進まなかった。

その理由として、第1に従来のもので十分に教育改正法の規定に適うと判断して、必ずしも改訂する必要がないと決定したLEAもあったこと，第2にアグリード・シラバスの見直しにはまずSACREが設置されねばならないが、

表1－3　使用中のアグリード・シラバス（1993年9月現在）

発行年	County	London	Metropolitan
1988年以前	Bedford (85) Buckingham (87) Northumberland (72) Northumpton (80) Surrey(87)Hand　B. (90) Warwick　(85)	Bromley (80, Hampshire) Enfield (78) Islington(84, ILEA) Lewsham(84,ILEA) Redbridge (87)	
1988～1989	Derby Sulfolk	Barking & Degenham Barnet Brent Camden Ealing Havering Waltham Forest Newnham	Tameside
1990		Merton	Bolton North Tyneside Solihull
1991	North York	Lambeth (ILEA) Sutton	Leeds
1992	Cleverland Gloucester Dorset Hampshire Hertford & Worcester Isle of Wight Kent Leicester Norfolk Nottingham	Croydon	Coventry Gateshead Sanwell St. Helen
1993	Cornwall Hertford Humberside Lincoln Oxford Somerset West Sussex	Hillingdon	Barnsley Calderdale Salford South Tyndale Wakefield
改訂中 検討中	Durham (83) Hertford & Worcester Lancashire	Hummersmith & Fulham Kensington & Chelsea 〈ILEA〉	Bradford Knowsley Rochdale Walverhampton

SACREの組織づくりにある程度の時間を要したことがある。

3　アグリード・シラバス政策の強化と反応

しかしながら、アグリード・シラバスの改訂の促進にインパクトを与える通達と法令が矢継ぎ早に出されるに至った。それは以下のようにアグリード・シラバスの見直しを促進させ、その内容を規制するものとなっている。

1989年3月に出された通達(Circular 3/89)は、宗教教育が基礎カリキュラムの一部として特別な立場にあることの重要性を強調し、「このことは宗教教育が学校のカリキュラムにおいて中核教科および基礎教科と対等の立場にあるが、国家的な到達目標、学習計画、評価手順が規定されないことを保証するものである」としている。しかしながら、「LEAによって設置されるアグリード・シラバス協議会は地域によって決定された形式によって到達目標、学習計画、評価手順を含むことが望ましい」と述べている。

1992年7月の教育白書では、約3分の1のLEAが教育改革法の新しい要求に応じてアグリード・シラバスを検討しているが、多くは現在までそのような動きを見せていないことを批判し、これらまだ検討していないLEAにアグリード・シラバスの検討を要求している。さらに1993年法では、「1988年9月29日以前にアグリード・シラバスを採択したLEAは、現在採択しているアグリード・シラバスの見直しのための協議会を1年以内(1995.4.1)に召集すること」とし、1988年9月29日、およびそれ以降にアグリード・シラバスを採択したLEAは、「採択後5年ごとにアグリード・シラバス見直しの協議会を召集すること」を定めた。結局教育改革法以前のアグリード・シラバスはすべて改訂を迫られるばかりでなく、その後も5年ごとの見直しが義務づけられることになったのである。ロブソン(Robson, G.)は1988年に確立した政治的風土は1994年の後半まで続き、とくに1992年に文部大臣に就任したパッテンはブランチとともに宗教教育に対する圧力を強めていったと述べている[8)]。これらの政策は1994年1月の通達にまとめられている[9)]。

このような政府のアグリード・シラバスの見直しを迫る政策の中でLEAは指導や規定に従って改訂作業を行っている。1992年以後のものには到達目標、学習計画が整えられている。また薄い冊子形式からバインダーによる加除形式にすることによって、到達目標、学習計画、評価手順を各キー・ステージごとに明確にし、内容を充実させるとともに、今後の見直しに備えているように見える。

1993年の9月に著者らが調査を行った時点では、学校カリキュラム評価機構(School Curriculum Assessment Authority—以下SCAA)のモデル・シラバスが出されるという情報がタイムズ教育版(*Times Educational Supplement*)に出された段階であった。アグリード・シラバスの見直し状況を問うた質問に「SCAAによるモデル・シラバスをアグリード・シラバスの改訂前に検討するか」という項目を入れた。回答は、資料の示すように、検討する＝28、検討しない＝11、参考にする＝24であった。「検討する」と答えたのは現在改訂を予定している地区が大部分であるが、1991～2年に改訂した地区でモデル・シラバスを待って見直すという地区もあった。「参考にする」というのは、ほとんど「今後の改訂の際に」とのコメントが付いていた。「検討しない」と答えたのはすでに改訂し終わっている地区であり、そこでは当分改訂の必要はないとするものがほとんどであった。(資料1参照)

モデル・シラバスを注目するという回答の中で、次のような政府の政策に対する強硬な異議申し立てが注目された[10)]。「この地区は労働党の支配下にあるので、SCAAの実行委員会の打ち出す結果に対しさらに強硬な態度を取るだろう。……実際、もし現在の政府の主張の動向がモデル・シラバスに反映されるならば、われわれは、1.宗教多元社会のための教育への政府のより多くの配慮の必要性、2.インドクトリネイションへ導く処方箋の危険性、3.良心的理由から宗教教育を拒否する教師の権利、の3点を強硬に主張しなければならない。世界の諸宗教の学習をシラバスから減じる提案、5つではなく僅か3つの主要な宗教を学習すべきであるという示唆がこの問題の重要性を示している。英国は複数民族社会である。しかしその教育政策はわれわれの子どもたちにアングロ・サクソンの文化遺産を与えようとするエリートの哲学によって支配されている。それは現代社会の要求に応えることに失敗するものである。……」

宗教教育の質の向上を名目に、アグリード・シラバスの改訂を執拗に求める政府への批判は宗教教育界にも多く見られた。政府はこれまでの宗教教育の研究の蓄積に無知であり、最近の多くの優れたアグリード・シラバスを正当に評価せず、問題はそれらのアグリード・シラバスの内容が実際の教室での指導に効果的に結びついていないことにあることを認識せず、現職教育をますます弱体化させつつあると批判している[11)]。

第2節　宗教教育の目標と内容――アグリード・シラバスを中心に

1　宗教教育のカリキュラム構造

本節では収集したアグリード・シラバスによって、1988年教育改革法後の宗教教育の目的、目標、内容の特徴を分析し、改革法以前のものと比較してそこに見られる変化を明らかにしてみたい。

対象とするのは表1-4の21のアグリード・シラバスである。

これらのLEAのSACREの委員は、Aグループの「その地域の主要な宗教的伝統を適切に反映する国教会以外のキリスト教および他の宗教」の代表に英国国教以外のキリスト教の宗派の代表の他、ムスリム、シク、ヒンズー、ユダヤ教また仏教、ヒューマニストが参加している。新しいSACREの規定によって、キリスト教以外の諸宗教の代表にまでメンバーを拡大している。その他Bは英国国教会、Cはその地域の状況から代表的であるとみなされる教員団体、DはLEAから選出されている。

まず、宗教教育のカリキュラム構造から見ておこう。

すでに述べたように、ナショナル・カリキュラムの基礎教科（foundation subjects：数学、英語、科学、技術、地理、歴史、体育、音楽、芸術、現代外国語）には、各キー・ステージにおける児童・生徒の知識、技能、理解の到達目標と、その段階で教えるべき内容、技能、手順を示す学習計画および各キー・ステージの終わりに到達目標の到達度を評価する評価手順が国家レベルで設定されている。

しかしながら宗教教育は、各LEAの作成するアグリード・シラバスに基づいて行われることになっているために、1989年3月の通達によって初めて各LEAはそれぞれの形式による到達目標、学習計画、評価手順を設定することになり、他の教科と足並みを揃えるに至った。それ故に改訂前の目標だけで構成されていたアグリード・シラバスと比べると内容が細部まで明示されている。

アグリード・シラバスに共通する内容および構成は、①宗教教育に対する

表1-4　調査の対象としたアグリード・シラバス

LEA	採択年	SACREの構成（人数）										
		A	キリスト教	イスラム	ユダヤ	シク	ヒンズー	R・カトリック	その他	B	C	D
Surrey	87	8								9	8	9
Derby	89	16	6	2	0	2	1	1	4*	9	8	10
Havering	89	9	4	1	1	1	1	1		6	5	6
Bolton	90	6	1	1	1	1	1	1		4	5	8
Solihull	90	5								7	6	5
North York	91	10	5	1	1	0	0	2	1佛	6	6	6
Croydon	92	4								3	11	4
Dorset	92	5	3	0	1	0	0	1		3	6	4
Gateshead	92	9	5	0	1	1	1	1		3	6	4
Hampshire	92	11	5	1	1	1	1	2		4	3	4
Isle of Wight	92											
Leicester	92	22	9	2	1	2	2	4	2	7	10	7
Norfolk	92											
Sandwell	92	15	8	3	0	2	1	1		7	6	2
Cornwall	92											
Hertford	93	9	2	1	1	1	1	2	1佛	3	8	7
Oxford	93	13	4	1	2	1	1	2	2**	4	12	4
Salford	93	8	3	1	1	0	0	3		6	11	6
Somerset	93											
Ealing	94											
Hillington	94	10	5	1	1	1	1	1		7	5	7

Aグループ：英国国教会以外のキリスト教および他の宗教の代表
Bグループ：英国国教会の代表
Cグループ：教員団体の代表
Dグループ；LEAの代表
*　ヒューマニスト1他
**ヒューマニスト1、佛教1

基本的立場、すなわち宗教教育の意義、本質についての見解、②宗教教育の主要な目標、③到達目標、④学習計画(Programme of Study)、⑤到達度指標(Statement of Attainment)、⑥学習活動例または学習経験(Learning Experience)である。それらはおおむね図1-1のような構造になっている。

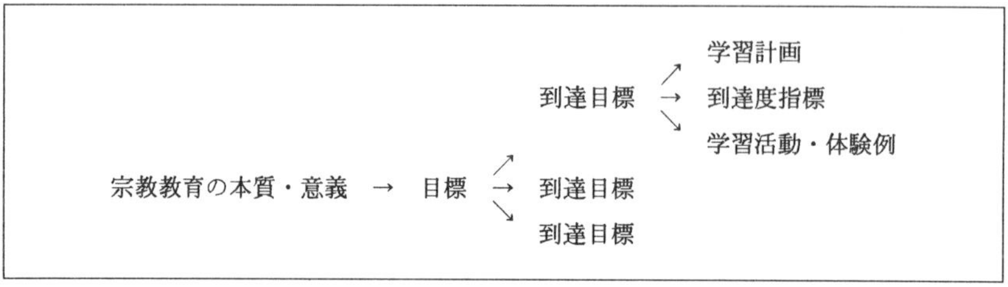

図１－１　アグリード・シラバスの内容構成

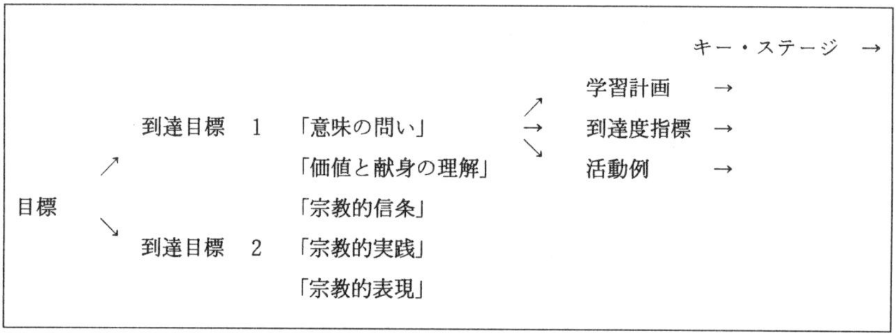

図１－２　ドーセットの目標展開

表１－５　サマセットの目標展開

	キー・ステージ　1 コア・ユニット(12)	キー・ステージ　2 コア・ユニット(6)	キー・ステージ　3 コア・ユニット(6)
「神秘への気づき」 到達目標１ 「意味の問い」 「価値と献身」 「宗教的信条」 到達目標２ 「宗教的実践」 「宗教的言語」	私たち　特別な書物 友達・家族・社会　宗教集団の人々 家族の歴史　祭りと祝い イエスの生涯　礼拝の場所 旧約聖書の物語　宗教的遺物 伝記　自然界	イエスの生涯と教え キリスト教 私たちと社会 著作 伝記 祝いと祈念	人は何を信ずるか 答えはどこに 経験と信条 何をなすべきか 所属・信条 信条の表現
	キー・ステージ　4 コア・ユニット(3)トトピックス(6)		
	1　価値と信条 科学と宗教 人権 苦難への対応と悪の問題 精神性と信条 道徳と倫理的葛藤 人生の問題 労働、富と余暇	2　矛盾と解決 科学と宗教 人権 苦難への対応と悪の問題 罪と罰 家族関係 戦争と平和	3　主要な宗教 仏教 キリスト教 ヒンズー教 イスラム教 ユダヤ教 シク教

表１－６　到達目標－１　「意味の問い」（ドーセット）
「価値、献身、意味への問いを理解し評価する」

	学習計画	到達度指標	活動例
キー・ステージ1	生徒自身に以下の機会が与えられる ＊自分自身の感情を探り反省する ＊他者と適切にこれらの感情を共有する ＊感情の行動への影響について理解する ＊自然について考える ＊特別な出来事を共有し祝う ＊日常生活の経験について話し合う ＊友情のいろいろな面について考える ＊特別な人々、場所、ものについて考えることによって、自分自身の精神性を探求する	生徒は以下のことができるべきである 1　自己および他人の感情や信条を認識する 2　自己の経験や考えから物事の精神的、宗教的問題に対応することができる 3　宗教的信条を持つ人々も含めて、他の人々へのいたわりと気配りを示す方法を知り、理解する	＊自分と他の人々にとって重要なことは何かを話し合う ＊助け合いについて話し合う 例「よきサマリア人」 ＊他の人々の信条への気配りを示す ＊キリスト教の信仰がどのように社会と援助に関わっているかを考える
キー・ステージ2	＊経験や学習から自分に起こる畏れや驚きについて話し合う ＊畏れ、驚き、神秘、確信、疑い、恐れなどを起こさせる経験を認識する ＊天地創造などの一連の物語を読み話し合う ＊宗教的伝統が示す意味の問いへの回答を考え、話し合い、自分自身の答えを考えるよう援助される	1　生徒自身の経験や学習から起こる意味への問いの理解を示す 2　意味への問いには一連の答えがあることを示す 3　いくつかの問いには「宗教的」答えがあることを示す	＊私は誰？ ＊何故自分はここにいるのか？ 次のような質問へのいくつかの答えを示唆する ＊世界はどのように始まったか ＊死後の世界はあるか ＊キリスト教とユダヤ教は世界の始めと死後の生命をどのように教えているか

到達目標はそれぞれキー・ステージのシークエンスに応じて展開するので、全体の構造は上の例のようなマトリックスになっている。その際、各到達目標がそのまま学習計画に展開される場合と、複数の到達目標を統合して新たに内容の柱(Strands, Components など)を立てたり、到達目標を細分化して展開させている場合がある。例えば図１－２のドーセットの場合は２つの到達目標を図のように５つの柱に分けて展開している。これは比較的到達目標と学習計画が対応関係にあるが、サマセットなどのように到達目標を統合した学習単位で展開させている場合もある(表１－５)。

各到達目標の展開の一例としてドーセットの到達目標の一部を示しておこう(表１－６)。

2　目標の類型化の試み

表1－7　宗教教育の目標

LEA	目　　　的	到　達　目　標
Surrey Ⅰ　Ⅱ　Ⅱ Ⅲ	1　宗教的特質および人生の意味の探究に宗教的、精神的洞察が貢献することを理解させる 2　キリスト教の伝統と信仰およびその文化的、道徳的意義を理解させる 3　他の主要な信仰やその実践の主な側面を知り、理解し、尊重する 4　宗教が道徳および個人的、社会的関係と責任に貢献することを理解させる	1　態度 2　知識 3　技能
Derby Ⅰ　Ⅱ　Ⅳ Ⅳ　Ⅲ	1　宗教的の源泉と本質およびそれがいかに人間の実存的基本問題と関わるかを理解させる 2　宗教の位置と重要性および信仰と実践が人々の態度や行動の発達に影響を与えることを理解させる 3　他の人々の信仰についての知識を与え、それらを尊重する態度を養う 4　多文化社会に生きることへの肯定的態度と必要性への敏感な理解を発達させる 5　生活における精神的次元と個人的信仰への献身と重要性への気づきを発達させる	初等学校および中等学校段階の左の目的に即した具体的目標が掲げられている
Havering Ⅲ　Ⅰ　Ⅱ	1　自己の信条、理想、態度を発達させ、他者の信念をも尊重する 2　自己の経験の探究 3　宗教の知識、理解	1　宗教的生活経験の調査、探求、積極的応答の発達 2　生活経験とそれらから生起する問いへの気づき 3　宗教的信条と実践の知識と理解
Bolton Ⅰ　Ⅲ　Ⅱ Ⅳ	1　宗教の源泉と本質および人間生活における意味を探究させ、人間存在の究極的問題に立ち向かわせる 2　生徒自身の信条や価値を明確にすることによって、人生の意味と目標の探求を奨励し個人の献身と責任の重要性を理解させる 3　宗教的信条と実践の個人的およびグループの行動への影響について理解させ、彼ら自身の道徳的発達に役立たせる 4　多宗教社会における人々の要求に対して、肯定的な態度や敏感な理解を育み、他者の信条を尊重するよう奨励する	初等学校および中等学校段階の左の具体的目標が掲げられている
Solihull Ⅱ　Ⅳ　Ⅱ Ⅰ　〈Ⅲ〉	1　キリスト教の起源、内容、発展についての知識と理解を得させる 2　英国における主な宗教への洞察力を持たせる 3　宗教的信条を持つ、あるいは持たぬすべての人々への尊敬の念を育む 4　宗教的信条が生活を形成し、いかに個人的道徳や社会的責任に貢献しているかを理解させる 5　宗教の特質と生活の精神的側面を理解させ、生きる意味を認識させ、深め、自己理解に至るよう生徒の経験を反省させる	1　概念 2　知識 3　技能 4　態度 5　人間経験の研究

LEA	目　的	到達目標
North York Ⅱ Ⅳ Ⅰ	1　多様な宗教的経験、実践、価値、信条の理解 2　開かれた感性に富む、反省的態度の発達 3　宗教の理解を日常生活の基本的問いに関連づける	1　経験によって宗教の探究に必要な概念 能、態度を発達させる 2　宗教への出会い 3　キリスト教、諸宗教の理解 4　宗教的信条、価値、実践を自己に関連づける
Croydon	1　人間の意味の探究に表現される宗教的、精神的信条や実践、洞察や経験を理解させ、反省させる 2　生徒自身の回答や個人的信条を探究し表現する機会を与えるライフスタイル	1　礼拝と祝祭、誕生、再生、結婚、死 2　権威、聖典、始祖 3　ライフスタイル 4　シンボルと宗教言語 5　究極的問い
Dorset Ⅰ Ⅰ Ⅲ Ⅳ Ⅱ Ⅱ Ⅳ Ⅳ	1　感情や人間関係の反省を通して、また、畏敬驚き、神秘の感覚を通して精神的発達を図る 2　意味の問いを探究し、それらへの宗教的、また非宗教的回答を考えさせる 3　生徒自身の価値と献身、また多様な宗教的伝統の信者の価値と献身と感受性について考えさせる 4　生徒の個人的、社会的、道徳的発達を高める特定の技能と態度を育てる 5　キリスト教の知識と理解、その人々の生活、社会文化的遺産に与えた影響についての知識と理解を発達させる 6　英国における他の主要な宗教の信条と実践についての知識と理解 7　宗教的表現の多様な形式や方法についての理解 8　宗教教育における学習経験を評価する能力の発達	1　価値、献身、意味の問いの理解と評価 2　宗教的信条、実践、表現についての知識、理解、評価 1)　価値と献身の理解 2)　信条 3)　実践 4)　表現
Gateshead	1　宗教の本質を認識するために基本的知識理解、技能、洞察力を身につけさせ、それによって生徒の人生の意味、目的、価値の個人的な探究力を高める	1　自然界 2　究極的問い 3　ライフスタイル、価値、権威 4　礼拝、儀式、祈り、祝祭 5　信条と宗教的献身
Hampshire Ⅰ Ⅲ Ⅱ	英国の宗教的伝統がキリスト教であるとの認識に立って、この国の他の主要な宗教を視野に入れて、生きた信仰の学習を通して生徒の人生への反省的態度を育み、その過程を豊かにする	1　「意味の探究」人生の精神的側面への関心を育む 2　意味の表現：意味の表現の多様な方法を理解し、解釈する能力を育てる 3　宗教的伝統についての知識と理解

LEA	目　　　的	到　達　目　標
Isle of Wight Ⅰ Ⅱ Ⅲ Ⅳ	1　人生の精神的側面への関心を抱かせる 2　宗教的信条と実践の基本的知識と理解 3　人生へ反省的、配慮ある態度を培う 4　人生の精神的側面への気づきを得させる	1　経験の理解 2　宗教的知識と理解 3　経験と関係
Leicester Ⅱ Ⅳ Ⅲ Ⅰ	1　宗教的信条と実践についての基本的知識と理解 2　宗教的信条と価値が生き方に影響を与えることを理解させる 3　人生への反省的、思慮深い取り組みを発達させる 4　人生の精神的側面への気づきを得させる	1　創世と信条、礼拝：伝統宗教的実践と、宗教的言語と象徴 2　人格の理想と道徳的価値 3　創世、人間関係、自然界 4　内的思想、感情と宗教的経験存在の神秘への感覚、意味と目的の問い
Norfolk	生徒に宗教的信条と実践の諸形態に気づかせ、それらを理解、評価し、異なる信条を持つ人々に対して肯定的な応答をするように援助する 生徒は各自のものの見方を認識し、表現することができるようになるべきである このような態度から他者の信条を見ることができ、それは多民族・多宗教的社会における生き方を準備させることになる ここでの信条とは、宗教的信仰と同様に、ヒューマニストおよび世俗的哲学も含まれる	1　宗教的信条および実践に関する知識と理解を深める 2　人生の経験とそれらが喚起する問いへの気づきを育む 3　探究的、応答的、発展的、肯定的態度を育てる
Sandwel Ⅱ Ⅰ Ⅳ Ⅳ	1　宗教の特質と宗教的、精神的洞察が、人間の生きる意味の探究を深めることを理解させる 2　主要な宗教団体の伝統、信条、実践および文化や人間関係や道徳的価値の重要性を理解させ尊重させる 3　われわれの社会に存在する確立された倫理的伝統も含めて、多様な信仰について理解させる 4　生徒自身の信条と価値への信頼を深めさせる 5　学校と近隣社会の相互理解や相互扶助、共同社会の建設に貢献させる	1　知識と理解 a　礼拝と瞑想 b　祝祭行事 c　献身、信条、自己同一性 d　権威 2　生活経験における気づき a　自然界 b　人間関係 c　究極的問い 3　探究、表現、応答 a　意味の表現 b　探究と応答
Cornwall Ⅱ Ⅰ Ⅱ Ⅲ	1　宗教的信条、伝統、実践の理解と洞察を得させる。最大の宗教であるキリスト教が大きな位置を占める 2　生徒自身の生きることの意味と意義の探究を援助する 3　宗教の経験的側面の洞察を与えること。これは多様な宗教的伝統の信者に出会うことと、美術、音楽、シンボルを通してそれらの伝統に出会うことを含む 4　生徒に寛容と共感能力を身につけさせ、異なる生き方をする人々との共生から人種的宗教的葛藤を除くことを目指す	1　意味の探究 a　神秘なものへの気づき b　意味の問い c　価値と献身 2　宗教の知識と理解 a　宗教的条 b　宗教的実践 c　宗教的言語

LEA	目　　的	到　達　目　標
Hertford Ⅰ　〈Ⅲ〉 Ⅱ	1　生徒に自身の人生、意味と目的を探究させこれを彼ら自身の問題に結びつけさせる 2　宗教的態度、信条、宗教的思考様式と表現を身につけさせ、評価させる 3　多様な宗教的伝統に関する知識と理解を得させ、それらの人間文化への貢献について考えさせる	1　宗教や生活経験の探究とそれへの応答 2　生活・経験とそれらが喚起する宗教的問いへの気づき 3　宗教的信条と実践についての知識と理解
Oxford Ⅰ　Ⅱ　Ⅲ 〈Ⅳ〉	1　生活経験が喚起する疑問に気づき、応えること 2　宗教的信条と実践の理解 3　個人の意見を表明することによって宗教的概念、信条、実践の意義を評価する	1　宗教的信条と実践の知識と理解 2　人々の生活に与える宗教の影響と感化 3　宗教の学習から生ずる問題の評価
Salford Ⅰ　Ⅳ　Ⅱ Ⅳ　〈Ⅲ〉 Ⅳ	1　宗教によって影響される人間経験の探究 2　宗教理解のための知識および概念の獲得 3　宗教、他者の信条、自己の人格的統合、発達に対して積極的態度を養う 4　他者の経験への共感、表現の駆使および理解のためのスキルを培う	1　世界の宗教に関する知識と理解 2　個人の探究 3　宗教教育のスキル
Somerset	1　個人的意味と人生の目的の探究を、信条と価値についての根本的問いを喚起する人間・経験の探究を通して援助する 2　キリスト教と他の現代英国の主な宗教の伝統についての知識と理解	1　意味の探究：価値と献身、意味の問う、神秘への気づき 2　宗教の知識と理解：信条、実践、言語
Ealing Ⅰ　Ⅱ　Ⅱ Ⅲ　Ⅳ	1　生徒の自己尊重の促進 2　多宗教社会における理解と寛容の精神を培う 3　英国ヨーロッパ文化へのキリスト教の影響についての理解 4　生徒の精神的、道徳的発達の促進 5　宗教的思考、技能、知的能力の発達の促進	1　宗教的物語、洞察、信条と実践に関する知識と理解 2　諸宗教、社会、個人相互の交流の仕方への気づきと理解 3　個人的応答の省察、評価、表現
Hillingdon Ⅰ　Ⅱ　Ⅱ Ⅲ　Ⅰ	宗教的実践およびそれらが信者の生活に及ぼす重要な影響 1　宗教的信条の挑戦と実際的影響についての認識を目覚めさせ、人間生活における宗教の位置と重要性を探究させる 宗教は第1に精神的宇宙観と信仰者と「聖なる者」との関係に関わっている 2　生徒を聖書、歴史、神学の知識と、キリスト教信仰の基礎をなす礼拝と教団における表現へと導くことを目指す 3　生徒を規定の信条体系に導くよりも、探究と正しい理解を目指す知識と経験へ導く	1　宗教に関する知識 2　宗教的信条、献身

宗教教育の目標や内容がどのように変化しているかを考察する手がかりとして、1988年教育改革法後に改訂されたアグリード・シラバスの目標と到達目標を取り上げそれを従来の宗教教育の目標や内容の枠組みを基本に分類して類型化を試みた。すでに第1章で述べたように、教育的論拠から構想されてきた公立学校における宗教教育は、Ⅰ.「人間の生きる意味の探究」を目指す内包的アプローチと、Ⅱ.「諸宗教についての知識・理解」を目指す明示的アプローチ（前者はそれぞれ経験的アプローチあるいは実存的アプローチ、後者は現象学的アプローチとも呼ばれる）、から成っていた。しかし今回取り上げたアグリード・シラバスはこれらの目標以外に、ⅢすなわちⅠ.とⅡ.から得た宗教の理解を個人の道徳的実践や信仰生活に生かすという目標と、Ⅳ.これらの目標を達成するためのスキルとしての概念、知識、態度、技能を明確に設定している。表1-7に各アグリード・シラバスの目標を掲げこれらのローマ数字をそれぞれの左欄に示してみた。

この表に見られるように、宗教教育の目標はおよそ次の4つの柱から成っていると言える。

Ⅰ	人間の生きる意味の探究
Ⅱ	諸宗教についての知識・理解
Ⅲ	上の2つのアプローチから得た宗教の理解を基礎として個人の道徳的実践や信仰生活に生かす
Ⅳ	これらの3つの目標の達成のために必要な概念、知識、態度、技能の習得

これらの目標の柱の構成からアグリード・シラバスを分類してみると（順序は考慮しない）、次のようになる。

A．Ⅰ　Ⅱ	Somerset
B．Ⅰ　Ⅱ　Ⅲ	Surrey, Harving, Croydon, Hampshire, Cornwall
C．Ⅰ　Ⅱ　Ⅲ　Ⅳ	Derby, Bolton, Solihull, Dorset, Isle of Wight, Leicester, Sandwell, Oxford, Ealing, Hillingdon
D．Ⅰ　Ⅱ　Ⅳ	North York, Gateshead, Norfolk, Hertford, Salford

さらに到達目標によって分類してみると次のようになる。

A．Ⅰ　Ⅱ	Somerset, Croydon, Dorset, Gateshead, Cornwall
B．Ⅰ　Ⅱ　Ⅲ	Hampshire, Isle of Wight, Lecester, Norfolk, Sandwell Hertford, Oxford, Ealing
C．Ⅰ　Ⅱ　Ⅲ　Ⅳ	Derby, Havering, Bolton, North York
D．Ⅰ　Ⅱ　Ⅳ	Salford
E．Ⅱ　Ⅳ	Hillingdon
F．Ⅳ	Surrey, Solihull

このような分類を試みた結果、Ⅰ．とⅡ．の目標に新たにⅢ．の目標が加わっていることと、Ⅳが全く新しく到達目標の具体的な領域として掲げられていることがわかる。ここから改革法後に改訂された宗教教育の内容の特徴を次のようにまとめることができよう。

① Aグループに見られるように、1970年代から提唱されてきた人間の生の根源的問題を探究する内包的アプローチと諸宗教の学習という明示的アプローチから成る枠組みは基本的に残っている。

② Bグループに見られるように、上記の2つのアプローチに宗教的実践あるいは宗教へのコミットメントへの理解を深め、自己の生き方へとつなげる新しいアプローチが加わっている三角構造が現れている。このことはAグループにおいても、内包的アプローチに「価値と献身」という柱が、また明示的アプローチに「宗教的実践」という柱を立てており、Aグループも実質的にはBグループの特質を具えていると言える。（ドーセットの例参照）

③ 宗教教育によって身につけるべき知識（概念の理理解）、態度、技能を明確にするようになってきている。表1-8にその具体的な内容を挙げておこう。

なお改革法後のアグリード・シラバスの特色について次節でさらに考察してみたい。

表1-8　宗教教育の目標としてのスキル

LEA	概　念	態　度	技　能
Derby	自己　情操 関係　問い 献身　言語	探求的　批判的　尊敬 個人的知　道徳的配慮 気づき　敏感さ　責任感	観察　探求　考慮　想像 自己表現　表明　理解 認識　判断　自律　思考 事実の使用
Surrey	学習 理解 評価	驚き　敬虔 同情　好奇心 自己尊重　統合　献身	反省　共感　自己認識 分析　コミュニケーション 理解
Solihull	信条 宗教の重要性 精神的領域 献身　道徳性 赦し　宗教的象徴	自己尊重　自己同一性 探究心 社会的責任 赦し　寛容　感受性 環境への配慮	言語の使用　資料の活用 自己表現 合理的論議 共感　反省　評価 創造性
North York	場所　人々 象徴　祭り 物語　所属	反省　好奇心 開かれた心 自律 精密さ	探求：追求　観察　表現 分析；表現　象徴の解釈
Doeset		尊敬　自己尊重 感受性　開かれた心 理解と驚異 批判的問題意識	反省　コミュニケーション 共感 分析と評価 推論　探求
Isle of Wight	経験の中の神秘 人生への宗教的取り組み 宗教的経験 宗教的洞察 宗教の地位と重要性 宗教に与えた社会的、合理的力 慎重な選択と献身の重要性 宗教的象徴 神話の原理 宗教的言語 個人および人間の価値 人格　人間関係	A：学習に対して 　好奇心 　創意 　統合 　他者の信仰の尊重 B：自己に対して 　他者の受容と理解 　健全な自己尊重 C：他者に対して 　他者の受容と理解 　要求への敏感さ D：自然界 　生命への畏敬 E：人生に対して 　神秘への驚きと畏れ 　責任と決断	事実の証拠による確認 客観的に考え行動する 推論の手続きの追求 正論のための吟味 証拠の賢明な選択 他者の経験の共感的共有 自己の限界の認識 所属グループの影響 力と責任ある独自の行動 宗教現象の認識とそれらへの適切な対応 「真正な」宗教の認識
Norfolk （態度、技能は省略）	精神性に関する概念 　権威　献身　祝祭 　共同社会　畏敬 　帰依　正義　目的 　意味　動機　運命 　自由　人間性 　自己同一性　悪 　善　聖　神秘 　創始　関係　精神性 　苦悩　価値　真実 　全体性　統一 宗教の学習のための概念 　不可知論　無神論 　禁欲主義　原理主義 　信条　神性　解釈 　イデオロギー　神話 　イニシエーション 　自由主義　一神教 　象徴主義　神秘主義 　自由主義　宗教　儀礼 　正統　礼拝　精神性 道徳性　ライフスタイル		

第３節　新しい宗教教育の特色

1　宗教教授(religious instruction)から宗教教育(religious education)へ

1988年教育改革法では「宗教教授」をことごとく「宗教教育」に修正する条項が挿入さている(第７条)。ハルやコックスも指摘しているように[12)]、改革法における宗教教育の本質的変化がここに表明されていると言える。1944年法では教科としての宗教を「宗教教授」と言い、礼拝を含めて宗教教育と称していた。「宗教教授」という用語を「宗教教育」に変えるべきであるという議論は早くからあった。しかしながら明確な論理で「宗教教育」への転換が主張されたのは1970年代に入ってからである。宗教教育のカリキュラムにおける位置づけのための論拠は宗教教育の目標、内容、方法そのものの在り方にも関わるので、すでに第１章において概観してはいるが、ここでその論理の展開を跡づけておきたい。

1960年代からの急激な社会構造の変化による英国の宗教の多元化や世俗化は、それまでの聖書によるキリスト教の教えを中心にした宗教教授では対応しきれず､宗教教育はその目標や内容､方法の改革を余儀なくされた。この改革の議論の過程で、その設立に宗教的背景を持たない公立学校において宗教教育を行うことの意味が改めて問われることになった。とくに60年代には従来キリスト教的倫理を抜きには道徳教育を考えられてこなかった英国において、宗教教育とは別個の道徳教育の研究が注目され、実践が行われるようになってきたことから、道徳教育が宗教教育にとって代わるのではないかという状況にまで至ったと言われる。このような状況下で何故公立学校において宗教教育が必要なのかという宗教教育の存在意義を問う論議が高まった。その中から公立学校における宗教教育の教育的正当性の論証が打ち出され、道徳教育とは別個の宗教教育の教育的意義とその目標、および内容の見直しが主張されるに至った。その代表的な論がスミス(Smith, J.W.D.)の『世俗的背景における宗教教育[13)]』、スマートの『世俗的教育と宗教の論理[14)]』、コックスの「教育的宗教教育」であった。スミスは人間が本来持つ根源的な問いを求める要求に応えるものとしての宗教教育の必要性を主張し、スマートは宗教現象学の立場から宗教教育の目的を客観的な宗教の理解に置くことによって教科としての宗教教育への道を拓いた。コックスは宗教教育を宣教的あるいは教化的目的ではなく、以下の宗教教育の目的からその教育的論拠を主張した。彼は宗教教育が教育の営みにおいて必須のものであることを強調し、その目的を、①宗教がわれわれの文化に貢献してきたものを生徒に理解させること、②人々の信仰について、またそれらがどのように人々の生き方に影響を与えているかを理解させること、③人間の理性的態度には、人間性や人格についての根源的、究極的問題に関する自己決定が含まれていることを生徒に理解させること、④生徒の宗教的立場の自己決定を援助すること、であるとしている[15)]。

このような宗教教育の教育的論理を統合し、従来の宗教教育をその目的と対比することによって教育的論理に基づく宗教教育の概念を明確にし、宗教教育の枠組みを提供したのが当時カリキュラム開発に指導的役割を果たしていた学校協議会（Schools Council）によるレポート『中等学校における宗教教育』であった。そこではまず教育的論理に基づく宗教教育は非教義なものでなければならないと断じた上で、現象としての宗教を明示的宗教、生きることの意味や目標についての疑問を喚起するような日常の経験に潜む人間の根源的な問いへの関わりを内包的宗教と呼び、宗教教育は第１にさまざまな形に表現された宗教を歴史的､社会的､心理的な現象として学習させることが必要であり、第２に子どもや青少年が抱く畏敬の念や人生の意味の探究や宗教の示す深い諸相に対する感受性などを尊重し彼らの生きる意味や目標に関する根源的問いを身近かな経験や個人的社会的問題の話し合いの中で促し、深めるべきであると主張した。前者は明示的アプローチあるいは現象学的アプローチ、後者は内包的アプローチと定義され、「教育的宗教教育」ではこれら２つのアプローチを互いに補充し解釈するために用いるべきであると提唱した[16)]。

これらの所論を背景に、科目としての宗教教授を明確に宗教教育へと変えるべきであると提言したのが1971年の『ダラム・レポート』である。『ダラム・レポート』では公立学校の宗教教育が従来、①社会的背景と世論、②文化的伝統の伝達の必要性、③道徳的基礎づけ、④歴史的伝統、の４つを根拠にカリキュラムの中に位置づけられてきたこと、しかしこれらだけではその存在理由として十分ではなく、それ自身(in its own right)教育的価値を持つ教科であることを論証すべきであると主張された。すなわち教育が人間性の全面的発達を目指すものならば、人間の生来持つ霊的側面の発達を援助するための宗教教育が不可欠である。加えてピーターズの「教育とは価値あるものへの導入」であるという教育の概念を論拠に[17]、英国の価値ある伝統である宗教に若者を導くことが教育的営みとして当然であると論じている。同レポートはその勧告の筆頭に「すべての生徒のための一般教育の一部として行われるべき宗教教育は、今後は宗教教授ではなく、宗教教育と称すべきである」と述べている[18]。

1970年代には公立学校における宗教教育をカリキュラムに位置づけるための教育的論拠について多くの発言がなされたが、これらを総括し、その後の宗教教育の在り方にもっとも大きな影響を与えたのがグリミット(Grimmitt, Michael)の『宗教教育で何ができるか[19]』(1973)であった。ここで彼はハーストの知識論から導かれるカリキュラムの枠組み[20]とピーターズの教育の概念および教育的営みの条件を宗教教育のカリキュラムに位置づけるための教育的論拠としている[21]。すなわちピーターズによれば、教育とは個人に関わる価値ある思考の様式へと若者を導き入れることであり、この「価値あるもの」とは道徳的、細心な技術的思考と行為の様式に加えて、科学、歴史、数学、宗教的、芸術的思考の様式と意識を意味する。そしてこの価値ある思考の様式に導き入れられた子どもに、その結果として認識(知)的、情緒的、社会的、身体的に望ましい発達をもたらすものでなければならない。またピーターズは教育には最小限の知識や理解を必要とするが、それと同時に何らかの「認識的展望(cognitive perspective)」が含まれていなければならない、と言う。「認識的展望」とは新しい知識と既習の知識を結合し、知識と経験を多面的に、また柔軟な見方で見る能力を言う。子どもの発達に有為なまた独自な貢献をする思考意識の様式は、そのような認識的展望を拡大させ、深化させるものである。

ピーターズはさらにカリキュラムにおいて、ある教科がその正当性を主張し得る条件として次の3つの基準を挙げる。

① その教科は人間の自己理解とその状況の理解に有効な（価値のある）独自の思考と意識の様式を含んでいるか。

② その教科は子どもの認識的展望を独自のまた価値ある方法で拡げ、深めることに役立ち、その結果子どもの個人としての全面的な発達に貢献するか。

③ その教科は子どもが理解を確実にし、自己意識をいきいきと育てるような方法で教えられているか。

このようなピーターズの教育の概念に依拠して、グリミットは宗教教育の教育的機能を措定するとともに、さらにその実践的展開のための教科の構造を図1-3のように構想する。彼はここで宗教教育の全体構造を内包的・明示的アプローチという枠組みから実存的・側面的アプローチという枠組みに再構成して、前者には「実存の深み」、「象徴と言語」、「状況」の主題を、後者においては「経験的・神話的・儀礼的」、「社会的・倫理的」、「教義的」教材を年齢に即して配置した[22)]。

これらの宗教教育の枠組みや主題と題材の展開は前節で見たアグリード・シラバスの目標・内容に深甚な影響を与えていると言える。グリミットはまた教科の構造を明確にするにあたって、まず、その目的と目標を明確にすべきことと、目標の設定にあたって習得すべき知識（概念）、態度、技能を明確にすべきであることを主張した。1970年代の代表的なアグリード・シラバスで多くのLEAで採択されたハンプシャーのアグリード・シラバスは、目標設定によって宗教教育の構造を明確に示すスタイルをとった従来のものと異なったモデルを提供している。グリミットはさらに後年になって宗教教育が人間

レベル　1		年齢　5　6　7　8　9　10　11　12　13　14　15　16
実存的アプローチ	宗教概念の発達の基礎として子どもの感情・行動・経験を用いる	状況的テーマ・・・・・ 象徴的テーマ・・・・・・・・・・ 言語テーマ・・・・・・・・・・ 実存的テーマ・・・・・・・・・・・・・・・・・・
レベル　2		
側面的アプローチ	宗教の6側面から宗教的概念を選択して提示する	経験的 神話的　教材・・・・・・・・・・・・・・・・・ 儀礼的　　社会的教材・・・・・・ 倫理的教材・・・・・ 教義的教材

図1-3　学校における宗教教育の概念の枠組み

的発達に不可欠なものであることを強調する[23)]。いずれにせよ宗教教育の理論的および実践的指導者としての彼の貢献は大きい。

1988年教育改革法における名称の改正はこのような宗教教育のカリキュラムにおける存在意義を論証するための教育論およびカリキュラム論を背景にしていた。宗教教育の目的はもはやキリスト教信仰を培うことではなく、第１条に掲げられたように、生徒の精神的、道徳的、文化的、知的、身体的発達に貢献するために不可欠な領域としてカリキュラムに位置づけられたのである。さらに宗教教育がナショナル・カリキュラムの一教科ではなく、教科とともに基礎カリキュムを構成する特別な領域となったことは、当初批判された消極的な位置づけではなく、その存在の独自性と他の領域との関連を図るカリキュラムの展開を可能にし、諸教科の学習と関連を保ちながら生徒の全面的な発達に寄与することが期待されるに至った。例えばワイト島のアグリード・シラバスは以下のように宗教教育の諸教科あるいは領域との関連とそこで発達させるべきスキルを挙げている。

宗教教育が関連する教科・領域	英語：詩作と鑑賞、作文 理科：性教育、自然界の理解、科学の発達における価値と倫理 芸術表現メディア：ダンス、ドラマ、音楽、メディア 情報処理：資料操作、コンピュータ・プログラミング デザイン･技能：宗教的作品の制作、デザイン、市場･生産・職業意識の価値などの調査 歴史・地理：過去の宗教、宗教の影響
総合的スキル	情報技術、数的処理、学習スキル、コミュニケーション、問題解決、人間関係

2　内包的アプローチと明示的アプローチにおける新しい動き

(1)　内包的アプローチにおける宗教性の強調

先のアグリード・シラバスの目標分析によって宗教教育の目標が1970年代に提唱された内包的・明示的アプローチの枠組みを基本としていることを確

認した。

第1の内包的アプローチは、すでに述べたように、「生徒が自己の生き方の拠り所となる何らかの信仰、あるいは人生観、世界観を、できるだけ自由に、主体的に身につけさせるよう援助する」いわゆるオープン・アプローチを基礎にしている。生徒の自己認識、自己と他者との関係、自己を取り巻く自然等から生じたさまざまな問いに気づかせ、人間の生き方への省察を深めさせ、やがて人間を超えた超越的実在の認識へと導こうとするものである。このようなアプローチでは宗教的な教説は直接には扱われず、自己認識から始まる人間関係(他者理解)と、究極的な問い(ultimate question)が学習経験を構成する。これは神学的には、ティリッヒ(Tillich, Paul)、ブルトマン、ボンフェッファーらの神学をもとに、神を「あの世の高みにおいてではなく、この世俗社会に生きることの中心における深み」において見出すことができるという神理解を説いた『神への誠実』の著者であるロビンソン主教の影響が大きいとされるが[24)]、この内包的アプローチの中心概念である「究極的な問い」はとりわけティリッヒの「人生の意味や自己の存在の意味に関わる究極的な関心」という宗教の概念を基礎としている。

このアプローチを発達論的に支えたのがピアジェの認識発達論を援用して宗教的レディネスの発達段階を実証的に明らかにしたゴールドマンによる子どもの宗教的発達段階の研究であった。彼はその研究成果を踏まえて当時の宗教教育の実態を批判し[25)]、子どもの経験や関心に即した内容や方法を取り入れた大胆な宗教教育の改革を提唱した。このアプローチは60年代の経験主義的教育原理を基礎にした総合学習的なカリキュラム実践の普及によって、子どもの「宗教的レディネス」に即した日常的な「テーマ」や「トピック」による総合的学習として展開された。第1章の表1－2(13頁)に挙げた内ロンドン(ILEA)のアグリード・シラバスはその典型的なものであった。そこでのテーマ、「クリスマス」「祈り」「教会」「聖書」というような宗教的なテーマはあるものの、大部分は「仕事」「手」「友達」「健康」「道」というような一見宗教とは無関係なものであった。まさに宗教は内包されていたわけで、ゴールドマン以後聖書を低学年から直接扱うことを避けるようになって、教師は子どもの身近なテーマを活動的な学習によって進めながら、これが果たして宗教教育なのかと悩む。当時の宗教教育の実態報告書にはこのような宗教教育の困難さが指摘されている[26)]。

やがてこのような「生活テーマ」中心の内容は自己省察や究極的問いへと焦点化する傾向を強めていく。さきに示したグリミット(Grimmitt, M.)の実存的アプローチである。これは児童・生徒は身近な経験の中で自己の存在を意識させ、自己と他者の関係、また自己を取り巻く自然の中でさまざまな問いに気づかせる。このような問いから、生きる意味を考えさせ人生への省察を深めさせ、やがて人間を超えたものの存在に気づかせるというものである。ここでは自己像の確立から始まる人間関係(他者理解)と究極的な問いへの関心が学習経験の中核になる。

改革法後に改訂されたアグリード・シラバスにおいても「人間関係」「究極的な問い」は重要な柱となっているが、「人間関係」では身近な人々(友人、家族など)よりも宗教的信条を持つ人々への配慮(異なる価値観への気づき、理解)が多く取り上げられてきている。また「究極的な問い」では、それらに対する宗教の回答や解釈を学習させるようになっている。例えば前出のドーセット(図1-5、36頁)の「意味の問い」の活動例にも見られるように、「自己認識・人間関係」の学習において聖書の物語やキリスト教と社会との関わり、キリスト教とユダヤ教の死生観を考えさせている。またレスターのアグリード・シラバスは宗教教育の基本的目標を、

① 宗教的信条や実践の基本的知識と理解を得させる
② 宗教的信条や価値が生き方に影響を与えるかを理解させる
③ 人生への反省的姿勢(reflective approach)を発達させる
④ 人生の精神的領域に気づかせる

こととし、この第4の目標を各キー・ステージの到達目標・学習内容へ次のように展開させるのである。

ⅰ 自己の内面的思考や感情に気づかせ、宗教的経験を尊重する
ⅱ 存在に潜む神秘的感情を培い、宗教的な応答を理解させる
ⅲ 人生の意味や目的を追求させ、それらの問いへの宗教的答えに気づかせる。

このように宗教的題材の扱いや宗教的世界への踏み込みが明示され、過去

20年にわたって初等教育段階の宗教教育で宗教的題材に直接ほとんど触れることなく、子ども自身の経験や感情に焦点を当ててきたことからの転換が見られるのである。

(2)　明示的アプローチにおけるキリスト教と諸宗教の扱い

明示的アプローチの源流はそもそもキリスト教内部のエキュメニカルな宗派間対話の流れ、宗教哲学、宗教学の展開を背景にしている。とくに神学から派生した宗教学から分科した宗教現象学を基礎にしている。宗教現象学は宗教史学、宗教人類学、宗教社会学などを取り込んで発展してきたものであるが、宗教現象それ自身をあるがままに受け入れて、宗教そのものを理解しようとするものである。このアプローチの提唱者であったスマートはランカスター大学で宗教学を担当し、この宗教現象学的理論を中等教育段階の宗教教育の理論に展開させたのであった。前述のように、彼は宗教を6つの側面すなわち、教義的、神話的、倫理的、儀礼的、経験的、社会的な側面から理解させることが宗教教育の目的であると主張したが、これは現象学的アプローチ(phenomenological approach)と呼ばれて70年代後半から優勢となる。このアプローチの普及はスマートの主導で結成されたシャップ・ワーキング・パーティー(Shap Working Party on World Religions in Education[27])の活動によるところが大きい。このグループに属するコール(Cole, Owen)、ジャクソン(Jackson, Robert)、ホーム(Holm, Jean)らによる理論化や学習方法の定式化がその普及に多大な貢献を行った[28]。その学習方法の基本的原理は、第1に、説明的であるよりも記述的であること、すなわち観察し得る現象からスタートする、宗教が表現するすべての形式——儀式、象徴、神話、教義、倫理——を記述する。宗教的経験の異なる文化的表現や異なる概念的枠組みの解釈を明らかにする、しかし宗教を比較することは避ける、エポケ——すなわち客観性と判断中止、予断から距離を置くこと——の現象学的概念を使用する、ことである。第2に、直感的ヴィジョン、すなわち、諸現象の本質を探究することを重視する。このことは宗教信仰者にとっての諸現象の内的な意味に想像力を持って分け入ることと諸現象を評価することにより理解するように努めることを意味する[29]。このようにしてキリスト教、ユダヤ教、イスラム教、ヒンズー教、シク教あるいは仏教などを取り上げることになる。

このアプローチは少数民族の移住によって英国が多元的社会へと進行する過程で宗教教育の中で大きな位置を占めることになる。多元化社会における教育の在り方について勧告したスワン・レポート(*Swann Report,* 1985)は、宗教教育の目的を「すべての人々が現在のわれわれの社会における価値体系やライフスタイルの多様性を理解し、正しい認識を広げること」であると述べ、世界の諸宗教を学習することそれ自体が探究心と人間理解と寛容と共感を促進する機会を提供するとしてこのような宗教教育を奨励している[30)]。このような諸宗教の学習は宗教の多元化した社会においては必要なことでもあり、また教師にとっても、自己の信条に関わりなく客観的立場で宗教を学習させることができるために、現場に受け入れられてきたと言えよう。その一方で，ややもするとその本質的ねらいである諸宗教の学習から宗教とは何か、生徒自身の経験やそれ信ずる人々にとって宗教は何を意味するかを理解させることよりも、諸宗教についての単なる事実、すなわち皮相な知識の学習に終わってしまう嫌いがあるとの批判もあった。現象学的アプローチが元来高等教育における宗教学から援用されたものであり、初等・中等学校における生徒に対して異なる宗教的、文化的背景の理解や宗教概念や言語を理解させるための適切な方法を欠いていたこと、また宗教のインドクトリネイションへの批判を恐れるあまり、すべての宗教を並列的に、「公平に」扱おうとしたため、相対主義的価値観を持たせることになったとの批判もある。ジャクソンは現象学的アプローチへの一般的な批判を以下のように挙げているが、このアプローチの特色の一面を示している[31)]。

① このアプローチの主たる関心は信者の外面的な行為と観察可能な宗教的現象である。したがって信仰者の内面的な動機づけには無関心である。
② 宗教を幅広く扱うために皮相な扱いや宗教の瑣末な事象の扱いに陥る。
③ 異なる宗教の共通のテーマについての並列的な学習は混乱に導く。
④ 主題が児童生徒の経験や関心事から遠い。
⑤ 真理の問題への関心を欠くことから、相対主義をもたらす。

コックスもこのアプローチの弱点を厳しく上のような理由から指摘している[32)]。

このアプローチには、「礼拝の場」「始祖」「儀式」「聖典」といったテーマで諸

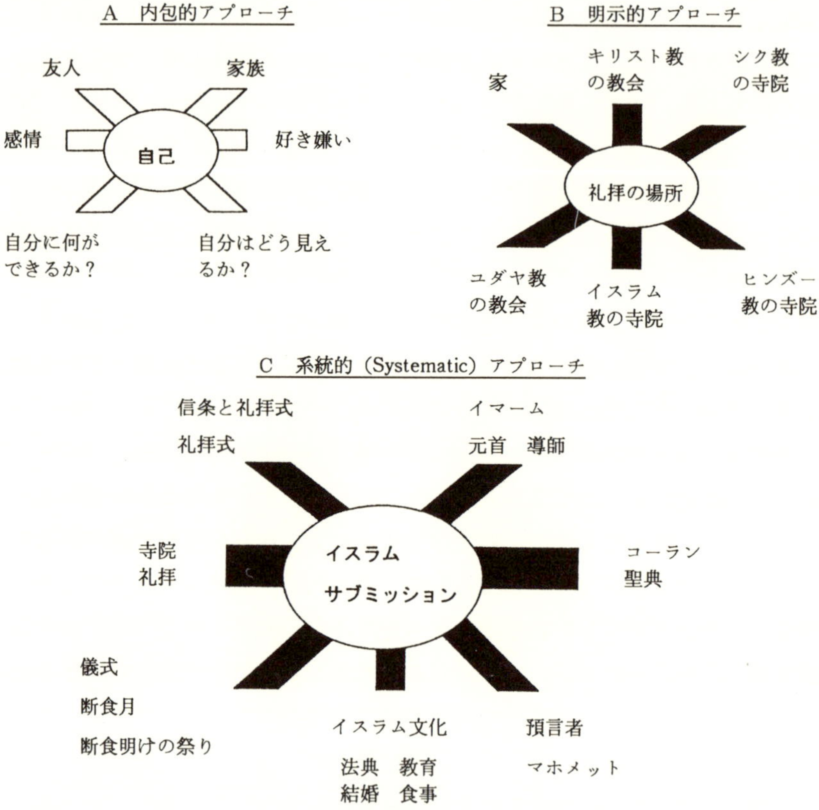

図1-4　教室におけるアプローチ

出典）Derbyshire County Council, *Derbyshire Agreed Religious Education Syllabus*, 1988-89, pp.31-33.

宗教を比較的に取り上げる場合の主題(theme)アプローチがある。これに対してを各宗教に関する学習を個別に展開する系統的(systematic)アプローチがある。図1-4はこれらのアプローチを示したものである。

「キリスト教が英国の宗教的伝統であることを反映すべきである」という改革法の規定はこのような諸宗教の扱いに変革を促すことになった。明示的アプローチにおいて支配的であった主題アプローチは、宗教現象のあるテーマをめぐって諸宗教の表現から宗教の本質を理解することを目的としているので、キリスト教を他の宗教と並列的に学習させることになってしまう。教育改革法の上院における審議の過程で宗教教育におけるキリスト教教育の復権を主張した修正案の提出の前後に沸騰した論議は、キリスト教の学習がとくに主題アプローチによる諸宗教の学習の中に埋没してしまっている危機感を背景にしていた。

結局法制化された「主として」という表現は、実際にどの程度キリスト教が学習の中の割合を占めるべきかについては曖昧なまま残すことになった。イーリングなどの住民の反対によるアグリード・シラバスの差し戻し事件にも見られるように、このキリスト教と他の宗教とのバランスは微妙な政治的問題としてモデル・シラバスの作成をまで持ち越された。改訂されたアグリード・シラバスでは聖書を低学年から扱うものが出てきている点で第8条の意図したキリスト教の復権が実現されつつあると言えよう。しかしSACREのメンバーは諸宗教の代表によって構成されており、多くのアグリード・シラバスはユダヤ、イスラム、シク、ヒンズー教あるいは仏教も扱っている。但し、たとえテーマによる学習であっても、従来のように多くの宗教を同時に、同等に扱うことはしていない。例として、キー・ステージによって諸宗教の扱い方を示しているシラバスを挙げておこう（表1－9）。

諸宗教の取り扱いについては、地域の宗教的背景との関連でより厳密な分析が必要であろう。宗教教育が多文化教育の役割を担っていることを考慮す

表1－9　キリスト教と諸宗教の扱い

キー・ステージ1				
テーマ	キリスト教	ユダヤ教	イスラム教	ヒンズー教
信条	神／イエス	一人の神	一人の神	
人々	イエス・イエスの友	モーゼ	モハメド	
聖典	聖書・物語	トーラ・旧約	コーラン	
巡礼の場所	イエスのイスラエルへの旅			
礼拝の場所	牧師・教会・家具			
礼拝	音楽・歌唱・祈り・静粛			
儀式	誕生・洗礼・結婚		命名式	
祝祭／食べ物	クリスマス・復活祭・収穫祭	サコス		デイヴアリ
道徳律	愛			
キー・ステージ2				
信条	三位一体・救い・死後の生活	シェマ	シャハダ	
人々	イエスの生涯／聖人	モーゼ・アブラハム	モハメド	
聖典	聖書：放蕩息子・奇跡	ハガタ	コーラン	プラナス
巡礼／場所	聖地	聖地	ハジス	
礼拝の場所	教会・聖堂訪問・雰囲気	シナゴグ・祈り	モスク	
礼拝	音楽・歌・祈り・応答	断食・祈り		
儀式	結婚・葬儀		ラマダン	
祝祭／食べ物	クリスマス・復活祭	過ぎ越し・ハヌカ		
道徳律	黄金律	十戒		

ると、より複雑な問題を抱えた集団礼拝の在り方も含めた検討が今後の課題となる。

3　実践と献身への志向

上記の2つのプローチによる宗教教育は、究極的な問いの探究と諸宗教の現象面からの学習とを相補させながら結局は「宗教を理解させること」を目的としていた。さきの目標の分析で出てきた第3の柱はこれらのアプローチによる宗教の理解を生徒自身の問題としてその生き方に表現させることである。改革法後のアグリード・シラバスの特徴は、この第3のアプローチをカリキュラム構造に組み入れて、第1と第2の2つのアプローチから得た宗教の理解を自己の信条や実践に生かすよう配慮していることである。しかも顕著な特徴は宗教の理解を自己のものとして実践化する際に、宗教の示す答えを学習させていることであろう(ドーセット、キー・ステージ2の例、表1-6(37頁)参照)。

例えばハンプシャーの目標は、「宗教的信条と実践の本質とそれらが信者の生活にどのような重要な意味を持たせ、影響を与えているかを理解させること」から、「生きた信仰学習を通して人生への反省的態度を発達させ、その過程を豊かにすること」へと変化し、個人の人生観の確立を促すことが強調されている。そこから、①意味の探究(人間の生の営みの精神的側面への関心を育む)、②意味の表現(人間の意味の表現の多様性を理解し解釈する能力を培う)、③宗教的伝統の知識と理解(とくにキリスト教の信条や実践を記述し、理解し、評価する能力を育む)という到達目標が設定されている。そのほか、自己の生き方や信条の表現を重視し、それらを信仰生活や道徳的実践につなげる目標が多くなっている。「生徒に生きることの意味と目標を探究させ、これを自らの問題に結びつけること」(ハートフォード)、「人生の精神的領域と個人の信仰への献身の重要性に気づかせること」(ダービー)等である。クロイドンの目標領域における「ライフスタイル」のキー・ステージ3の評価項目は次のように記されている。

14歳までに生徒は次のことができる。

①宗教的献身がある特定のライフスタイルを採ることを示すこと

②文化と宗教の関連について例を示すこと

③１つ以上の宗教の道徳律についての知識と理解を示すこと

④道徳的問題に対する生徒自身の応答の仕方をいくつかの方法で表すこと

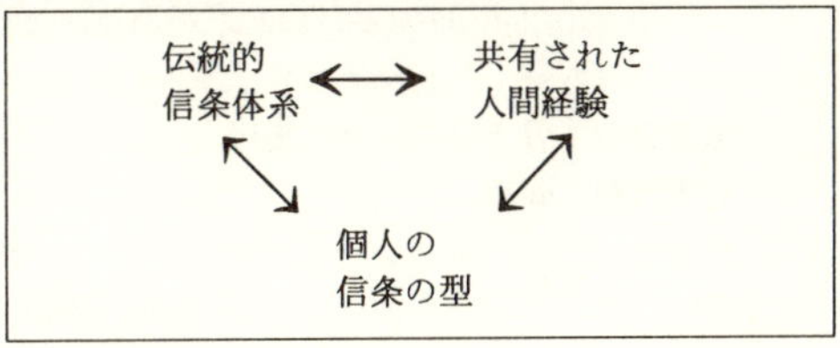

図１－５　ウエストヒル・プロジェクトの枠組み

多くの新しいアグリード・シラバスに「反省(reflection)」、「表現(expression)」、「献身(commitment)」というキーワードが、「理解(understanding)」、「探究(exploring)」、「意識(awareness)」というキー・ワードに加えられていることが注目される。1994年１月の通達には宗教の知識の習得にとどまらず、それらに基づいた道徳的問題の理解や生徒自身の生き方に影響を及ぼすような方法を含むべきであると述べられているが、すでにこれらのアグリード・シラバスはそのような目標を含めていることがわかる。

この実践的目標を第３のアプローチとしてカリキュラムを構造化することに大きな影響を与えたのはウエストヒル・プロジェクト[33)]の枠組みであった(図１－５)。

このように、新しい宗教教育は生徒に宗教を理解させるにとどまらず、生徒自身の生き方や信条を問い、その信条を生き方に表現し実践することを目標にしているのである。さきにも述べたように、従来初等教育段階では宗教的題材に直接ほとんど触れることなく、子どもの経験や感情に焦点を当ててきたという反省から、前出のドーセットの「意味の問い」の学習計画にも見られるように、「自己認識・人間関係」の学習において聖書の例や宗教的答えに導くようになっている。

注

1) House of Lords, *Hansard*, 7 July 1988, col.438.

2) Hull, John, *The Act Unpacked, The Meaning of the 1988 ERA for Religious Education*, University of Birmingham School of Education & CEM, 1989.

3) Taylor, M., *Religious Education Values and Worship–LEA Advisors' Perspectives on Implomentation of the Education Reform Act 1988*, National Foundation for Educational Research Religious Education Council, 1989.

4）この他 personal data と自由記述がある。

5）著者らは収集した1988年教育改革法後に改訂されたアグリード・シラバスに新しい宗教教育の本質と目標がまず掲げられていることに注目する。

6）巻末資料１参照。

7）1990年４月にイーリングでアグリード・シラバスが「主としてキリスト教の伝統を反映すべきこと」(第８条３)という1998年法の規定に違反していると親、Mrs. Bellからの不服申し立てがあった。LEA はこの訴えを却下。彼女は大臣に提訴。1991年３月に大臣から不服を支持する書簡が出される。但し、アグリード・シラバスは目標ではなく内容によって宗教の扱いを明確にすべきである、との第８条３の解釈を示す。イーリングはアグリード・シラバスを改訂する。著者らには1994年４月に改めてドラフトが送付されてきた。Hart, Collin, *Religious Education from Acts to Action,* Cats Trust, 1991, p.37. Hull, John, *Utpoian Whispers, Moral Education in Multi-Cultural Britain,* Birmingham Paper, CEM, 1998, pp.173-174, 178-182.

8）Robson, Geoff, "Religeous Education, Government Policy and Professional Practice, 1985-1995", *British Journal of Religious Education,* 19-1, 1996, p.16

9）第３章１節参照。この通達はもっとも保守的な規制を強めたものと言われる。

10）Nottingham LEA の宗教教育担当者からの回答。なお、「他の宗教の数を減らす案」とは、Early Day Motion(議会での動議), 12 Dec. 1990. Hull, *op.cit.,* p.174 参照。

11）Hull, J., Editorial, *British Journal Religious Education,* 16-3, 1994.

12）Hull, J., *The Act Unpacked—The Meaning of the 1988 Education Act for Religious Education,* Birmingham Papers, 1989, pp.2-4.

13）Smith, J.W.D., *Religious Education in a Secular Setting,* SCM, 1969. Revised ed. *Religion and Secular Education,* The Saint Andrew Press, 1975.

14）Smart, N., *Secular Education & the Logic of Religion,* Faber & Faber 1968.

15）Cox, E., "Educational Religious Education", *Learning for Living,* 10-4, 1971, p.5.

16）School Council, *Religious Education in Secondary Schools,* Working Paper 36, Evans/Methuen Educational, 1971, pp.19, 21. このレポートはスマートの指導による。

17）*The Forth R, The Durham Report on Religious Education, The Report of the Commission on Religious Education in Schools, appointed in 1967 under the Chairmanship of the Bishop of Durham,* SPCK, 1970, p.101.

18）*Ibid,* p.277.

19）Grimmitt, Michael, *What can I do in RE? A Consideration of Place of Religion in the Twentieth-century Curriculum with Suggestion for Practical Work in Schools,* Mccrimmon, 1973.

20）ハーストによれば、知識を獲得しることは構造化され、組織化され、ある特定の意味で意味づけられた経験を意識することであり、人間のさまざまな知識は高度に発展した形式(form)から成っている。この「知識の形式」は次のような特質を持つ。

①　その形式特有の中心概念(物理学の重力、加速度、宗教の神、罪、運命予定説等)を持っている。

② 特有の論理構造を持っている。
③ 特有の用語と論理から経験を論証できる表現と論述を持っている。
④ 経験を探究し、その特有の表現を検証するための独自方法と技術を発達させてきた。

このような「知識と形式」として、ハーストは数学、物理学、人間科学、歴史、宗教、文学、芸術、哲学、道徳を挙げている。これらが一般教育のカリキュラムを構成することになる。Hirst, P., "Liberal Education and the Nature of Knowledge", Dearden, R.F., Hirst, P. & Peters, R.S. eds., *Education and the Development of Reason,* RKB, 1972, pp.405-408.

21) Peters, R.S., Education as Initiation, Inaugural Lecture, The University of London Institute of Education, 1964. Peters, *Ethics and Education,* Gearge Allen, 1966, p.45（三好信浩・塚田智共訳『現代教育の倫理 その基礎的分析』黎明書房、1971年、55頁参照）.

22) Grimmitt, M., *op.cit.*, p.50.

23) Grimmitt, *Religious Education and Human Development, The Relationship Between Studying Religions and Personal, Social and Moral Education,* Mccrimmon, 1987.

24) Robinson, John A.T., *Honest to God,* SCM, 1963. 小田垣雅也訳『神への誠実』日本督教団出版局、1964年。

25) Goldman, R., *Religious Thinking from Childhood to Adolescence,* RKP, 1964, *Readiness for Religion,* RKP, 1965.

26) Schools Council, *Working Paper 44, Religious Education in Primary Schools,* Evans/Methuen Educational, 1972, pp.38-39.

27) Shap Working Partyは1969年発足。教師用ガイド・ブック、教材、出版物によって世界の諸宗教の学習を推進。

28) Cole, W. Owen, ed., *World Faiths in Education,* Gerage Allen & Unwin, 1978.
Jackson, Robert, ed., *Perspectives on World Religions, Extramural Division,* SOAS, 1978. Holm, Jean, *Teaching Religion in School,* Oxford U.P. 1975.

29) Lealman, Brenda, *World Religion, Dictionary of Religious Education,* SCM, 1984, p.367. なお、ジャクソンは現象学的アプローチにとくにオランダの宗教学者ファン・デル・レーウの影響が多大であると述べている。Jackson, R., *Religious Education—An interpretative approach—,* 1997, pp.19-20.

30) *Swann Report, Education for All,* HMSO, 1985.

31) Jackson, *op.sit.*, p.10.

32) Cox, E., *Problems and Possibilities for Religious Education,* 1983, p.132.

33) Westhill Project は Grimmitt の主導によりカリキュラムおよび教材を開発する。

第3章
モデル・シラバスの公示とその後の宗教教育

第1節　公示に至る経緯

1　宗教教育への国家介入

1988年教育改革法後、ナショナル・カリキュラムの見直しをはじめとして、OFSTED (Office for Standard of Education)の設置による視察制度の強化、NCCからSCAAへの改組と同法の改正が進む中、宗教教育においても1989年3月の通達のあと1992年法、1993年法、1994年1月の通達と宗教教育の強化政策が進められた。なかでも1994年の通達「宗教教育と集団礼拝」はその時点の政府の宗教教育に対する方針とかなり細かい指導助言を盛り込んでいる。アグリード・シラバスに関して言えば、1988年法はその規定に即している限り必ずしも見直しを義務づけてはいなかった。しかし見直しの少ないことと、教育改革法後に改訂されたアグリード・シラバスの多くが法の基準を充たしていないというNCCの調査結果[1)]を理由に見直しの義務づけを1993年法で行うことになった。この背後には、「国の宗教的伝統はキリスト教」であるとの信念から、宗教教育におけるキリスト教の優位を確保しようとする人々の圧力があった。1988年法の成立から1994年の7月におけるモデル・シラバスの公示に至るまでの政府の宗教教育をめぐる政策についてハルは、「一部の人々が執拗に自分たちの狭い宗教教育観に基づいた政策を推し進めている」ことに厳しい抗議の声を挙げている[2)]。その宗教教育観とは英国の宗教や文化の伝統がキリスト教であることを踏まえて、キリスト教中心の価値観への教化を目的としたものであり、1988年教育法の審議の段階からそのことを強硬に主張していた一部の人々によって、法制化できなかった彼らの意図を議会での論議なしに推し進めたと言われる[3)]。1993年8月に文部大臣がNCCにモデル・シラバスの作成を命じた。NCCは10月に学校試験評価審議会(School Examination and Assessment Council)と合同してSCAAに改組され、SCAAは1994年1月25日にモデル・シラバスの試案を公表した。すでに述べたように、宗教教育をキリスト教中心の伝統的な内容に復帰させようとする保守勢力は議会での発言やマス・メディアを使って宗教教育の実態を批判してきたが、その中心になったのが「ごたまぜ」批判であった。それは他の宗教を扱うことに全く反対するというのではなく、キリスト教と他の宗教を無差別に学習させること、キリスト教が諸宗教に埋没してしまい、伝統的な価値観が見失われてしまうことにあった。青少年の道徳的規範意識の低下がこれまでの宗教教育による生徒の信条や価値観の混乱から来ていると非難し、「ごたまぜ」の元凶が「儀礼」「愛と憎しみ」といったテーマで宗教を理解させようとする主題アプローチにあるとした。主題アプローチは宗教を理解させるにはほど遠く、生徒に混乱を起こさせる「諸宗教のフルーツ・カクテル」、「ごった煮」であるとされたのである。「ごたまぜ」論争はキリスト教と他の諸宗教をどのくらいの割合にすべきかという論議も含んでいた。一時は政府による各宗教の取り扱いの割合を示す棒グラフまで示されるに至った[4)]。

このような主張を背景にモデル・シラバスの試案はキリスト教を最低50%、キリスト教以外の宗教は系統的アプローチで11歳までにイスラムとユダヤ教を、16歳までにイスラム、ユダヤ、ヒンズー、シク、仏教の基礎を扱うこととし、主題アプローチは禁止された。この試案に対しては当然のことながら諸宗教の教団、宗教教育の関係者からの批判が沸き起こった。

この試案とその直後に出された通達(Circular number 1/94, 1月31日)が政府の強硬な姿勢をもっともよく表していた。

2　1994年1月の通達(Circular 94/1)

1994年1月の通達(Circular 1/94: Religious education and collective worship)は、宗教教育に関する論議の高まりの中で、1988年教育改革法とその後に浮上した宗教教育の問題点に対する政府の見解を包括的に示している。この通達にはとくに1993年法による改正と宗教教育の強化への政府の取り組みの姿勢を改めて示している。その中の主要な事項を見てみよう[5)]。

序章(1〜15)政府のねらい・宗教教育の重要性と改善

1．1988年教育改革法の中心目標の中で、政府はとくに生徒の精神的、道徳的、文化的側面の発達への配慮が不十分であることを憂慮して、学校がこの教育の緊急課題にカリキュラムや学校での諸活動の中でいかに対処するかを明らかにするよう奨励している。

2．カリキュラムや日々の生徒と教師の接触を通して浸透する共通の価値観が生徒の精神的、道徳的、文化的側面の発達に貢献するし、それらが学校の教育や指導の中心となるべきである。学校の価値観を機会あるごとに父兄や地域社会に知らせ、彼らの支援を得るべきである。

3．政府は最近学校に学校の教育理念や共通の価値観を学校案内に公表するよう求めている。このような学校の声明が教育目標やその実践について述べる機会となる。

4．宗教教育と集団礼拝は生徒の精神的、道徳的、文化的発達に貢献する唯一のものではないが、これらの活動は生きる目的や道徳性や倫理的基準についての根源的な疑問に対する宗教の立場からの答えを考えさせる機会を提供し、それらの問題に生徒自身の答えを見出させることになる。

5．すべての学校は退出する生徒を除いて宗教教育と毎日の集団礼拝が法的に定められているが、多くの学校ではこれらの活動を規定通りに行っておらず、またその質に問題がある。政府の目的は生徒のこの面の発達を可能にする最善の機会を保障するようにカリキュラムの質を向上させることにある。

6．宗教教育と集団礼拝の詳細な取り決めは地方の責任事項である。宗教教育のシラバスはアグリード・シラバス協議会で決定され、集団礼拝は理事によって決められる。しかしながら、政府は非宗派的な学校でスタンダードが改善されることとすべての生徒に平等な機会が保障されることを求める。

7．宗教教育と集団礼拝についての法を以下のように規定する。

① 宗教教育においては、生徒にこの国のキリスト教的伝統を反映するキリスト教の十分な知識と英国に相当数の信者のいる他の主要な宗教の知識を得させること。

② 集団礼拝においては、生徒にとって適切な礼拝を確保し、どこでも可能な場所で集団礼拝にあずかることを保障すること。

9．政府は宗教教育と集団礼拝によって生徒に明確な個人的価値観と信条を持つことを援助することを重視する。彼らは異なった宗教の学習に基づいて自分たちのものとは異なった信条や宗教的実践を尊重し理解することが必要である。この国には尊重すべき宗教的自由の長い伝統がある。

10．この通達は学校における宗教教育と集団礼拝に関する政府の方針を明確にし、地方レベルにおける法的事項と学校での実践に関するガイダンスを与えるものである。

宗教教育の目的

16．学校における宗教教育は次のことを目指す。英国における最優先の宗教として生徒のキリスト教および国の他の主要な宗教の知識、理解、意識を発達させること。異なる信条を持つ人々を尊敬することを奨励する。生徒の精神的、道徳的、文化的、知的発達を促すこと。

宗教教育の位置づけ

20．基礎カリキュラムの一部でありながらナショナル・カリキュラムではない宗教教育の特別な地位は重要である。宗教教育は学校のカリキュラムにおいてはナショナル・カリキュラムの科目と同等の位置にある。しかし例外なく生徒に義務化されている法的に規定された到達目標、学習計画、評価基準には拘束されない。

地方のアグリード・シラバス

24．アグリード・シラバスに関する主要な手続きに変更はない。但し直接補助学校の学校数の増加とその自主性の大きさを反映して、1993年によって協議会の構成が変更された。

25．シラバスの見直しのための会議を召集するのはLEAである。同様に、SACREもいつまたどのようにアグリード・シラバスを見直すかを決定する過程で役割を果たす。LEA 代表以外の SACRE の過半数のグループが文書でアグリード・シラバスの見直しをLEAに求めたならば、LEAはそのための会議を召集しなければならない。アグリード・シラバスの見直しをLEAに求める多数決の決定は、現在のところ英国国教会、キリスト教の諸宗派と他の宗教、教員の各グループであり、各グループが１票を持つ。

1988年以前のアグリード・シラバスの見直しへの新しい要求

26．1988年法はすべてのシラバスは「英国の宗教的伝統は主としてキリスト教であるという事実を反映し、同時に英国の他の主な宗教の教えや実践にも配慮するべきであると要求している。しかしながら、このことは従来のシラバスのいずれをも見直すことを要求しているものではなかった。見直しをしない選択をする地区が多いので、1993年法は1944年法の細則５を以下のように修正する。

① 1988年の９月以降新しいシラバスを採択していない LEA はアグリード・シラバス見直しのための会議を同法施行12か月以内、すなわち1995年４月１日までに召集することを要求する。（1993年法第256条）

５年ごとの宗教教育シラバスの見直し

29．1993年法はさらに前回の改訂の５年以内に管轄のアグリード・シラバスの見直しを行い、また前回の改訂の５年ごとに引き続き再検討を行うことを要求する。

宗教教育シラバスの見直しに対する大臣の権力の介入

30．1944年法細則５に基づき、大臣は次の場合に介入する。LEA が、1)会議が満場一致で推薦した新しいアグリード・シラバスを実施しなかった場合。2)会議が満場一致に達することができなかったと報告された場合。

大臣は、会議によるアグリード・シラバスの見直しに関してLEAが不当に振る舞っていると信じられる場合、1944年教育法の第68条、99条の介入が行われる。

宗教教育の内容

30．法は、常にアグリード・シラバスは非宗派的でなければならないと述べてきた。したがって、それらは特定の宗派に特有の教義や儀式を教えることを決して要求してはならない。例えば比較研究として特定の教義や儀式について教えることは禁じられていない。シラバスは生徒を改宗させるために、あるいは生徒に特定の宗教や宗教的信条を勧めるために編集されてはならない。

31．法の要求を充たすシラバスは、何を教えるべきかという十分な事項を示していなければならない。そのシラバスが1988年法の規定（第8条3）に即して教えていることが明らかでなければならない。教える内容がこれらの基準を充たしていると言うことができるだけでは十分ではない。この点でNCCによるシラバスの分析は基準に達していないことを明らかにした。いくつかのシラバスは詳細なハンドブックまたはガイドブックを付けているが、それはシラバスの一部として構成することを会議が正式に認めない限り、法的なシラバスの一部とはみなされない。それ自体が法の基準を充たしていないシラバスは、会議によってシラバスの一部と認められないハンドブックを加えても法の基準を充たしていることにはならない。

32．シラバスは何歳で、またはどのステージで各宗教の特定の事項について教えるべきかを示すべきである。しかしこのことはすべての宗教を同等の深さで教えるべきであるとか、すべての宗教を各キー・ステージで教えなければならないことを意味するわけではない。それらを適切な精密さで学ばせることは教育的でも実際的でもない。

33．全体として各キー・ステージでキリスト教に当てる内容の割合は優勢であるべきである。全体としてシラバスはこの国の主要な宗教をすべて含むべきである。この点でキリスト教と他の宗教の適切なバランスは国と地方の位置の双方を考慮すべきである。このことを検討するにあたって、宗教教育からの退出権を行使する生徒の数を最小限に抑えるように、その地方の住民と父母の要望を考慮すべきである。

34．教育省の考えでは、シラバスは宗教や宗教的伝統や実践、教えについての知識に限ることなく、人々の宗教的信条や実践が彼らの道徳的問題の理解にどのように影響しているかや彼らの行動が家族や社会に与えている結果を含む道徳の領域まで宗教的な文脈において拡げるべきである。

35．法によれば、宗教教育の内容は地方において決定されるものであり、国家的に定められた到達目標、学習計画、評価基準によるものではないが、アグリード・シラバス協議会はそれらを含むように勧めるべきである。

モデル教材

36．宗教教育はナショナル・カリキュラムではなく、国家的な基準を持つ教科でもないが、政府は一連のモデル・シラバスを提供してアグリード・シラバス協議会を支援することが妥当であると考える。それ故すべての協議会は大臣がSCAAに依頼した国家的なモデル・シラバスに注目すべきである。シラバスを開発するにあたっては、協議会はまたNCCが用意したアグリード・シラバスのチェック・リストを1988年以降のアグリード・シラバスの分析にあたって考慮すべきである。

宗教教育に当てる時間

37．アグリード・シラバスの作成に際して、協議会は校長や理事会が宗教教育のため適切な時間を設けるように配慮すべきである。他の必修教科の圧力を考慮して、協議会はシラバスが十分な内容の厳密さと深さを保証すべきである。サー・ロン・デアリングの報告書の時間配当が参考になろう。彼はキー・ステージ1で年間36時間、キー・ステージ2、3で45時間、キー・ステージ4でカリキュラムの5％を当てることが当然であると勧告している。SCAAのモデル・シラバスの草案も年間およそ40時間を当てている。

以上のように1988年法以降宗教教育に対して政府はそのその方針を明確にするとともに、基本的にはその決定権がLEAにあることを認めた上で、具体的な内容の在り方にまで踏み込んだ指示を与えている。そのもっとも強力な介入は1988年教育改革法後のアグリード・シラバスの多くが法的な基準を充たしていないと判断して、SCAAによるモデル・シラバスの提供とそれに基づいた各LEAにおけるアグリード・シラバスの5年ごとの見直しを義務づけたことであろう[6]。

半年のコンサルテーションの後1994年7月にモデル・シラバスが公示された。

第2節　モデル・シラバスの概要

1　モデル・シラバスの構成

モデル・シラバスは次の4分冊から成っている。

1　「今日の信仰」(Living Faith Today)：キリスト、仏、ヒンズー、イスラム、ユダヤ、シク

2　「問いと教え」(Questions and Teachings)

3　「教団の作業グループの報告」(Faith Communities' Working G. Reports)

4　「用語集」(Glossary of Terms)

1および2がいわゆるモデル・シラバスであり、前者は、「今日の信仰」の標題のもとに「信仰者の集団の一員であるということは何を意味するかということについての知識と理解を中心に構成されて」おり、後者は、「問いと教え」の標題のもとに「諸宗教の教えとそれらが人間の経験どのように関連しているかの知識と理解を中心に構成され」ている。「教団の作業グループの報告」は、モデル・シラバスの作成作業以前の1992年9月にNCCがアグリード・シラバス作成協議会のためのガイドラインとして仏教、キリスト教、ヒンズー教、イスラム教、シク教の代表を招き、各教団の宗教的伝統の理解に必要な基本的な学習領域を選びそれをより広いコンサルテーションにかけ、さらに各宗教のそれぞれの事項の専門家の助言を得てまとめたものである[7)]。最後の用語集は各宗教の理解に必要な基本的な用語である。シラバスの編纂委員会の構成は下のようであった。

A．英国国教会以外の宗教の代表：ローマ・カトリック2名、プロテスタント4名、ヒンズー、ユダヤ、イスラム、仏教各1名

B．英国国教会代表：3名

C．SCAA：3名

D．宗教教育委員会等：キリスト教教員協会2名、イングランド・ウェー

ルズ宗教教育委員会2名、校長会1名、宗教教育専門委員会2名

E．教員代表：25名(11県、都市の代表)

F．SACRE代表：アドヴァイザー7名

但し、第3分冊は各宗教教団から6～7名の作業委員会委員と4～14名の審議会委員によって作成された。

モデル・シラバスの構成は以下のようである。

2つのモデル・シラバスには共通にアグリード・シラバスを作成するための基本として法的な基準と宗教教育の目的が掲げられ、アグリード・シラバス作成のためのガイダンスとして次の6項目が挙げられている。

① 年間時間数　キー・ステージ　1：36時間
　　　　　　　キー・ステージ　2：45時間
　　　　　　　キー・ステージ　3：45時間
　　　　　　　キー・ステージ　4：40時間

② アグリード・シラバス作成にあたってのモデルの利用形態

③ 生徒の実態に合わせた柔軟性

④ 諸宗教のバランス：宗教間のバランスについては法的規定はない。各協議会は次のことに配慮して決定する。国家と地方の立場、生徒の年齢・適性・能力・経験・背景、宗教教育からの退出者を最少にすることなどを教師・親・学校理事によって決定する。

⑤ 諸宗教の特質について

⑥ モデル・シラバスの展開の方策として：各キー・ステージの到達指標、知識・理解・技能・態度の発達および生徒の精神的・道徳・文化的・社会的発達の目標を設定する。目標に関連した学習計画の明示。宗教的信条・実践・道徳的価値観・教団の本質についての知識と理解を深める。

全体の構成は次のようになっている。

「到達目標」 1．2．
「宗教教育のスキルと過程」 a～i
「宗教教育の態度」
「学習計画」　各キー・ステージにおける展開　→（各宗教）

2　モデル・シラバスの目標と内容

2つのモデル・シラバスは共通に基本的宗教教育の目的を次のように掲げる。

宗教教育は生徒を次のように援助する。

① キリスト教と英国における主要な宗教に関する知識や理解を得させ、深める。

② 信条や価値観、伝統が個人や地域社会、社会、文化に与える影響についての理解を深める。

③ 宗教や道徳の問題について英国の主な宗教の教えを参照しながら、合理的情報に基づいた判断を下す能力を発達させる。

④ 以下によって生徒の精神的、道徳的、文化的、社会的な発達を促す。

——人間の問いから起こる人生への根源的な問いとそれらがいかに宗教の教えと関連しているかを意識させ、その意識を発達させる

——そのような問いに宗教の教えや実践に基づいて生徒自身の理解や経験によって応答させる

——学習によって生徒自身の信条、価値、経験を反省する

① 他人に対して自分のものとは異なる信条を持つ権利を尊重し、異なった宗教集団に生きることに対して肯定的な態度を発達させる。

これらの目標に以下の2つの到達目標が設定される。

到達目標(Attainment Target) 1：諸宗教について(about)学ぶ

これは次の能力を含む。

① 各宗教の一貫した像を築くために各宗教の特質を明確にし、記述し、説明する。

② 宗教言語、物語、象徴の意味を説明する

③ 宗教間、宗教内の類似点および相違点を説明する。

到達目標(Attainment Target) 2：宗教から(from)学ぶ

これは次の能力を含む。

① 宗教的、道徳的問題に十分な知識と考慮をもって対応する

② 生徒自身の信条と経験の中で、宗教から何を学ぶことができるか考える。

③ 宗教に内在する意味への問いを明らかにし、それに応答する。

宗教教育のスキルと方法

到達目標に向けて学習を展開させる場合に以下の一般的な教育におけるスキルと方法の応用が有効である。

A　調査：

①　関連する問題を問う

②　知識を収集する方法として異なる情報源を用いる方法を知る

③　宗教の理解のための証拠となり得るものを知る

B　解釈：

①　工芸品、芸術作品、詩、象徴的意義から意味を引き出す能力

②　宗教的言語を解釈する能力

③　宗教的テキストの意味を示唆する能力

C　省察：

①　感情、関係、経験、根源的問い、信条と実践について省察する能力

D　共感：

①　他者の考え、感情、経験、態度、信条、価値観に配慮する能力

②　愛、驚き、許し、悲しみ等の感情を理解する想像力の発達

③　他者の眼を通して世界を見、彼らの視点から問題を見る能力

E　評価：

①　宗教の重要な問題を証拠や論証を用いて討議する能力

②　自己の利益の正当な主張、他者への配慮、宗教的教え、個人的良心を比較吟味する能力

F　分析：

①　意見、信条、事実の区別

②　異なる諸宗教の姿の区別

G　統合：

①　宗教の重要な諸相を統一した型に統合すること

②　生活の諸相を意味ある全体に統合すること

H　応用：

①　宗教と地域社会、国家、国際社会との関連を図る

②　宗教的価値と世俗的価値との相互作用を明確にする

I　表現：

①　諸概念、儀礼、実践を説明する能力

②　深い確信と関心を持つ事柄を明確に表現し、多様な方法で宗教問題に応答する能力

宗教教育における態度

尊敬、気配り、配慮等の態度は学校生活を通して養われるべきものである。しかしながら宗教の学習を十分に行い、その経験から学ぶために必要な宗教教育特有の基本的な態度がある。それらは次のようなものである。

a）献身：これは次のことを含む。

①　それによって自己の生き方を貫く価値体系に関わることの重要性を理解する

②　人生への積極的取り組みを発達させようとする自発性

③　確実な生き方の中で学ぶ能力

b）公正さ：これは次のことを含む。

自己の回答に偏見を持つことなく他人の意見をきくこと

①　他の人々のものの見方への細心の配慮

②　進んで証拠や議論を考慮すること

③　表面的な印象を越えて見ようとする態度

c）尊敬：これは次のことを含む。

①　自己と異なった信条や慣習を持つ人を尊敬すること

②　それぞれの意見を持つ他の人々の権利を認めること

③　尊重する価値のあることとそうでないことを見分けること

④　人々の宗教的信念の深さを認めること

⑤　他の人々の要求とこだわりを認めること

d）自己理解：これは次のことを含む。

①自己の価値への成熟した感覚を育てること

②宗教的問題と個人との関わりを洞察する能力を育てること

e）探究：これは次のことを含む。

①　真理を追求する好奇心と欲求

②　形而上的な問いへの個人的興味を育てること

表1-10　宗教について学ぶ：「知識と理解」(キー・ステージ1)

キリスト教	仏　教	ヒンズー教	イスラム教	ユダヤ教	シク教
クリスマス・イエスに従う	仏陀（生涯の物語）	神	アッラー	創造主、守護神	唯一の神を信ずる
イースター・教会		ヒンズー教の伝統	教え	トーラ	神のもとでの平等
教会・聖書	仏陀の道徳的教え	信仰の遵守	アッラーの礼拝	ユダヤ人の家	グルの生涯の物語
神・思いやりと分かち合い				イスラエル	シク教徒の生活
キリスト教的価値	仏教徒の社会	価値	イスラム教の価値		儀式と祝祭

③　曖昧さと矛盾とともに生きる能力
④　生きることの意味を求める欲求
⑤　既存のものの見方を再考する用意があること
⑥　自己の持つ偏見や先入観を認める用意があること
⑦　真実を見極める方法としての洞察力と想像力の価値を認めること

以上がモデル1とモデル2に共通する目標、到達目標、スキル、態度であるが、その後に示されている内容とその展開例はそれぞれ異なっている。モデル1では各キー・ステージに「知識と理解」の項目とそれぞれの到達目標に関する学習経験が示されている。しかもそれがキリスト教、仏教、ヒンズー教、イスラム教、ユダヤ教、シク教と宗教別にマトリックスになっている。表1-10は各宗教の「知識と理解」のK－1の項目である。表1-11はモデル2の同じくK－1のキリスト教の「基本的な教え」である。表1-10同様に各宗教およびキー・ステージごとにマトリックスで示されている。

これらの内容項目はキー・ステージが上になるにつれて、具体的になり、キー・ステージ4では現代社会における宗教の意義や活動を取り上げている。(表1-11参照)

モデル・シラバスにおいては6大宗教が示されているが、LEAのアグリード・シラバスにおいてこれらをすべて取り上げる必要はない。どの宗教をいくつ、どのキー・ステージで取り上げるかは地域の特性に委ねられており、SACREおよびアグリード・シラバス作成協議会が決定することである。

モデル・シラバスの第1の特徴はやはりキリスト教の圧倒的優位性であろ

表1-11　宗教から学ぶ(キリスト教 キー・ステージ1)

経験から起こる基本的概念と問い	基本的教えとフォーカス	キリスト教の知識と理解
生徒は以下のことを考えるよう導かれる ＊どのように互いの愛と配慮を示すか ＊見たことのない人々をどのように見出すか	神・神の本質と活動 父・創造主 神の理解：イエスと聖書により	聖書の天地創造の物語・神と世界の関係について 創造主として神を語る物語 詩、歌、言説
＊誰が特別な人か、何故特別か ＊私たちが賛美する人 ＊私たちの行いや生活に影響を与える人々	イエスの受肉 救い	イエスがいかに人々の生活を変えたかを語る：福音書の物語 生き方を変えた人々、聖人、聖霊降臨の祝日
＊グループに所属することの大切さ ＊私たちが属しているグループ ＊何故儀式が大切なのか ＊私たちの生活の中の儀式	教会・キリストのからだ 所属 礼拝 儀式	「教会」の意味 信者の社会、建物の名前 教会で特別な役割を持つ人々 司祭、長老、牧師、教師 キリスト教徒にとっての象徴としての十字架
＊私たちの特別な物 ＊大切なもの、何故それが大切か ＊権威のある本	聖書啓示 特別な書物 権威	聖書の表現のタイプ 物語・詩・言説 その他の聖書の有名な物語
＊人を動物と区別するものは何？ ＊何故私たちは互いを尊重するのか ＊私たちが賞賛する人々、その人々の人格は？	キリスト教的生き方 人間の条件 使途	互いの思いやりの例 イエスの赦しと愛の教えの募金で思いやりを示す キリストの例にならった人々：聖人

う。しかしながら表1-10にある6大宗教についての基本的な教えがそれぞれキー・ステージに展開されている内容を見ると、各宗教についての相当詳細な知識と基本的な理解が要求されている。しかも各宗教を個別に学習させる系統的アプローチを取っている。

第2の特徴は「宗教について学ぶ」と「宗教から学ぶ」の2つの到達目標を掲げて、それぞれの基本的な教えを展開させていることである。前者は宗教についての知識と理解であるが、後者については次のような解説がなされている。すなわち「宗教から学ぶ」とは、

「生徒の中に彼らが宗教について学んだことに思慮深く応答し、評価する能力とスキルを発達させることと関わっている。それは生徒に彼らの経

験と価値観に基づいて知識を持って反省的に個人的に応答させ、他者の見方に配慮して解釈させる。……生徒は共通の人間の経験と宗教的な人々が信じ行うこととの間の結びつきを明確に理解するべきである。儀式、祝祭、通過儀礼、神と世界についての信仰、これらすべてが畏れの経験、祝い、時の通過、意味や目的や価値への問いと結びついている。宗教から学ぶことは異なる宗教の信者や信仰を持たない人によってこれらの経験がいかにさまざまに理解され解釈されているかを生徒に理解させることである。このことは生徒の精神的、道徳的、社会的、文化的発達を促す上で重要な役割を果たすのである[8)]」、

と言うのである。

第3節　モデル・シラバスの反響とその後の動向

1　モデル・シラバスの反響

公示されたモデル・シラバスは、試案の段階の政治的な色合いが薄くなり保守的主張が緩和され、教育的な配慮がなされていると評価されている[9)]。新聞も各宗教団体がモデル・シラバスの支持を表明している旨を報道した。第3、4分冊に見られるように、各宗教団体の参加によってキリスト教以外の諸宗教の位置づけが不動のものとなり、内容の選択も適切性とバランスを確保し、各宗教界からは歓迎され、高い評価を得ていると言うのである。試案の段階ではそれまで論争の的であった各宗教の取り扱いの比重を示すチャートが残っており、キリスト教の圧倒的優位を示していた。公示されたモデルにはそのチャートも消え、児童生徒の宗教に対する理解の混乱を避けるためにキリスト教を中心に置きながら各キー・ステージで取り扱う宗教の数を制限することと、取り扱う宗教についてはある程度深く学習するための時間を与えるように勧告している。具体的には、キー・ステージ1と4ではキリスト教以外の宗教を1、キー・ステージ2と3では2つの宗教を扱うことを勧告している。さらにアグリード・シラバスが各キー・ステージでどの宗教を教えるべきかを明確にすべきであると勧告している。これは従来キリ

スト教以外の宗教を扱うことの少なかった地域にとっては新たな課題となったと言える。事実われわれの学校調査[10)]においても、ある学校はモデル・シラバス以後、工芸品を揃えるなど諸宗教の学習への環境の整備が必要になったと述べている。各宗教団体のモニターがそれぞれの宗教の内容について検討した用語集は、これまで他宗教を扱うことの少なかったLEAへのガイドブックの役割を果たしている。

このようにモデル・シラバスは1988年教育改革法第8条を具現化したものと言えるが、ここにおけるキリスト教と他宗教の学習の位置づけに関してベイツは次のように解釈している。これについては2つの立場があって、第1はヒリアード(Hilliard, F.H.)とダラム・レポートに代表されるキリスト教を英国文化の中核として若者をその信奉者に育てるることを目的とする立場――この場合他宗教の学習はキリスト教との対比でなされる――と、第2はスマート(Smart, N.)と学校協議会の *Working Paper 36, Religious Education in Secondary Schools* の宗教の批判的理解のための共感的学習という立場である。そして後者が70年代から80年代に支配的であったのに対して、1988年教育改革法からモデル・シラバスの立場は前者の立場である、と[11)]。すでに見たようにモデル・シラバスにおけるキリスト教の扱いは教化的なものではないにしてもキリスト教的価値観を基本として諸宗教を理解させるという立場に立っていることは否定できない。

一方宗教教育の専門家は、諸宗教の学習の復権については評価しているものの、諸宗教を個別に学習させる系統的アプローチをとっていることを、宗教によって生徒を分断するものであると厳しく批判している。さらに内包的アプローチが行っていた人間経験の中にある根源的な問いと宗教との関わりを探究するという側面が排除されたことに対してもこれまでの宗教教育の研究や実践の蓄積を無視するものであると強く批判している。ハルはこの点を次のように述べる。

「……モデル・シラバスは分断という仮定に立っており、相互の対話という仮定に立っていない。それは人間経験の宗教的側面についての学習を提供していないし、人間が実際に宗教の世界の中で生きる意味や目的の問いと直面するという存在であることを考慮していない。宗教の包括的

(generic)学習は全く姿を消してしまっている。人間の宗教的歴史は分断することができない、すなわちいかなる宗教も他の諸宗教と孤立して発展してきたのではないということ、さらに若者の関心は宗教が生きることの問いに語りかける時に生じるという事実の認識がない。モデル・シラバスが他の面で補われなければならないのはこの面での重大な欠如の故である。……[12]」

同様にグリミットも、モデル・シラバスの到達目標の「宗教について学ぶ」および「宗教から学ぶ」の２つのアプローチから成っていることを彼の著書『宗教教育と人間の発達』で提示した枠組みの援用として評価しながらも、その内容が彼の目指した宗教と経験のダイナミックな対話を目指すものではなく、「『諸宗教について／諸宗教から』学ぶというコンセトプトに変えてしまった。それは諸宗教の系統的アプローチを取っているからである。その結果包括的なコンセプトとしての『宗教』を生徒に導くという考え方は失われてしまっている」と述べている[13]。

確かにモデル・シラバスの内容は、われわれが分析対象として取り上げた改革法後のアグリード・シラバスと比較すると「諸宗教の学習」という性格が強い。「政治的に微妙な述語を直接には用いていないが、系統的アプローチと主題アプローチの組み合わせはバランスを回復した[14]」と言われるが、それはあくまでも明示的アプローチの中でのことである。例えば前節のＫ－１の「クリスマス」「教会」などのようにあくまでも宗教的テーマによって学習が展開されるのである。中等教育の段階でも「イエスの教えの現代的意味」「仏教徒の実践」(ともにＫ－３)などのようにあくまでも個々の宗教から学習するのである。ハルやグリミットらの主張する「包括的」宗教の理解に児童生徒を導くということは、宗教を人間存在の生の本質的な問いに関わるものとみなしてそれを探求させることで、諸宗教についての知識を得させることではない。後段に見るように、アグリード・シラバスの内容や学校レベルの実践に関するレポートには「宗教について学ぶ」という面では宗教教育の活性化が見られるが、「宗教から学ぶ」という面では指導者の間に理解が浸透していないことを示す指摘が見られるのである[15]。

2　アグリード・シラバスに見られる変化—サリー県の例

モデル・シラバス後の宗教教育の変化を見るために例としてサリー県のアグリード・シラバスを取り上げてみる。

サリー県の改訂前のアグリード・シラバスは1987年に採択されたものであり、教育改革法後も改訂されず1990年にハンドブックだけが出されたものである。その内容(表1-12)からもわかるように、1988年以前の代表的なアグリード・シラバスであるハンプシャーのもの(自己認識→他者との関係→自然界→諸宗教の現象と展開される)よりもキリスト教的な内容が初等段階から明確に位置づけられている。このために改訂を行う必要がないと判断されたものであろう。現行のものは1996年9月に採択されている。この作成に携わった責任

表1-12　サリー県のアグリード・シラバス

1987年	1996年
宗教教育の目的 ＊宗教の特質と宗教的、精神的洞察が生きる意味の研究に貢献することを理解させること。 ＊キリスト教の伝統と信条およびそれらのわれわれの文化と道徳的価値にとっての重要性を理解させること。 ＊他の世界宗教の信仰と宗教的実践の主な諸側面を知り、理解させ、尊重させること。 ＊宗教の道徳や個人的社会関係と責任への貢献についての理解を発達させること。	宗教教育の目的　以下のことを生徒にさせる： ＊宗教の本質と宗教的、精神的洞察と価値観が個人の生きる意味の研究に貢献することを理解させる。 ＊キリスト教と英国に信者のいる他の主要な宗教についての知識と理解を深める。 ＊宗教の学習への興味と熱意を高め、生自身の精神的、道徳的、社会的、文化的教育を高める。 ＊宗教的、道徳的問題に理解かつ知的に対応する能力を発達させる。 ＊心情や価値観や伝統が、文化や地域社会に及ぼす影響について認知させる。
目標（Objectives） 宗教教育の目的を焦点化する目標は次の3つのカテゴリーに分類される。 態度 知識 技能	到達目標1（Attainment Target 1）： 宗教についての学習：知識と理解 キリスト教、仏教、ヒンズー教、イスラム教、ユダヤ教、シク教の信条、教え 実践についての知識と理解を深めるために必要な技術と方法（process）を含むこの領域は直接宗教的信条を扱うために外在的宗教教育と呼ばれてきたものである。 到達目標2（Attainment Target 1）： 宗教からの学習：宗教的信条、価値、経験を研究し、反省し応答するこの領域は、喜び、恐れ、希望、孤独、同情、怒りなどの人間の共通の経験を探求するために、内在的宗教と呼ばれる。それは生徒に生きることの意味と目的についての究極的な問いに気づかせ、長い年月を経た宗教や哲学によってこれからの問いに与えられたさまざまな答えを探求させることである。

表1-13 1987年アグリード・シラバス

1990年ハンドブック	1996年アグリード・シラバス
態　度	態　度
驚き 尊敬 同情 好奇心 自己尊重 統合 献身	公正：偏見を持たず他人の意見を聞くこと 他人の意見への深い配慮 論証や議論を進んで考慮する ものごとは見かけとは違うことの認識
スキル	スキルと方法
反省 共感 自己認識 コミュニケーション 分析 応用 これらのスキルはとくに宗教教育に限ったものではない。他の科目や活動もこれらのスキルの獲得や発達に独自の貢献をする。	反省：感情、関係、経験、究極的な問い、信条と実践についての反省 共感：他人の考え、感情、経験、態度、信条、価値観への配慮 愛、驚き、赦し、悲しみ、などの感情を自分のものとして実感する能力の発達 他人の目を通して世界を見、彼らの視点からものごとを見ること 探求：関連する問題を問うこと、多様な資料から情報を集める方法の習得、宗教的信条を正当化する証拠は何かを知ること 解釈：工芸品、美術、音楽、詩、象徴などから意味を引き出すこと 宗教的言語の解釈、宗教的文献の意味の示唆 分析：意味と事実の識別、異なる宗教の姿の識別 統合：宗教の重要な諸側面を統合した形に関連させること 応用：宗教と個人、地域社会、国家、世界との関連を図ること 表現：概念、儀礼、実践を探求すること 宗教的見方を表現し、各種のメディアを通して宗教的問題に反応すること

者はSCAAのモデル・シラバスの作成にも参加しており、その意味ではモデル・シラバスを地方レベルに再現したものと言える。まず宗教教育の目標を比較してみる。

現行のサリー県の到達目標と態度。スキルの枠組みはモデル・シラバスそのままである。

次に学習の過程で発達させるべき態度とスキルを比較してみる(表1-13)。

さらに内容の項目を比較してみる(表1-14、表1-15)。

表1-15の左欄は法的に定められている内容で、すべての学校で取り扱われるべきものである。右欄は2つの到達目標に関わる学習経験であり、各学校が独自に具体的に計画するように奨励されている。

サリー県での他宗教の扱いは、次のようになっている。

キー・ステージ　1：ユダヤ教、イスラム教

キー・ステージ　2：ユダヤ教、イスラム教、ヒンズー教

表1-14　1987年アグリード・シラバス

5歳～8歳	8歳～12歳	12歳～16歳
1　宗教 子どもたちは以下のようにキリスト教に導かれる 物語：イエスの誕生と生涯。創造主。旧訳、新訳聖書の誕生の物語。物語についての生徒の考えの表現。 慣習と祭：クリスマス、イースター、…… 特別な場所、人々、工芸：宗教的人物、人々の探訪。 2　自分たち 気づきから自己認識へ 個性：才能、能力と要求 成長：身体的、情操的 感情：愛、欠乏、怒り、欲求不満、喜び、幸福、心配、悲しみ、安心、許し、慰め。 3　他の人々 以下によって確かな関係を理解し築く。 協力：遊びや仕事。 分かち合い：仕事、考え、困難や喜びの分かち合い。 信頼： 4　自然と人工の世界 自然界：その美、複雑さと秩序。 自然のサイクル：誕生、成長、衰退と死。 人間の責任：すべての生物と資源の使用。 創造性：創造の喜び、人間の知と可能性の限界。	1　宗教 キリスト教の伝統：イエスの時代、旧約。 イエスの誕生、生涯、教え、教会の起源と発展、キリスト教会社会。 宗教の言語： 信条、実践、工芸、慣習： 2　自分たち 個人的資質：自己尊重、勇気、信頼、思いやり、許し。 個人的感情：喜び、合い、恐れ、孤独、同情。 3　他の人々 以下の配慮によって宗教を理解させる。 関係と責任：家族、学校、友情、忠誠、行動、より広い社会。 4　自然と人工の世界 自然界の世界：宇宙の起源、資源の使用、科学の貢献 社会、道徳的、宗教的問題：正義、苦難、勇気、誕生と死。動の規律、他者への奉仕。	1　キリスト教 キリスト教信仰の知識と理解は以下の学習によって深められる。 起源と創始者： 聖典： 組織： 信条： 礼拝と実践： 2　他の世界宗教 起源と創始者： 聖典： 組織： 信条： 礼拝と実践： 3　個人的、社会的価値と信 個人的自己同一性と関係： 社会的関係と責任： 現代の問題： 4　宗教的言語と経験 宗教的洞察： 宗教的心理： 精神性：

キー・ステージ　3：ユダヤ教、イスラム教、ヒンズー教、仏教

キー・ステージ　4：希望があれば最大2つの宗教を扱う。

すべてのキー・ステージでキリスト教を教えることは当然であるが、少なくとも50%をキリスト教が占めるべきことが定められている。各キー・ステージの最少授業時数は年間35、45、45、40時間である。

以上モデル・シラバス後のアグリード・シラバスの一例を見たが、キリスト教を中心にして各宗教の系統的学習というアプローチを取っている。しか

表1-15　展開の一部

1　信条と教え	宗教についての学習	宗教からの学習
信条と教え （キー・ステージ　1）	到達目標1に関する学習経験 宗教についての学習	到達目標2に関する学習経験 宗教からの学習
KSIの終わりまでに生徒は知るべきである キリスト教徒は以下のことを信じる ＊神はすべての人を愛し、護る創造主である。故にすべての人は同じように重要である。 ＊イエスはすべての人を愛し、護る特別な方である。キリスト教徒は彼を神の子、主、救い主と呼ぶ。	生徒は以下のことができる 創造者としての神を描く物語、歌、詩を聞く。 地域のキリスト教徒がどのように人々を保護しているかを見つけだし、その理由を話し合う。 イエスが人々に保護や配慮を示した物語を読んだり、聞いたりする。	生徒は以下のことができる 自然を体験し、それに応える。 畏敬、驚き、神秘の感情を体験する。 学校が地域と関わる方法を探る。 学校ではすべての生徒がどのようにいたわり合い、尊敬すべきであるかを話し合う。 生徒にとっての特別な人について話し、なぜ特別なのかを話し合う。

生き方（キー・ステージ　3）	到達目標1に関する学習経験： 宗教についての学習	到達目標2に関する学習経験： 宗教からの学習
キリスト教的価値観は次の信条に基づく ＊人間は神の似姿によって造られた。 ＊個人は固有の価値を持つ。 ＊人間は罪深い。しかし変わり、許され、救われる。 キリスト教と現代の世界との関係 ＊キリスト教徒は個人的、社会的、地球的問題のデイベイトで意見を同じくする必要はないが、次の思想や議論を基礎にしている。 イエスの教え、聖書、その解釈…… ＊個人的関係：隣人愛、性的関係、家族の役割 ＊社会的問題：仕事と資料の使用、人種差別、罪と罰、弱者保護 ＊地球的問題：環境保護、貧困、正義と迫害、戦争と平和 ＊科学技術問題	創世紀1、2章を読み、著者の問い（いかにではなくなぜ）を探る。他の古代文化の創世物語を読み、人間のこれらのものの見方の共通性を確認する。 創世紀3章の「人祖の堕落」を読み、テキストの中に用いられている主な象徴について議論する。 個人的、社会的、地球的問題から1領域を調べ、これらの問題についてキリスト教徒がどのように考えているかを見出す。 性、結婚、離婚、家族の役割についてのキリスト教的見方に関する問題を探る。 社会変化に影響を与えたキリスト教徒個人または団体の研究：M.L.キング、マザー・テレサ、コルベ神父、救世軍、ACET（エイズ保護教育所）など。 地球問題に対するキリスト教の態度について研究を利用する。 自然についてのキリスト教と科学的理解の関係についての研究。	人間性、創造、進化についての生徒自身の理解を示す各自の創世紀を書く。 「何が自分を自分たらしめているか」の問いを考察する。 世界のさまざまな悪についての新聞記事を集め、悪の原因と結果について考えさせる。 これらの難しい問題に対する自分の答えを考える。 個人的問題についての各自の見方とそれを持つに至った理由を分かち合う。 緊張関係を含む家族状況のロール・プレイを行い、キリスト教の教えがその状況にいかに適用できるかを考える。 他国の問題にどのように関わることができるかを討論する。 科学技術の使用の決定に与えるキリスト教的価値観と洞察について討論する。

しながらモデル。・シラバスに比較して内包的アプローチを重視している。宗教教育の基本方針にも、明示的・内包的アプローチの枠組みで目標と内容を構成していることが明記されている[16]。著者らの学校調査(資料2)での「モデル・シラバスをどう思うか」という質問に対して、「知識が多すぎる」という回答があったが、モデル・シラバスは確かに宗教の知識に重点が置かれすぎていると思われる。モデル・シラバスによって内容が画一化されていくのか、各LEAがどのような特色を発揮していくのか、今後の改訂が注目される。

3　その後の宗教教育

SCAAの所長ニック・テイトは、「宗教教育に関してはキリスト教の中心的位置づけと諸宗教の協力によって作成されたモデル・シラバスによって明るいきざしが見えてきた」と言う[17]。OFSTEDの学校調査報告書には諸宗教の理解のための取り組みや生徒の理解度、関心度が評価されることになった。ここでは、①主任勅任視学官(HMCI)が1996年に行った調査[18]と、②OFSTEDの報告書[19]およびSACREの報告書のまとめ[20]からモデル・シラバス後における宗教教育の実態の一端を見ておこう。

まずHMCIの報告書によると、1993年から1997年までに約40のアグリード・シラバスが採択されていると言う。この調査はそれらの中ら14のLEAを抽出してとくにバーミンガム、デヴォン、ハートフォードシャー、カクリーズの4地区の初等、中等各16校を対象として調査したものである。報告は宗教教育の内容、教師の指導力、生徒の関心は非常に向上していると述べている。さらに「生徒の宗教の知識は概念的知識や技能で進歩を見せており、学んだものを自己の経験に結びつけたり、証拠や議論によって適切な判断を行う能力が弱い」、「宗教教育は精神的・道徳的発達に重要な貢献をなすべきものであるが、この点は必ずしも明らかにそうであるとは言えない」、「あまりにしばしば、宗教教育は事実的知識を獲得することに陥っている」、「内容はキー・ステージ1、2では優れているがキー・ステージ3で発展性がなく、重なりが見られる」、といった総括的コメントが述べられている。報告書においてモデル・シラバスに関して問題にされた諸宗教の取り扱いとアプロー

表1-16　アグリード・シラバスの諸宗教の扱い

LEA	地域の特色	KS1	KS2	KS3	KS4	16歳＋
Birmingham 特別市	州都 少数民族の高い割合	キリスト教 ＋他2	キリスト教 ＋他2	キリスト教 ＋他2	キリスト教 ＋他2	キリスト教 ＋他2
Devon 大きな州	主として田園	キリスト教 ＋他宗教のエレメント	キリスト教 ＋ヒンズーユダヤ他*	キリスト教 ＋仏教・イスラム・シク他　*	キリスト教 ＋主な宗教*	特定なし
Herfordshire 州	都市と田園の混在 都市には少数民族が目立つ	KS2までにキリスト教 ＋5大宗教		KS4までにキリスト教 ＋特定なし 再び5大宗教		
Kirkless 特別市	主として都市 州都、一部に高い割合の少数民族	キリスト教 ＋他1	KS1で得たキリスト教＋5KS1・2の以外の宗教に力点を置く GQSEコア・コースは1			特定なし

出典）レポートの表2（p.2）、表4 a（p.12）より作成。＊は適切に他の宗教の要素を扱う。

チの傾向について見ておこう。

表1-16はいずれも1995年に新たにアグリード・シラバスを採択した4地域の背景と諸宗教の扱いを示したものである[21)]。

これら調査対象校の実際のキリスト教以外の宗教の取り扱いは表1-17の通りである。

この2つの表で注目されるのは、アグリード・シラバスの示唆する諸宗教の数よりも実際には多くの宗教を教えていることである。とくに低学年から3つ以上の宗教を扱っている学校が多いことは注目される。バーミンガム市のアグリード・シラバスでの諸宗教の扱いが少ないことは予想外であるが、実際には公的ガイダンスよりも多くの宗教を扱っていると思われる。これまでにも触れたように、バーミンガム市は最初に諸宗教の客観的な学習を取り入れた画期的なアグリード・シラバスを採択したLEAである。現在のアグリード・シラバスにおける諸宗教の扱いはかなりモデル・シラバスの勧告にそったものであるように思われる。また諸宗教の扱いに関連して、100パーセントムスリムの児童が通う初等学校ではほとんどキリスト教を教えていないことが報告されている（マイノリティーの問題については第3部で論じている）。

表1-17　扱う宗教の数

数	学校数	KS1	KS2	KS3	KS4
1		1	0	2	11
2		3	3	4	10
3		5	6	5	4
4		5	5	5	4
5		18	24	35	21

出典）レポート表10より（p.12）。

表1-18　主題の枠組み

Brimingham		Hertfordshire
1975年[22)]	1995年	1995年
5トピック	5学習領域	8ストランド
祭り 儀式と慣習 世界の宗教の物語 自然界の世界 関係	私たちの世界の理解 共に生きる 指導に従うこと 意味と価値の表現 特別な時、場所、行事	権威と霊感 信条・所属・ライフスタイル 儀式 意味の表現 自然の世界 関係 究極の問い 礼拝と瞑想

目標と内容の構成については、知識・理解・技能・経験・態度というわれわれがさきに分類した第4柱を立てているカクリーズを除いて「宗教についての学習」と「宗教からの学習」の2つのモデル・シラバスの示す到達目標の柱を立てている。但し、ハートフォードの学習単位はは改訂前のものと変わりない。バーミンガムの場合には、内包的なアプローチが明確に位置づけられている。また内容の組織形態が改訂前の「トピック」によるものから「学習領域」に代わっている(表1-18)。

この報告書から窺えることは、現在の宗教教育の枠組みは1994年の通達とモデル・シラバスによって統一化されつつあるが、各学校の実践レベルに展開される学習内容はLEAのこれまでに蓄積されカリキュラム研究や実践を基礎にしていることである。明確な傾向として、科目としての宗教教育は整えられつつあるが、諸宗教に関する知識の習得に傾斜していることを指摘できよう。精神的・道徳的発達へ寄与するための全人格的な関わりが営まれるには、宗教教育を教育の論理で宗教教育を位置づけた原点から指導のアプローチが再構成されるべきであろう。そうでなければさきのハルの指摘のように、包括的な人格的発達を援助するために宗教教育を補うものが必然的に求められることになろう。これらをわれわれはPSEの充実や「市民性の教育(Education for Citizenship)」への展開に見ることができるのではなかろうか。

OFSTEDの1994年～1998年の初等教育に関するレポートは、宗教教育に関して次のような所見を述べている。

宗教教育の充実は特筆すべきものがあり、ことにこの3年間の改善はめざましい。しかしながらこの改善は「不満足あるいは貧しい」状態から「満足できる」状態に移行したものである。例えば4年前には聖書の初歩的な物語を知って卒業する生徒は稀であった。しかし現在は少なくともキリスト教や他の宗教についての知識を持って中等学校へ入学している。とくに諸宗教の伝統的物語、始祖の生涯、信仰の実践者、重要な宗教的場所や出来事について説明することができる。しかし宗教教育の目標である、宗教的知識を自己の生活に適用させることや宗教的問題を考え、意見を述べること、また聖典や教えの中で語られる共通の問題や人間性の諸問題にまで広げていくだけの理解とスキルを持っている生徒は少ない。

また改善すべき点として、キリスト教以外の宗教の知識と理解の不足、物語や祝祭に限った知識、諸宗教の混乱、教えと経験の結びつきの弱さ、物語や出来事の精神的・道徳的メッセージの理解不足を挙げている。

さらに宗教教育の担当教員については多くの学校でクラス担任が担当しているが、教師の間に宗教教育についての理解が浸透し、宗教教育を担当することを恐れなくなったことを挙げ、これはアグリード・シラバスが内容を明確にするようになったことの効果が大きいと述べている。3分の1の教員の知識・理解は良好で、10分の1は不十分である、自信を持った教師は討議や質疑応答によって生徒の経験と結びつけることができるが、自信のない教師は物語の事実だけを問題にしている、宗教教育の計画や評価の方針を明確にすることに課題が残されているが、現在コーディネイターや宗教教育の責任者が多くの学校に配属されつつある、ことなどが報告されている。

また次のような今後の見通しと目標は注目に価する。宗教教育は比較的新しい教科であり、この4年間にトピック学習から単独の授業にシフトしてきている。このため個別の計画を立案するようになり、このことが科目そのものを充実させることになり、ひいては他の領域との新たな連携の可能性を生むことになる。課題としては、教師個人および教師間の専門性を高め、単なる知識の獲得ではなく、アグリード・シラバスの目標を目指すこと、評価の方針を開発し、改善すべきこと等が挙げられている。

最後に各LEAのSACREのレポートの分析を見ておこう。SACREのレポートは1991年から次第にSCAAに寄せられた数が増加しているが、以下は1997年のレポートが記している宗教教育の動向と、このレポートに付されたモデル・シラバスの影響の部分[23)]についての評価である。

ここでも宗教教育が一般に満足すべきものに改善されたことが報告され、その理由として新しいアグリード・シラバスが内容の水準を著しく上げたとしている。SACREのレポートが共通に問題にしていることは、

① 宗教教育の評価と記録のポリシーを欠いている。
② キリスト教以外の宗教の適切な教材の不足。
③ 諸宗教の使節訪問や聖職者の学校への訪問などの方法を利用していない。
④ 生徒の精神的・道徳的社会的発達に向けて努力するものの、生徒の文化を超えたヴィジョンを持たせるまでに至っていない。
⑤ 宗教から学ばせることに自信を欠いている。（以上初等教育）

中等教育段階ではキー・ステージ3で時間数、担当教員については満足すべき状態であり、やや劣るが教材についても大体満足できる実態である。キー・ステージ4とシックス・フォームでは満足すべき学校は少ない。

レポートには次のような指摘が見られる。

⑥ キー・ステージ3と4では専門の教員と宗教教育の質に明らかなつながりがある。
⑦ 評価と生徒の学習の記録についてのポリシーを持つ学校が少ない。
⑧ シックス・フォームでは生徒が信条や価値を把握していない。また明確な概念の枠組みで問題を論ずる能力を欠く。
⑨ 一般に中等教育では宗教教育にさらに多くのことが期待されるべきで、優秀な生徒にはとくにそうである。

モデル・シラバスの影響については1993～1994年に採択されたアグリード・シラバス16冊と1994年～1996年に採択されたアグリード・シラバス22冊を比較して分析している。1994年後のアグリード・シラバスは明らかにモデル・シラバスに影響を大きく受けており、22冊中モデル1に従っているものが6冊、モデル2に従っているものが5冊、双方を取り入れているものが7冊、間接的に取り入れているものが4冊あり、いずれもモデル・シラバスにならって2つの到達目標が設定されており、1994年以前のアグリード・シラバスが多くの到達目標を設定していたものがあったことを考えると、モデ

ル・シラバスの影響は明らかである。その他モデル・シラバスの影響による特徴として次のような点が挙げられている。

① 各キー・ステージでキリスト教およびその他の宗教の何を教えるかの明確な情報がある。

② 同時にいくつかの宗教を扱う主題アプローチでなく、各宗教に分かれた扱い(系統的アプローチ)になっている。

③ キー・ステージの間の展開過程が明確である。

注

1) NCCの調査結果については1994年の通達にも触れられているように、宗教教育の現状を批判して、なかでも27冊の現行のアグリード・シラバスが法の基準を充たしていないと非難した。これに対して宗教教育界から反発が起こる。Robsonはこのレポートが極めて政治的な意図で公表されたものであると述べている。Robson, Geoff, "Religious Education, Government Policy and Professional Practice, 1985-1995", *British Journal of Religious Education,* 19-1, 1996, pp.17-18.

2) Hull, J., A Critique of Christian Religionism, in Astley & Fransis, *Christian Theology & Religious Education,* SPCK, 1996, pp.146-164.

3) Copley, T., "Teaching Religion", *Fifty Years of Religious Education in England and Wales,* University of Exter Press, 1997, p.177. Bakerはこれらの人々をTribeと呼んだ。*Ibid.,* pp.140-146.

4) Robson, G., *op.cit.*

5) Department of Education, Religious Education and Collective Worship, Circular Number 1/94. 全体で155項目にのぼる(項目の数字は通達の項の数字に対応するものではない)。

6) この規定からすると、著者らが行った調査で「今後モデル・シラバスを考慮して見直すか」という質問は無意味であったことになる。しかし、当時のLEAの姿勢が現れていて興味深い。なお見直すということは必ずしも改訂することにはならない。現在、全国的な改訂の状況はSACREのレポートをまとめたQCAの報告書から知ることができる。

7) 宗教の専門家の立場から教育現場で扱われる教材に修正意見が出された。SCAA, *Faith Communities' Working Group Reports,* 1994, p.3.

8) QCA, *Religious Education, Non Statutory Guidance on Religious Education,* 2000, p.16.

9) Hull, J., Editorial, *British Journal of Religious Education,* 17−1, 1994.

10) 1996年7月に著者らはイングランドの初等・中等学校に向けて学校における宗教教育とPSEの実施についての質問紙調査を行った。巻末資料2。

11) Bates, D., "Christianity, Cultureand Other Religions, (Part 2), F.H. Hilliard, Ninian Smart and the 1988 Education Reform Act", *British Journal of Religious*

Education, 18-2, 1996, p.85.

12) Hull, J., *op.cit.*, 1994. pp.3-4.

13) Grimmitt 氏への著者の質問の回答。Grimmitt, M., *Religious Education and Human Development*, Mccrimmon, 1987 も参照。

14) Robson, G., *op.cit.*, p.19.

15) 注8の QCA の *Guidance on Religious Education* 参照のこと。

16) Surrey County Council, *Religious Education in Surrey,* 1996, p.4.

17) Tate, N.,「成人人生のための教育」会議における演説。巻末資料4参照.

18) HMCI, *The Impact of Agreed Syllabuses on the Teaching and Learning of Religious Education,* OFSTED, 1997.

19) OFSTED, Primary *Education, A review of primary schools in England, 1995-1998,* HMSO, 1998.12.12, *Religious Education,* pp.137-140.

20) SCAA, *SACRE Report, 1997,* HMSO, 1997.

21) HMCI, *op.cit.*, p.18.

22) これは5歳-8歳のトピックである。8-12歳では「日常生活の理想」『祭りと慣習』「聖なる場所」「生き方」、12-16歳では宗教の「直接的学習」「間接的学習」。

23) SCAA, *op.cit.*, Appendix 4, An evaluation of the impact of the model syllabuses on agreed syllabuses adopted since June 1993, pp.21-26.

第2部
英国のマイノリティと宗教教育

はじめに

第2部では、非キリスト教徒であるマイノリティの人々の立場から、英国の学校における宗教教育を検討して、マイノリティの子どもの心の教育を考えてみたい。さて英国における宗教教育の変遷と現状とを理解するには、非キリスト教徒の人々の立場と、彼らに対する政府や自治体による政策と学校現場での実践面の配慮を検討することが、まず不可欠である。

英国の宗教教育は、英国国教会を中心に、キリスト教の教義に基づいたもので行われてきた。宗派の違いによる教義内容の検討や、各宗派共通の教育内容の検討などはなされてきた。しかしながら、教える児童生徒が一応キリスト教徒もしくはキリスト教の文化の影響の強い、アングロ・サクソン系の白人と、アイルランドとヨーロッパ各地からの移住者に限られるという前提に立っていた。けれども海外からの移住者の増加に伴い、英国の社会そして学校に非キリスト教徒が増加してくると、従来のキリスト教徒を対象とした宗教教育の内容と方法とが、根本的に変革を迫られるようになる。変革の内容は次の2種類に大別できる。

第1に、非キリスト教徒やヨーロッパ以外の文化的な背景(つまりアジア・アフリカの文化)を持つ人々に、キリスト教を普及することである。子どもは大人と違い、理屈よりも感覚や体験により信仰を身につける度合いが強い。キリスト教の教義を、学校における毎日の礼拝やクリスマスなどの宗教的な行事を体験させて、子どもにキリスト教の信仰を浸透させることが必要になってくる。もちろんそれぞれの子どもの文化的背景を考慮して、彼らの生活習慣に適応した形で行われると、キリスト教の普及に結果として効果的であろう。

第2に、キリスト教以外の宗教の教義やその信者の生活などを理解させる、宗教理解の教育を行うことである。世界の多くの宗教の教義、歴史、信仰生活などを子どもに説明して、時にはそれらの行事や信仰習慣なども体験しながら、宗教(信仰)の重要性を子どもに体感させるのである。科学技術が発展して、金や物資に対する人々の欲望が肥大する今日、信仰に無関心な人々が増大しているとされる。他方、魔法や奇跡などオカルト的なものを信仰し、神ではなく俗物的な「教祖」を偶像崇拝するようなカルト教団も、今日増加している。そのため本当の宗教や信仰生活がどのようなものかを、学校で子どもに理解してもらう必要性は高まっている。

英国は1960年代以降、人種的、民族的に多元化して多文化社会になってきた。そのように単一文化の社会から多文化の社会に変化したことが、社会における宗教の意義や役割を変化させて、当然ながら学校における宗教教育の姿に大きな影響を与えた。見方によっては、社会の変化に対応して宗教教育が適応し、進化したとも言える。このような多文化社会という視点から英国の宗教教育を見ていくことは、国際化、グローバル化の波が押し寄せる日本の学校教育を考えるためにも、大いに参考になるに違いない。

現在日本の学校でも外国人の子どもが増加して、その教育をめぐりさまざまな課題に直面している。とくに外国人の子どもの文化的な背景を考えて、世界のさまざまな宗教に対する理解と配慮を、日本の学校教育でも行う時期が近づいているように思える。現在日本の公立学校では宗教的要素をできるだけ排除し、世俗的な教育に徹しようとしている。すべての宗教を学校から排除することにより、あらゆる信仰を教育上平等に扱っていこうとしているのである。しかしながら一方で少年犯罪の増加、学級崩壊など、子どもの心の荒廃が叫ばれ、道徳教育を中心に「心の教育」の充実が叫ばれている。「心」の育成を行うには、信仰の問題は避けては通りにくい。すべての信仰を学校から排除する「信仰の平等」よりも、すべての信仰を理解するための共通認識の育成がこれからの日本の学校にも求められるのではないか。その点で多文化社会となった英国における宗教教育を、マイノリティの信仰との調和の観点から分析することは、日本の学校教育の将来を考えるにはそれなりに有意義なことであると考える。

第1章
英国のエスニック・マイノリティ
――英国の非キリスト教徒――

第1節　キリスト教の文化

英国の国語である英語は、言わずと知れた国際共通語である。そしてキリスト教は世界の三大宗教の1つである。そのため無意識のうちに、英国の文化が世界共通の普遍的な文化であると錯覚する英国人も多い。その結果英国人には、言語(英語)と宗教(プロテスタント)は民族文化の根元的な要素であるという考えが強く、英語学習とキリスト教の宗教教育を徹底することにより、英国人が育成されるという意識の持ち主が多い。当然ながら海外からの移住者に対して、英語と宗教の両面から同化を推進する傾向が強くなる。

このような意識が、学校教育にも強く反映されていている。公営の初等および中等学校において義務づけられている宗教の授業と集団礼拝とが、原則としてキリスト教の伝統に従うものとされる規定は(1988年教育改革法、第7条および第8条)、宗教における同化を推進する手段として理解できる。

また英国人の大半を占めるアングロ・サクソンの人々は、白人に対しては外国人であっても一定程度の共通点を感じる。肌の色や容貌が共通なだけではなく、同じキリスト教徒であったり、またヨーロッパの文化やヨーロッパ式の生活習慣を共有するからである。とくに文化の中心的な要素である言葉の面については、アルファベットを用いるヨーロッパの言語に対しては親近感を感じやすいし、ヨーロッパの言語には英語と語法上共通な点が多いので、外国語としても学習がしやすい。そして現実に英国の中等学校では、ヨーロッパの大国の言語であるフランス語やドイツ語を外国語として学ぶのが一般的である。

しかしながらアジアやアフリカの人々に対しては、言語や宗教をはじめ文化的に相違が大きい。また肌の色も異なるから、文化的相違に視覚的な相違も加わって、アングロ・サクソン系の英国人(白人)は、非白人に対して違和感を強く感じる傾向がある。

多種多様な民族が共存する多元的な社会に生活していても、大衆はともすれば短絡的なイメージに影響される。例えば白人＝キリスト教徒、非白人＝異教徒といった粗雑なイメージなどは今でも根強い。また非白人の場合は、街でみかけても英語以外の言葉で話していれば、白人にとってその人たちが外国人なのか英国人なのか見分けがつきにくい。英国の非白人には、自分または祖先の出身地(つまりアジア・アフリカ)の信仰、言語、生活様式を維持している者が多いので、白人にとっては国内の「外国人」というように思えるのかもしれない。その結果いまだに非白人マイノリティを、外国人や移民のようなアウトサイダーとしてみなす者も多い。そしてそのように非白人を疎外するイメージが、彼らに対する差別や暴力の心理的な土壌を形成しているのである。

第2節　マイノリティ・コミュニティの成立とその特徴

1　マイノリティとは誰か

さて、1950年代から開始された英連邦諸国(旧植民地)からの非白人の国内移住は、英国国内にかつてない異文化「接触」と「摩擦」とを生み出した[1)]。移住者の大半がカリブ海地域の黒人と南アジア系の人々であったからである。これらの移住者は、白人とは肌の色が異なり、そしてとくに南アジアからの移住者は英語を母語とせず、イスラム教やヒンズー教などの非キリスト教の宗教を信仰するなど、文化的な相違が大きかった。そのためこれらの非白人移住者の同化を求める声が高まり、その同化の是非が議論されるようになった。そして非白人の人々が、数多くの差別を日常生活の中で体験することになった。

なお英国においては、これらの非白人市民を通常(エスニック)マイノリティ

表2－1　英国におけるエスニック・マイノリティの人口（1991年調査）

	人口（千人）	総人口に占める比率（%）	英国生まれの者の比率（%）
総人口	54,889	100.0	93.1
白人	51,874	94.5	95.8
エスニック・マイノリティ合計	3,015	5.5	46.8
①黒人小計	891	1.6	55.7
カリブ系黒人	500	0.9	53.7
アフリカ系黒人	212	0.4	36.4
その他の黒人	178	0.3	84.4
②南アジア系小計	1,480	2.7	44.1
インド	840	1.5	42.0
パキスタン	477	0.9	50.5
バングラデシュ	163	0.3	36.7
その他小計	645	1.2	40.6
中国人	157	0.3	28.4
他のアジア系	198	0.4	21.9
その他	290	0.5	59.8

注）ここでは英国は、Great Britainを意味する。
出典）University of Warwick Centre for Research in Ethnic Relations *1991 Census Statistical Paper*, No.2, *Ethnic Minorities in Great Britain: Age and Gender Structure*, 1993, Table 1およびTable 5.

と呼ぶ。彼らは正規に英国国籍を取得しており、外国人労働者、移民、難民ではない。また1972年に非白人の入国制限を強化[2)]した結果、20世紀末にはマイノリティの約半数が、英国生まれの二世・三世であると推測されている（表2－1に示すように、英国生まれの比率は、1991年時点ですでに46.1%であり、その後さらに上昇していると考えられる）。

2　マイノリティの人口と宗教的特徴

それではマイノリティの人口はどの程度であろうか。1991年時点での英国(Great Britain)のマイノリティの人口とそのグループ別の内訳を、表2－1に示す。

マイノリティの人口総数は合計約301万5千人で、全人口の約5.5%を占めている。グループ別の人口を見ると、インド、パキスタン、バングラデシュ等の南アジア系の者が、マイノリティ全体の6割近くを占めている。それにつづいて黒人（大半は西インド諸島出身の者およびその子孫）が2割強を占め、中国系が3番目に多い。居住地域については、大都市の中心部の特定地域に、各エスニック・グループごとに集中して居住する傾向にある[3)]。

表には記載していないが、宗教信仰に関するおおまかな民族ごとの傾向は次の通りである。中国系の人々には、宗教の信仰にあまりこだわらない者が多い。黒人は、宗派はアングロ・サクソンの人々とは異なるが、キリスト教徒が多い。そして南アジア系の者にはキリスト教以外の宗教の信者が多い。注目すべきは、出身地で宗教的に少数派であった者が、海外(つまり英国)に移住する傾向が強いことである。そのため例えばインド出身の者には、国内で多数派のヒンズー教徒よりも少数派のイスラム教徒やシク教徒が多い。逆にパキスタン出身者は、パキスタンで多数派のイスラム教徒よりも、国内で少数派のヒンズー教徒が多いのである。これは、宗教上のマイノリティが国内で迫害され、将来の暮らしを憂いて海外に出た者が相当数いることの表れである。

3　南アジア系市民と宗教信仰

周知の通り、インド亜大陸では言語が複雑多様である。出身地域が異なれば母語も異なり、そのため英語を通じてコミュニケーションをとる場合が多い。だから南アジア系の英国市民は、インドやパキスタンといった出身国のいかんより、パンジャブ語やグジャラート語といった母語を共通とする集団単位でコミュニティを形成する。そしてそのコミュニティは出身地域が同じ人々で構成され、特定の宗教を共通に信仰する集団である。そのような地域・言語を共通に持つ集団が、英国の特定の都市の市街地に集中して居住し、マイノリティ・コミュニティを作っている。例えばロンドン東部のイーストエンドには、ベンガル地方(バングラデシュ)出身のイスラム教徒が多く居住し、中東部の工業都市レスターには、グジャラーティ地方出身のイスラム教徒が多いといった具合である。このようにエスニック集団は、言語・宗教を共通に持つ者の集まりで、出身地域の風習や生活習慣を維持しながら、慣れない土地での生活を助け合ってきた。それ故彼らの生活にとって宗教は団結のきずなであるから、子どもが学校でどのような宗教教育を受けるのかあるいは受けないのかという問題は、学童とその親だけの問題にとどまらず、コミュニティ全体の関心事である。

第3節　マイノリティの宗教

表2－2　英国における宗教信者数の推計値
1991年（Great Britain）

キリスト教	イスラム教	シク教	ヒンズー教	ユダヤ教
723万人	99万人	39万人	14万人	11万人

注1）ここでは英国は、Great Britain を意味する。
2）信者数は各宗教・宗派の団体が申請したもので、信者についての定義は各教団により若干異なる。
出典）Central Office of Information, *Britain 1992–An Official Handbook*, 1992.

しかしながらマイノリティの文化的特徴を分析するには、単に出身地域による分類だけでは不十分であるので、次に主な宗教別の信者数（信仰活動に積極的に参加する者と定義される）の推計値を見る（表2－2）。英国（Great Britain）における最大の信仰集団は、当然ながらキリスト教徒である。しかし南アジア地域で信仰されている各種の宗教も、多数の信者が英国に存在する。なかでもイスラム教徒は、約100万人近くいる。

第4節　非キリスト教徒の教育を規定する要因

英国の多文化教育を考える際に、多文化教育を直接もしくは間接的に規定する要因をまず考えておく必要がある。とりわけ英国と日本の多文化教育（日本の場合は外国人子女教育などの用語の方がよく用いられるようだが）を比較する際には、それぞれの国の文化、社会制度、教育制度、教育実践、マイノリティもしくは外国人の構成とホスト社会との関係（例えば在日朝鮮人が日本社会で置かれている状況や、日本社会におけるベトナム難民の状況など）を、とくに相違点、それも当然のこととつい考えて意外と見逃しがちな条件（もしくは事情）を踏まえなければならない。

英国の多文化教育と宗教教育を、とくに日本の教育関係者が分析する際には、次の5点に留意する必要があろう。

1　大英帝国の文化的遺産

英国は大英帝国の植民地支配以来、歴史的・文化的に第三世界と深く関わってきた。外国人や他民族や他文化との接触や摩擦の歴史は、大変長い。

それ故他民族や他文化の背景を有する人々との接触のノウハウを持っている。またたからこそ逆に、人種差別や民族差別などは、露骨にではなく巧妙に行われる実態がある。しかしながら世界各地と文化的な交流を行った歴史も長く、世界各地の文化遺産を英国国内でも保存・展示している。これらの文化的な遺産の集積は、非キリスト教徒を理解する土台ともなる。

2　人種差別との闘い

英国のエスニック・マイノリティの大半は、法律上は正規の英国国籍を所有する英国人であり、英国国籍の有無による差別は主要な問題ではない。マイノリティの人々とアングロ・サクソン系の英国人との間の最大の相違は、肌の色である。これは一目瞭然に見える差異である。そのため英国では人種差別が深刻であり、多文化教育においても人種差別への対処の仕方が議論の焦点となる。人種差別については、黒人の場合多くがキリスト教徒であるため、宗教信仰の自由や平等の保障は、アジア系特に南アジア系の人々の場合により重要な問題である。宗教教育に関するマイノリティの要求は、このような人種差別解放の取り組みの一環として考えるべきものである。

3　個別指導・グループ学習の導入

英国に限らず欧米の多くの国の学校では、日本の学校に比べて生徒1人ひとりの個性を重視して、実験、グループ作業、討論などをよく行うと言われる。一方日本では一斉授業が主流で、教師中心に授業が展開して、教科書の内容を暗記することに重点が置かれている。多文化教育を特に国際比較の視点で考えるときは、教育の内容だけではなく、教育の方法(授業の進め方、評価の仕方、教師と生徒の関係など)についても、留意する必要がある。とくに英国の初等学校では、1967年のプラウデン・レポート[4)]の公表以来、児童中心的な教育方法が普及し、教室では一斉指導は現在あまり行われていない。つまりやり方次第では、教室の中でもグループごとに指導ができるので、非キリスト教徒の教育要求を取り入れやすい状況にはある。それに比べて日本の学校で依然として支配的な一斉指導のやり方では、クラスの生徒の宗教的な背景が多様であっても、それぞれの信徒のニーズに細かく対応することはできない。つまり多文化・多民族の文化的な多様性を尊重するには、一斉指導の授業の比率を減らして児童中心的な教育実践に重点を移す必要がある。

4　教育行政における規制緩和

英国の義務教育では、日本のように文部省や教育委員会が全国共通の規則を設けて、全国共通の教育サービスを提供するという形は、現在とられていない。そして1980年代以降、金融ビッグバンの教育版とも言える学校教育の規制緩和が大変進んでいる。例えば義務教育の公立学校においても、いわゆる学区はなく、親は子どもが入学する学校を希望することができる。また学校の予算や教員の人事も、学校理事会の裁量事項になっており、各学校が特徴を出した学校運営ができる。このような規制緩和により、各学校が在校児童生徒のニーズに沿ったきめ細かな対応をとることが可能になった。しかし他方では各学校間に生徒獲得の競争原理が働くことになるので、学校経営において弱肉強食の風潮が強まって、手のかかる子どもの教育がなおざりにされる恐れも生じる。つまり生徒の多くが非キリスト教徒の場合には、学校独自の判断で彼らの宗教的な要求に直接応えることが容易であるが、逆に競争原理が過度に作用して、非キリスト教徒が少数派の学校の場合は、彼らの要求が無視・軽視される可能性を含んでいる。

5　宗教の重要性

英国の学校では、政教の分離は他の先進国に比べるとあまり進んでいない。キリスト教会が設置する学校のうち一定の基準を充たす学校には、管理運営費を公費で補助して、事実上公立学校と同等の扱いをしている。また義務教育段階で宗教教育の提供と集団礼拝の実施を義務づけている（1944年教育法）。キリスト教の礼拝と宗教の授業は、学校の児童生徒がほとんど全員アングロ・サクソン系の子どもか、ヨーロッパ大陸やアイルランドからの移住者であったので、非キリスト教徒が少なく、とくに摩擦を生じずに実施された。しかし英国社会の多民族化が進行したため、非キリスト教徒の児童生徒が増加して、キリスト教の礼拝や授業を、一斉に実施するのが困難になってきた。とくに南アジア系のマイノリティには、イスラム、ヒンズー、シクなどのキリスト教以外の信者が多く、なかでも日常生活の中での信仰の役割を重視するイスラム教徒の子どもの場合、彼らの信仰上の要求に対応することが、学校教育の重要な課題になってきている。

注

1）多数の非白人の最初の入国は、1948年の6月にジャマイカから492名の黒人が入国した時とされる。また非白人の入国者は、1952年に初めて1万人を越えた。

2）1971年に移住法(Immigration Act)が改正されて、英国(United Kingdom)への入国が英国人の血を引く者に制限されるようになり、翌1972年より施行された。そして非白人の英国入国には、ビザの発行が義務づけられた。

3）1991年の国勢調査によれば、Great Britainにおけるマイノリティの人口の44.8%が首都のロンドン(Greater London)に居住しており、次いでバーミンガムのある中西部イングランドに14.1%、マンチェスターにある工業地域の北西イングランドに8.1%居住している。University of Warwick Center for Ethnic Relations, *1991 Census Statistical Paper*, No.1, *Ethnic Minorities in Great Britain: Settlement Patterns*, 1992, Table 3.

4）Central Advisory Council for Education, *Children and Their Primary Schools*, HMSO, 1967.

第2章
マイノリティと宗教教育

第1節　多文化教育の展開

英国においては、マイノリティの子どもに関連する教育の理念は、1980年代までに次の4つのモデルを中心に発展的に推移してきた。そこで次にこれら4つの理念のそれぞれの特徴を分析して、それらが宗教教育とくにマイノリティの子どもに対する宗教教育に与える影響を考察しよう。

1　同化教育(Assimilation)

1960年代まで、マイノリティの教育に関して有力な理念は、同化教育の考えであった。この考えでは、当時学校に通い始めた西インド諸島から移住した黒人(Afro-Caribbean)の子どもと、インド亜大陸から移住したアジア系(Asian)の子どもとを、本質的に移民(immigrants)であるとみなした。そこで英国社会への同化と定着とを、彼らに対する教育の目標においた。

まず英語の熟達が何よりも重要視され、第二言語としての英語(ESL; English as Second Language)の教授法が発展した。またマイノリティの文化や歴史を可能な限りカリキュラムから排除して、自分たちの母語の使用や生活習慣の導入を、学校生活の中では一切認めようとしなかった。

そして当時多数学校に就学し出したマイノリティの子どもの英語学習を集中的に行うため、県内(市内)に特別な教育施設を設置した。入学または転入後の一定期間もしくは1日のうちの一定時間帯に、マイノリティの子どもをこの施設に通わせて、学校における通常の授業に参加させない自治体が多かった[1)]。

このような同化主義の考えのもとでは、ともすれば非キリスト教徒であるマイノリティの子どもを、キリスト教に強引に改宗させようという風潮があった。学校でのキリスト教による朝の礼拝、クリスマスなどのキリスト教の行事の開催、聖書の内容を教える宗教の授業などが、改宗のために重要な役割を担った。

ところで現在同化教育は、マイノリティの民族のアイデンティティを消滅させるものとして厳しく批判されている。しかし当時の現場の教員の大半は、マイノリティの子どもが英語や英国の生活習慣に早く馴染んで、英国社会で将来幸福な生活がおくるようにと善意から願ったのであった。排他的な民族主義や愛国主義からこのような同化教育を進めた教師は、決して多くはなかったことを銘記する必要がある。

2 統合教育(Integration)

1960年代の後半から1970年代の前半にかけて、同化教育に代わって統合教育の考えが重視されるようになった。この考えでは、マジョリティとマイノリティが相互に理解しながら、マイノリティの子どもの英国への定着を促進する教育が求められた。

そこでマイノリティの子どものいる学校では、例えば社会科で第三世界の学習や黒人学習(Black Studies)が導入され、マイノリティの文化的背景の学習が全児童生徒に奨励された。また白人教師がマイノリティの出身地の文化を学ぶよう、各種の研修が行われた。但しこの考えでは同化教育の理念同様、マイノリティの子どもを英国社会に定着させることが最終目標であった。当然英国社会は従来同様白人中心の社会であり、マイノリティはあくまでも海外からの「客」にすぎないと考え、英国が人種および文化的に多元であるとは考えなかった。

マイノリティの子どもがいる学校では、マイノリティの子どもの信仰する教育(例えばイスラム教など)についての基礎知識を学習するようになった。その宗教の起源、教祖、歴史、主な教義(教え)、信仰の仕方(礼拝の時、場所、祈り方など)、主な祭礼などを学習して、少数派の宗教とその信者に対する理解を深めたのである。しかしながらこの統合理念では、キリスト教への改宗ができれば望ましいと考えられ、キリスト教の礼拝や聖書中心の宗教の授業を、可能な限りすべての子どもが受けることが依然として期待されていた。

3　多文化教育(Multicultural Education)

文化の多様性とあらゆる文化を平等に尊重することとを前提として、異文化の尊重およびその学習の必要を目標とする多文化教育が、1970年代に提唱されてきた。多文化教育の理念では、英国が言語、宗教、習慣などの面で多文化社会であるという立場をとり、同化の考えが否定された。そして英国社会の文化的多元性を認識させた上で、マイノリティの文化を中心に、世界の多くの文化について学習させようとした。つまり異文化理解の教育として考えられたのである。このような理念は、当然ながらアングロサクソン流の英国文化との相違が大きな集団に歓迎された。とくにイスラム教徒をはじめ、ヒンズー教徒、シク教徒などの南アジア系のマイノリティに強い支持を得た。

朝に学校で行うキリスト教の集団礼拝は、キリスト教徒以外には強制されなくなった。そして非キリスト教徒の子どもに対して、一定の人数がいればその信仰する宗教(例えばイスラム教)の礼拝を学校で開催するようになった。学校で礼拝できない場合は、学校を出て地域の中にある礼拝施設などに出向くことも認められるようになった。

宗教の授業は、世界の主だった宗教について、その教義、歴史、信仰の方法などを学習したり、また宗教の社会における存在意義や信仰生活の個人の人生における重要性などを教える、宗教理解の授業を取り入れる学校が増えてきた。

しかしながら異文化を理解することと受け入れることとの間には、当然大きなギャップがある。異国の物珍しい風習を単に学ぶ程度なら問題はないが、そのような馴染みのない生活習慣を学校生活で取り入れようとすると、必ず葛藤が伴った。例えばヒンズー教徒の子どもが多い学校で、ヒンズー教の祭礼の日に学校を休校にしたり、また逆にクリスマスをキリスト教の宗教上の祭礼にすぎないとして、祝わない学校なども出てきた。これらのやり方に対して白人の親が厳しく反発して、教育委員会に苦情を伝えたり、子どもの不登校運動を起こしたりもした。

4　反人種差別教育(Anti-racist Education)

前述の3種類の教育理念は、問題の所在をマイノリティにおしつけていると批判する考えが、1980年代に入ると台頭してきた。この批判によると、真の問題は英国社会の人種差別(Racism)にあると考える。それ故社会に存在する差別を客観的に学習して、差別を除去するように努める人間を育成することを、学校教育の重要な目標とした。このような考えは、一般に反人種差別教育(Anti-racist Education)と呼ばれる。反人種差別教育は、弱者への差別の克服を目的とするから、障害児教育や女子教育などの教育実践と共通な立場を有し、人権教育の一環としてとらえられるようになる。

なお人種差別を全面に押し出して非難したため、反人種差別教育に対してマジョリティ社会(白人)の中に冷笑、反感が生じ、右翼団体からの攻撃や大衆新聞紙からの反対キャンペーンが出てきた(これらのキャンペーンについては、例えばThe Runnymede Trust、1991を参照)。

その結果マイノリティの子どもの教育は、1980年代に入ると英国では政治的な問題になってきた。反人種差別の理念の支持者には、黒人と共産主義者が多い。英国の黒人は西インド諸島の出身者が多く、英語(英国英語とは多少異なる)を母語としキリスト教(英国国教会とは宗派が異なるが)を信仰する者が多い。そのため英国の黒人は異文化理解を強調することよりも、人種差別の解消を直接求めるのである。

また英国の共産主義者は日本の学者の世界とは異なり、社会主義国家が健在した1980年代においても、英国ではすでに少数派であった。しかしその鋭い社会批判で世論にも一定の影響力を及ぼしていた。英国帝国主義が依然として海外の植民地を経済的に支配し、さらに英国社会の構造がマイノリティを差別していると、共産主義者は指摘した。そこでこのような社会構造を平和のうちに解消して、全民族が平等に生活する社会主義国家を形成するために、反人種差別教育の実施を共産主義者は支持したのである。

反人種差別教育の考えでは、すべての民族の人々の人権を尊重して平等な社会の実現を重視する。そこでイスラム教徒が、キリスト教の学校同様に公費の補助をイスラム教徒の学校にも行うよう求める運動などがさかんになった。

しかしながらこの考えが英国社会を人種差別的であると強く批判したために、白人からの反発も強く起こった。また共産主義者が支援することから、左翼寄りの偏向的な考えであるとみなされて、学校の教育実践としては過激すぎるという批判も強かった。なお1990年代に入るとソ連や東欧の社会主義政権が相次いで崩壊したため、共産主義者による論調は下火となり、もっぱら人権尊重の考えから、反人種差別教育が支持されるようになっている。

第2節　多文化教育の実践

1　英語学習の教材

マイノリティの子どもを配慮した多文化教育の実践は、同化や統合の理念が支配的であった1970年代から、英語を母語としない子どもに対する英語教育(ESL)として始まった。またこの頃英国の初等学校では、教育方法が一斉指導から子どもの活動を主体とするものに次第に変わっていった。それにより、英語を母語としない子どもを特定の学校や教室に集めて集団で指導するのではなく、子どもが通う学校の各教室で、授業中に個々の生徒の英語力を補うような指導が導入された。

2　不十分な母語教育

ESLの次にさらに進んでバイリンガル教育や母語教育の実践が行われる国が、欧米には多い。しかしながら英国では、学校の教室の中に多様な言語を母語とする子どもが混在している場合が多い[2)]。しかもとくに初等学校は規模が小さい学校が多いため、母語学習のために多数の教員を配置することができない事態にある。そのため学校教育の中で母語教育を保障しようとすると、少人数の生徒に対して数多くの教員を配置しなくてはならず、経済的に大変になる。

そこで一部の地域では、土曜日(英国では学校は完全週休2日である)に各民族のコミュニティが補習学校を開いて、子どもたちに母語や出身地域の文化を

図2－1　22の言語で「歓迎」を表示
ブレント区の初等学校校舎の入口正面

教えるという方法をとっている。補習学校の運営に対して行政（地方自治体）は、学校の教室を無料で開放したり、案内のパンフレットを作成配布するなどの側面的支援を行うところが多い。

しかし母語教育について多くの学校では、簡単な挨拶を多くの言語で表現する程度の学習にとりあえずとどめているようである。マイノリティの言語や文化を教科として独立させて、全児童・生徒に体系的に学習させようとはしていない。

現在英国の多くの学校の教室や廊下には、世界の地図、偉人、主な宗教の礼拝の仕方、世界各地の衣装や風俗などを、絵画や写真など視覚に訴える方法で展示、掲示して、子どもの異文化に対する関心を高めようとしている。図2－1は、ロンドンの多民族地域であるブレント地区のある小学校の、建物の入口の正面に掲示されたものである。子どもたちが世界各国からの転校生を即座に歓迎できるようにと願って、作成・掲示されているものである。

なおこのような母語教育や民族教育を補習学校で行う考えは、マイノリティの礼拝や宗教教育についても適用されて、キリスト教以外の宗教は正規の学校で扱うよりは各宗教のコミュニティに任せるべきであるという考えが強い。例えばイスラム教徒の子どもは、モスクで礼拝を行い宗教教育を受けるべきだという考えである。しかしながらイスラム教の礼拝は1日に複数回あるので、その都度学外のモスクに行くわけにもいかない。そこで信者の子どもに対して、校内でイスラム教の礼拝を行う学校も次第に増加しているようである。

3　教材作成は80年代が最盛期

1970年代にマイノリティの子どもの多い学校で、それぞれの民族の文化を授業に導入する工夫がされるようになる。とくに宗教教育の分野で、世界の多様な宗教を理解するという宗教(信仰)理解の授業が行われるようになった。やがて1980年代には白人の子どもを対象とした異文化理解の授業も行われるようになったが、それと平行して人種差別を扱う授業が行われると、白人の親の反発をかったりした。1980年代の後半が、多文化教育に関する教材開発がもっともさかんな時期であった。この時期マイノリティの人口の多い都市では、多文化教育センターなどの名称の現職教員の研修施設を設けて、教材の開発、展示、貸し出し、普及に力を入れた。

しかし1990年代に入ると、学校の授業が基礎教科(国語、理科、算数)に重点的に充てられることになった。また多文化教育に対する補助金も、英語学習(ESL)に限定されて支給されるようになった。その結果極端な反人種差別教育は、教室ではあまり行われなくなった。しかし異文化を尊重しすべての民族の人々の人権を育む教育実践は、学校の中に確実に根づいており、近年ではテレビやファミコン世代の子ども向けの教材の開発なども着実に行われている。

4　ハンドブック、教材集

宗教の授業は、英国の公費維持の初等学校および中等学校で、ナショナル・カリキュラムに指定された教科と並んで、必ず提供すべき教科である。そのため教科書の需要も多く、数多くの教材が開発され販売されている。

宗教理解の教材には、単独の教科書として販売されているものと、多様な教材を収録した教材集、授業の進め方や教材の作成や入手の方法に関して丁寧に説明するいわゆる教師向けのハンドブック(手引書)の3種類がある。教材集やハンドブックは、出版社のみならず自治体や研修機関などが作成した物も多い。そこでここで、その例を紹介しよう。

教材集の例としては、「Elizabeth Hughes, Sheila Hunter & Tony Henry, *Making a World of Difference*, Cassel, 1994」を挙げる。題目を訳せば、「異なる

目　次

A．序論	
B．宗教と哲学：教材の選択方法	
古代宗教	イスラム教
バー教	ジャニ教
仏教	ユダヤ教
キリスト教	神秘主義と瞑想
ヒンズー教	部族の宗教
ヒューマニズム	シク教
C．教室の授業に関する実践例と理念	
導入	
祭りを祝う	
訪問	
宗教上の工作品	
視聴覚のコミュニケーション	
ダンスを通じた宗教教育	
集会	
宗教教育と精神性	
有用な出版物	
D．新興宗教	
E．関連機関の住所	
F．付録	

図2-2　教師用ハンドブック『教育における世界の宗教』

世界の物語の作成」ということになる。この教材集は、9校の初等学校を対象に2年間実施したランカスター大学での研究プロジェクトの成果として、作成されたものである。2部構成で、第1部では理論を実践に展開する指針を示している。そして第2部で、具体的な授業プログラムを示している。

授業は、話をする(tell)と話を作る(make)の2つのセクションで構成し、それぞれその指針と話の具体事例、そして指導案を示している。例えばラーマとシタの話を語ることにより、正義と悪の間の格闘を子どもに想像させながら、ヒンズー教徒の習慣や行いを知る機会を与えようとしている。このような物語を、聖書、コーランなどから多数取り出して、世界の信仰や価値観の違いに子どもを触れさせようとしている。

次にハンドブックの例として「The Shap Working Party on World Religions, *World Religion in Education,* Commission for Racial Equality, 1987」を挙げよう。このハンドブックは、世界の宗教事情に関する基礎知識とその教え方(教材の精選、発問の仕方、結論等)に関して懇切丁寧に説明し、しかも参考文献や関連資料を数多く提示している。同書はA4版で合計176頁である。章立ては図2-2のようになっている。

とくに教材の提示が充実しており、Bの教材の選択方法の欄では、①教師向けの本、②授業で使用する本(5－7歳、7－11歳、10－14歳、14歳以上)、③スライド、④ビデオというように、それぞれの宗教ごとの教材を分類して提示している。

またCの授業実践に関する記述も懇切丁寧で、例えばダンスを通じた宗教教育では、ダンスの方法や曲の選定なども記述している。

5　イスラム教の教材

イスラム教、ヒンズー教、ユダヤ教などの信者の数が多い宗教は、それぞれの宗教団体や研究者、教員などにより、信者の子どもを対象とした信仰を深める教材を作成している。例えば、イスラム教関係の出版社であるクアリ書店(Qari Books)では、①6－10歳用、②10－14歳用、③GCSE試験(中等教育修了一般試験)用の3種類のイスラム教学習の教材を出版している。

例えば7－10歳用の教材である同出版社の「*IQRA Islamic Studies Course: Elemantary,* 1995」では、英語でイスラム教の基本について絵や写真をまじえてまとめてある。その目次に示されている内容は次の通りである。

アラー
コーラン
ムハンマド
イスラムの戒律
信仰の務め
親
ハディスの豊かさ
生誕の儀式
音楽祭

第3節　学校現場の課題

それでは、マイノリティの子どもが学校に通うようになって、英国の学校にどのような課題が新たに生じたのであろうか。主なものを挙げると言葉、学力、文化の3点になる。宗教教育の問題は、文化の課題の重要な項目である。以上3つの課題について概観しておこう。

1　言葉の問題

マイノリティとくにアジア系の子どもは、英語を母語としないため、英国で生活するためには英語をまず学習しなければならない。但しマイノリティが特定地域に集中して居住しているため、一部の地域の特定の学校に彼らが集中して、英語教育の充実がこれらの学校の重大な課題となり、あまりの人数の多さに混乱の生じた学校もあった。

またマイノリティの子どもは、英語力が不十分なため、授業全般にわたってハンディを負うことになる。極端な例になると、英語力不足のために授業を十分に理解できない場合でも、基礎学力の不振または知能の未発達と誤解されてしまう。知能自体は標準に達しているにもかかわらず、言葉のハンディにより知能(IQ)テストの成績が低くなった結果、特殊学校または特殊学級へ多くの黒人の子どもが不当に入れられたという告発が、1971年になされている(Bernard Coard, 1971)。

また母語で教育を受けることを願うマイノリティの子どもに対して、十分に母語教育を提供していないという問題もある。これには行政当局の努力不足もさることながら、マイノリティの母語を教える有資格教員の不足や、マイノリティの母語の種類の多さなどの問題も関連している。

2　学力の問題

学力が低いということは、進学・就職の進路に大きな制約を受けることになるので、子どもにとって重要な問題である。英国の場合、16歳で受験する中等教育修了一般試験(General Certificate of Secondary Education: GCSE)の成績が、義務教育修了後の進学・就職を左右する。この試験結果について、黒人の生徒の学力が全体の平均を大きく下回っていると、1960年代以降言われてきた。この黒人の低学力問題については、マイノリティグループの教育に関する調査委員会が教育科学省に設置されて、調査を行い報告書を作成した。報告書は委員長の氏名にちなんで、スワン・レポートと呼ばれる。スワン・レポートは低学力を多様な要因が複合した結果とみなし、なかでも最大の要因として黒人の置かれた劣悪な社会・経済環境を挙げた(Committee of Inquiry into the Education of Children from Ethnic Minority Groups, 1981)。

一方アジア系の集団は、母語でない英語で学校教育を受けるハンディがあるため、英国移住の当初は、グループとしての学力は全国平均を下回った。しかし、移住後一定期間が経てば成績は向上して、白人生徒に比べて集団としての学力が特に劣ることはないという、調査結果が出ている(Committee of Inquiry into the Education of Children from Ethnic Minority Groups, 1981)。但し、バングラデシュ系の子どもに限っては、依然低学力の傾向にあると指摘されている[3)]。

3　文化・習慣の違いから生じる問題

マイノリティとくに非欧米の文化圏の出身であるアジア系の子どもの場合、英国の学校に通うと、宗教信仰や生活習慣の違いから不都合やトラブルが、たびたび生じる。これらの問題は、服装、食習慣といった身近な問題より生じるものから、男女共学といった学校教育の根幹に関わるものまで、さまざまである。それでは主な問題を次に示してみよう。

まずイスラム教徒の思春期の女子の教育の仕方が、英国の学校生活における服装習慣と、数々の摩擦を生じた。女子が肌を見せるのを嫌うイスラム教徒は、制服という形でのスカートの着用や、体育の授業におけるブルマーの着用、水着の着用が必要な水泳の授業への参加などに難色を示した。シク教徒も、頭部へのターバンの学校内での着用を要求した。

また学校給食のメニューをめぐり、ヒンズー教徒およびイスラム教徒が、その見直しを要求してきた。ヒンズー教徒は牛肉を、イスラム教徒は豚肉を、宗教戒律上それぞれ食べることを禁止されており、これらの肉がはいったメニューでは、食事ができないからである。

以上の問題に対しては、マイノリティ側と教育委員会とが交渉を重ね、マイノリティの要求を汲んだ妥協策を、徐々に実施に移している。例えば、スカートの代わりにスラックスの着用を認めたり、給食にカフェテリア方式を導入して、メニューを選べるようにしたのである。

しかしながら、異文化摩擦が学校教育制度の根幹に触れる場合は、問題の解決は容易ではない。とくに思春期の女子を男女共学で教育することを嫌うイスラム教徒が要求している、女子中等学校(別学の女子校)の設置は、中等学校における男女共学の見直しを意味することになる。そのため女子の教育における機会均等の保障という観点などから、この要求に反対する意見も強い。また公営学校における宗教の授業や礼拝の問題についても、前述のように

1988年教育改革法で、原則としてキリスト教に基づくことが定められているため、他の宗教を信仰するマイノリティには大変深刻な問題になっている。

注

1）これらの施設は、自治体により名称がさまざまで、移民センター、語学センターなどと呼ばれた。

2）英国では、学校内にさまざまなマイノリティ・グループの子どもが混在して、母語の種類が多様な場合が多い。例えば1978年から79年にかけてロンドンで行われた調査によると、28校の中等学校で話されている言語の数は、合計55に及んだと言う（Rosen, Harold & Burgess, Tomy, *Language and Dialect of London School Children*, Ward Lock Education, 1980）。

3）川野辺創「イギリスにおけるバングラデシュ系の生徒の低学力問題」日本比較教育学会編『比較教育学研究』第18号、1992年。

第3章
イスラム教徒の教育

第1節　イスラム教徒の教育を論じる視点

意外に知られていないが、多文化社会の英国にあって、イスラム教徒はキリスト教徒に次ぐ信者数を擁する第2の宗教勢力である。そのため英国の多文化教育の中で、イスラム教徒の子どもの教育要求の占める比重は、決して軽いものではない。英国では公費で運営する義務教育機関に対して、宗教の授業を行うことが義務づけられている。通常はキリスト教の教えを中心とする授業になるが、それでは別の宗教を信仰する子どもに対して不利益を与えることになるし、信仰の自由や宗教上の平等といった人権の根幹に関わることになる。それ故、イスラム教徒の子どもの教育上のニーズとくに宗教上のニーズに配慮することが、学校教育の重要な課題になっている。

さて日本やフランスなど先進国の中には、公立の学校に特定の宗教勢力の影響が及ばないようにするため、教育内容から宗教信仰を極力排除している国もある。しかしながら英国では、民衆の教育機関つまり初等学校がキリスト教会によって数多く設立された歴史的経緯もあり、公立の学校(county schools)でも、宗教に関する授業と集団礼拝の実施が法律(1944年教育法、1988年教育改革法第2条)で義務づけられている。また宗教団体が設置する学校であっても、一定の基準を充たせば管理運営費を公費で補助して、公立学校とほぼ同等の条件で、授業料を徴収せずに無償の義務教育を提供している。このような学校を、有志団体立学校(voluntary schools)と呼ぶ[1)]。有志団体立学校では、自派の教義に則った宗教教育や宗派教育を行えるので、学校教育を通じて地道な形ではあるが子どもたちに対して着実に信仰の普及を図ることができる。それ故、英国の学校教育において宗教の影響を無視できない。

そこで英国におけるイスラム教徒の実態とイスラム教の教えを分析し、さらに彼らの教育要求を検討することにより、多文化・多信仰社会における宗教と教育の関係を分析していこう。

第2節　英国のイスラム教徒

1　出身地域

英国にイスラム教徒が一定人数移住したのは、1869年のスエズ運河開通の当時であるとされる。運河周辺に居住していたアラブ人が船員として雇用され、リバプールやロンドンといった英国国内の港湾都市に移住するようになったのである。次に第1次世界大戦後インドのアッサム地域(イスラム教徒が多い)で東インド会社が多数の船員や工員を採用した際に、採用された労働者の多くが、やがてロンドン・ドックで働くようになった。

けれども現在英国にいるイスラム教徒の大半は、1950年代後半から1960年代にかけて、非熟練労働者として移住した者およびその家族や子孫である。第2次世界大戦後英国の経済が復興した当時、労働力が不足した。そこで移民労働者を雇用して労働力不足を補ったのである。しかしながら海外に移住するのは大変な決断である。英国国内の労働需給の状況だけではなく、出身地の経済状況、社会変動、政治的な混乱などにより、生活に困難を生じたことも、移住の重要な要因である。そしてこの時期の移民に、多くのイスラム教徒が含まれていた。

さて英国に移住したイスラム教徒の出身地域は、特定の地域に限定されている。イスラム教とヒンズー教との宗教間の対立に端を発して、インドからパキスタンが分離した。これに伴いインドのアッサム地域のイスラム教徒は、多数東パキスタン(現バングラデシュ)のシレート地域に移住したが、そこでの生活にも目途が立たずに結局英国へ移住する者が続出した。またインドのグジャラータ地域のイスラム教徒は、ウガンダやケニアの東アフリカの英連邦諸国に当時多数移住したが、これらの国が1970年代になりアフリカ化の政策を強めると、半ば追われるような形で英国に移住している。一方イスラム教主導のパキスタンにおいては、インドとの国境に近いパンジャブ地方に、インドから逃げ出してきたイスラム教徒が殺到して人口過剰となり、そのうちの多くの者が英国へ移住するようになった。またカシミール南部のミルプール地域で当時大型のダム工事が計画され、立ち退いた住民に対して英国移住の道が保障されたため、ミルプール地域出身者が英国に多数移住した。

これらの経緯があり、英国におけるイスラム教徒は、インド・パキスタン・バングラデシュ3国それぞれの国内の特定の地域、とくにグジャラート、ミルプール、パンジャブ、シレートの各地域の出身者が多い。また同じ地域の出身者が英国移住後に集中して居住する傾向も高い。グジャラート出身者はレスターに、ミルプール出身者はブラッドフォードに、パンジャブ出身者はバーミンガムに、シレート出身者はロンドン東部に、それぞれ多数居住している。

インド亜大陸の前記3か国以外にも、マレーシア、イラン、中東、エジプト、トルコなどから、英国に移住したイスラム教徒が多い。

2　人口動態

英国の国勢調査では、出生の場所に関する情報は収集しているが、信仰する宗教に関する情報を収集していない。そのため、イスラム教徒の正確な人口に関するデータはない。しかしながら出生場所つまり出身地域に関するデータを使って、イスラム教徒の人口が推定できる。まずイスラム教徒が多数居住する地域の出身者数を取り出す。その人数に、その出身地域の総人口に対するイスラム教徒の比率をかけるという手法を用いて、イスラム教徒の人口を推計するのである。このような手法を用いた1984年の政治学研究所の推計によれば、英国(Great Britain)におけるアジア系の人々のうち、約46%がイスラム教徒であると言う[2)]。さらに英国におけるイスラム教徒に関する研究者のワッブ(Wahhab, Iqbal)は、この数値に修正を加えて、1989年時点での英国(Great Britain)におけるイスラム教徒の人口を、約89万7,600人であると推計している。これは総人口の約1.6%を占める。また彼の推計値の中の、地域別のイスラム教徒の人口の内訳は、表2-3の通りである[3)]。ロンドンとロンド

表2－3　英国のイスラム教徒の地域別人口

地　　　　域	イスラム教徒の人口	地域の人口に占める比率
北部イングランド	19,379	0.6　%
ヨークシャーおよびハンバーサイド地域	89,309	1.9　%
西ヨークシャー	59,130	2.96 %
南ヨークシャーおよび大都市圏	12,852	1.0　%
中イングランド西部	68,439	1.4　%
北西イングランド	85,240	1.35 %
大マンチェスターおよび大都市圏	49,180	1.97 %
中イングランド東部	31,824	1.97 %
南東イングランド	272,753	1.65 %
大ロンドン圏	184,066	2.79 %
ウェールズ	9,070	0.3　%
スコットランド	16,370	0.3　%
英国（Great Britain）　合　計	897,612	——

資料）Wahhab, Iqbql, *Muslims in Britain*, The Runnymede Trust, 1989, pp.8–11.

ン郊外を含む南東イングランドとに、イスラム教徒はもっとも多く居住している。またイスラム教徒の地域の総人口に占める比率を見ると、西ヨークシャーが2.96％ともっとも高い。これはこの地域に、イスラム教徒が多数居住するブラッドフォード市が含まれるからである。

また表2－3には含まれていないが、アングロ・サクソン系の英国人の中にも、イスラム教徒が約3万人強ほどいると推計している。さらに近年でも若干海外からの移住者が見込まれる。それに加えて英国のイスラム教徒の年齢構成では若年層の比率が高いので、イスラム教徒の人口の自然増も見込まれる。このような条件を考慮すれば、英国におけるイスラム教徒の人口は、百万人に迫っていると考えることができる。

なお2001年の国勢調査から、信仰に関する調査項目が導入される予定である。1997年にそのテスト調査が表2－4の質問項目に基づきロンドンとバーミ

表2－4　2001年国勢調査に予定される、信仰調査項目の内容

○あなたは自分がある宗教集団に所属していると思いますか？
1．いいえ　2．キリスト教徒　3．仏教徒　4．ヒンズー教徒
5．イスラム教徒　6．ユダヤ教徒　7．シク教徒
8．その他の宗教、下の欄に記入して下さい

資料）*The Runnymede Bulletin*, No.304, June 1995, p.1.

ンガムで開始された。そしてその結果をもとに検討を加えて、質問項目や質問の形式が決定される予定である。信仰に関する質問は、プライバシーの侵害の問題ともからんで、国勢調査では行いにくい課題であった。しかしキリスト教以外の宗教の信仰の自由を保障するためには、基礎的なデータである信者数を把握しなければ、有効な施策を実施しにくい。あえて調査を次回実施するのは、英国が多信仰時代に入ったことを象徴している。

3　イスラム教徒の社会経済的状況

イスラム教徒が英国社会の中で、どのような職業につき、また年収がどの程度で、どのような教育水準(学歴)を有するかといった、社会経済的な状況を把握することは、彼らの子どもの教育上のニーズを分析する上で、大変重要である。しかしながら、英国のエスニック・マイノリティの社会経済的な分析の多くが、人種(黒人か南アジア系かといった区分)や出身国または出身地域を基準に調査を行っており、イスラム教徒を直接分析の対象とした調査はあまりない。そのため、エスニック・マイノリティ全般かまたは南アジア系の市民を対象とした調査などから、推定することになる。

英国のイスラム教徒の社会経済的な特徴は、社会階層が二極に分かれていることである。少し古いが1984年のイスラム研究所の調査によれば、英国のイスラム教徒の就業者のうち10－15％が専門職・管理職に分類され、英語力も高いとされる[4)]。そして一方1981年の国勢調査の結果をもとにして、ワッブはイスラム教徒の就労者の約31.5％が、単純・非熟練労働者であると推定している[5)]。大多数は労働者の階層の出身ではあるが、一部にインテリ層もいる。この二極分解が、英国のイスラム教徒の社会経済的な特徴である。また、英国への移住してからの年月が短いほど、社会階層の下の方にとどまる傾向が強い。そのため最近多数移住してきているバングラデシュ系の人々は、社会経済的に不利な立場にいる者の比率が、イスラム教徒の中でもっとも高いとされる。

またイスラム教徒の政党支持については、労働者階層の者が多いことから、労働党に投票する者が圧倒的に多いと考えられる。イスラム教徒の政党支持に関する調査はなされてないが、アジア系市民の政党支持の調査から、その

表２－５　1992年総選挙のアジア系の立候補者と当選者

立候補者		当　選　者	
（内）			
労働党	6	労働党	2
保守党	5	自由民主党	1
自由民主党	4		

資料）*The Runnymede Bulletin,* No.225, May 1995.

実態を推定することができよう。しかしながら、社会階層が上昇するイスラム教徒がかなりいることや、労働党が議会の多数を占める自治体でも必ずしもイスラム教徒の要望を取り入れていないこともあり、近年では保守党に投票するイスラム教徒が増加傾向にある。例えば、中等学校の男女共学の方針を変えなかったり、同性愛理解を義務教育で教えることに寛容な労働党の政策は、イスラム教徒の怒りをかっている。なお1992年の総選挙では、３大政党からアジア系の候補15名が立候補し、そのうち３名が当選した。政党別の内訳は表２－５の通りであり、必ずしも労働党一辺倒ではないと言える。

第３節　イスラム教の教えとイスラム教徒の生活

１　聖典コーラン

イスラム教徒は、信仰を生活の中心に位置づけており、コーランに書かれているイスラムの教えに従い、日常生活を送る。そのためイスラムの教えがイスラム教徒の子どもの教育に対して、大きな影響を与えている。そこでイスラムの教えで、子どもの教育に関係の深い、家庭生活に関するものを検討してみる6)。

(1)　神の絶対性

神（アラー）は唯一の存在であり、宇宙を支配しすべての生き物の創造主である。そしてイスラム教徒の生活のすべての面を、神が支配する。そのためイスラムの教えは、精神的、内面的な領域のみならず、人間の活動のすべての分野（物質的、経済的、政治的な分野等）に及ぶ。それ故、政治経済的な活動、異性関係などの事柄も、イスラム教徒にとっては宗教的な活動となる。その結果学校の教育内容や活動は、あらゆる領域でイスラムの教えに反しないかが問われることになる。また神の教えはコーランにアラビア語で記載されており、他の言語に翻訳せずに、直接アラビア語で読んで学ぶべきだとされる。

だからアラビア語の学習が不可欠となる。

(2)　信仰による社会の形成と祈りの重要性

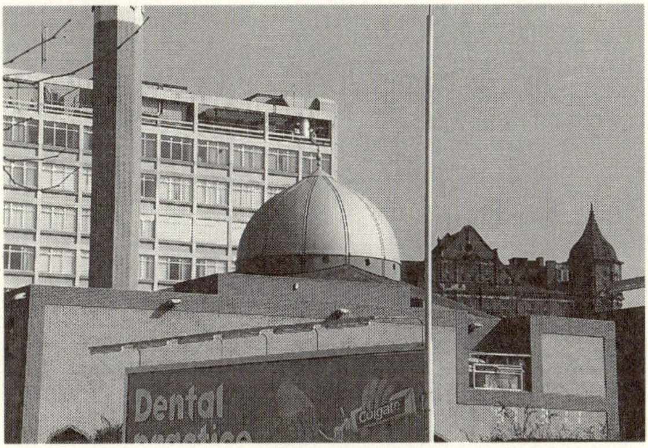

図２－３　ロンドンのイーストエンド・モスク

イスラム教では、人間社会を構成する基準を、信仰とそれに基づく人間関係のネットワークに置く。人種、民族、血縁関係などの人間社会における集団の結成の原理は、信仰より下位の概念として考えられている。日常生活の中で何度も祈ることにより信仰が深まり安定すると考えて、イスラム教徒は１日５回、聖都メッカに向かって祈りを捧げることが求められている。５回の祈りの時間帯は、モハメッドの教えによると、①夜明けと日の出の間、②正午以降、午後の前半、③午後の後半、④日没直後、⑤夜、である。イスラム教の発祥の地は赤道に近く、日の出や日の入りの時刻に季節差はあまりない。しかし緯度の高い英国では、夏と冬ではこれらの季節が大きくずれる。そこで英国の学校では、夏季は②、③の２回の祈り、冬季には②、③、④の３回の祈りを行うことになる。

また年に１度、ラマダンと呼ばれる断食を行わなければならない月(イスラム暦の９月)がやってくる。断食はその月の日中を通じて行われる。もちろん病人、妊婦、老人、兵士などは、断食を免除される。子どもの場合は、成長とともに断食の時間を半日に限るなど短期間にして開始する方法をとる。思春期に入れば、成人同様の断食の義務を負う。ただし何歳から思春期とみなすかは、宗派や地域により異なる。もっとも早い場合は12歳である。

(3)　食生活

イスラム教徒の生活は、イスラム法に従い神に許された(ハラル)方法で行わなければならない。またこれに反した方法で生活する場合は、禁止された(ハラム)行為とみなされ、処罰を受ける。

イスラムの教えでは、魚と野菜はすべて食べることが許されている。一方アルコールを飲むことは禁止されている。肉については、次のような制限がついている。まず豚肉を食べることが一切禁止されている。また自然死した動物の肉を食べることも禁止されている。イスラムの決まりに従って処理した食肉、つまり鋭いナイフを使って喉を切り抜く方法で処理した肉だけを、イスラム教徒は食べることができる。この食肉処理の方法は動物の苦痛がもっとも小さい方法であると考えられて定められた。

そもそも食べ物はすべて、創造主である神(アラー)から戴いたものなのであるため、食べ残すことは許されない。但しどうしても食べ切れない場合には、残飯として処分するのではなく、小鳥にえさとして与えるようにする。

(4)　衣生活

イスラム教はとくに女性に対して服装の規制が厳しいと、西欧のマスメディアなどで批判される。そして服装の規制は、個人の表現の自由の侵害であるとして、女性に対する差別であるとよく非難される。

しかしイスラム教では、女性の人格と権利を尊重するために、服装の規定を設けているとする。そもそもイスラムの教えでは、男女は平等である。男女は信仰の深さおよび毎日の信仰活動を同じ程度に行えるし、イスラムのきまりを破った場合の処罰も平等に受ける。そして女性も男性同様に、知的な存在として尊重されるべきであると考えている。しかしながら、女性には男性の性的な欲望の目にさらされたり、性的に乱暴されたりする恐れがある。そこで女性が安心して社会に進出して自らの役割を果たせるよう、家族や親族の男性以外の男性の目から、自らの美しさを隠す服装を着用するよう女性に求めるのである。

思春期になると女子は、頭の先から足先まで服やスカーフなどで覆うことが要求される。ただし例外措置として、自宅や女性同士の前では、顔、首、腕を出すことは許される。髪の毛もスカーフで覆うことが求められるが、顔の露出についてはコーランの表現の解釈に、国や地域によって差がある。例えば英国では顔を出しても構わないようだが、イランなどではチャドルで顔全般を覆い、目しか出せない。ともかく服装規制の目的は、異性を刺激しないことである。素材は透けないような厚いものが求められ、また体の線がわからないように、ゆったりとした服の着用が求められる。

ところで服装に関する制限は、男性に対してもある。思春期になれば首の下からひざまでを隠すことが必要となる。また男女とも派手な服装や贅沢な服装が禁止されており、男性は絹および純金の服の着用が禁止されている。もちろん男女ともヌードは禁止されており、性的な倒錯を避けるために、異性の服装を着用することも禁止されている。

このようにイスラム教徒の服装は、単純を尊び華美を避けて、社会における道徳モラルの維持に重点を置いたものになっている。ともすれば退廃と混乱を生みかねない現代西欧の服装文化とは対比的である。

(5) 性、結婚、夫婦生活

イスラム教では、結婚していない相手とのセックスを、一切禁じている。ただしセックスそのものを、汚れたものとして忌み嫌っているわけではない。それどころか性生活の素晴らしさや夫婦間のセックスの営みの仕方について、預言者たちが細かく記述しているほどである。例えばある預言者は、「結婚による性交の目的は、生殖、肉体的喜びと満足、夫婦間の愛情、心の暖かさと親切、神が喜ばれるよう安定して、首尾一貫した、目的のある社会を形成するため」と述べている[7)]。しかし夫婦と家庭を大切にするため、配偶者以外の異性との性交や、さらにはそのきっかけとなる男女間の交際を禁じている。

思春期になれば、男女は家庭の外で自由に交流することが禁じられる。西欧式のパーティやディスコなどは当然厳禁である。とりわけ女子に対して、親の監視の目が厳しくなる。このようにセックスそのものは肯定される一方、男女の交際は禁止されている。またマスターベーションも、公衆の面前で恥をさらすことと同じだと考えられている。そのためイスラム教では、早期の結婚が奨励されることになる。なお同性愛は、重大な罪であると考えられ、預言者モハメッドが例えば「同性愛の行為を行う者を見たら、行為をなすものおよび行為の相手の双方を殺せ」と檄を飛ばしている[8)]。

イスラム教では、結婚を男女間の合意に基づいて行われる対等の契約として考える。コーランに記述はないが、イスラム社会では結婚は通常見合い結婚である。男性の親が息子のために適当な女性を探して、女性の親に話を持ちかけるという形で結婚に至る場合が多い。但しこのような親による一方的な見合いに対して、英国生まれのイスラム教徒の若者の中には、自由に恋愛ができる英国人が羨ましくて、不満に思う者も多い。親が選ぶとはいえ、もしも本人が不満の場合には、本人の同意を得るまでは結婚を強制してはならないと、イスラムの識者は現在考えている。

(6)　男女の平等と役割分担

イスラム教は男女間の処遇が不平等で、女性を差別するとしばしば批判される。しかしながらイスラム教の側では、男女を平等に扱っていると反論している。まずコーランでは、イスラムの教えを守ることに対する報酬と、教えを破ることに対する罰則とは、男女とも同等であると明記している(Al－Qur'an, chapter 33, verse 35)。イスラムの教えでは、男女はこの他にも次の点において対等であるとされる。①男女とも同じ人から神が造り出したもので起源が同じである(Al－Qur'an, chapter4, verse1)。②預言者モハメッドは、男児と女児を対等に扱うべきだと述べている[9]。③知識は男女とも同等に大切なものであり、男女同等に教育を受ける権利があると、預言者モハメッドは述べている。さらにコーランには、母性の尊重(Al－Qur'an, chapter4, verse1)を明記している。これらの他にも、イスラム教の識者は、女性の働く権利、経済的自立などを認めている。

しかしながら、コーランやモハメッドの記述に男女の平等を認めている点があるとはいえ、現実のイスラム社会では、上記の権利が必ずしも女性に対して男性と対等に認められていると言えるであろうか。

男女が均等な権利を持つと主張する一方で、男と女が異なった役割を持って生まれてきたと、イスラム教では考える。男性には経済的な責任の大部分が課せられており、女性には出産と子育ての責任が課せられている。

第4節　イスラム教徒の教育要求

1　スワン・レポートとイスラム教徒の教育要求

1985年にスワン・レポート[10]が刊行されたことは、英国におけるエスニック・マイノリティの教育の歴史の上で、重要な出来事であった。英国の公的な教育制度が、白人以外の人種やキリスト教以外の宗教を信仰する者のニーズに対応できなかったことに対して、政府(教育科学省)が、教育制度全般を見直す審議会報告を初めて出したからである。多文化教育は単にマイノリティの教育問題だけではなく、白人を含めたすべての子どもの教育であると主張した同レポートの勧告内容に対して、イスラム教徒の教育関係者はおおむね好意的な反応を示した。しかしながら同レポートは、イスラム教徒が要求していたイスラム教徒による有志団体立学校の設置に対しては、これを分離主義(separatism)と呼んで、その設置に対して反対の意志を示した。

そもそも多文化教育とは、多くの人種・民族・文化が協調しながら推進するもので、イスラム教徒などの特定の宗教の信者がもし仮に1つの学校に集中すると、やがては人種や民族ごとに通う学校が別々に分かれてしまうと懸念したのである。「分離された学校を設置すれば、マイノリティのコミュニティが抱える懸念の多くを解消できなくなるだろう。そしてマイノリティのコミュニティが克服しようとしている疎外感を、かえって悪化させるかもしれない」とスワン・レポートは論じている[11]。

それからスワン・レポートは、宗教的な要素つまり特定の宗教や宗派の教えをもっと学校内に取り入れることに対しても、消極的な姿勢を示した。宗教の授業は、むしろ世界の宗教を理解させるように多元主義に従って進めて、特定の宗教の教義は家庭やモスクや教会などで教えるべきであるとした。しかしながら同レポートは、モスクなどで開かれる補習学校に対して、地方自治体が補助金を交付するよう求めた。ただし残念ながらイスラム教徒の期待も空しく、同レポートの勧告に従い補助金を支出した地方自治体は、あまり多くなかった。

スワン・レポートがマイノリティの存在に敬意を払ったことは、保守層の反感をかった。そしてキリスト教会も、イスラム教などの宗教(彼らの基準によれば「異教」)を尊重する風潮に対して危機感を抱き、1988年教育改革法の制定の折、失地を回復すべく巻返しを図った。そして保守党政府への働きかけが功を奏して、同法第8条に「英国(Great Britain)における伝統的な宗教は、主としてキリスト教であるという事実を反映するものでなければならない」[12]という規定を挿入して、宗教教育を原則としてキリスト教の教義に従って教えるものにしたのである。しかも1997年5月まで続いた保守党政権は、学校教育に競争原理や市場原理を導入する一方、マイノリティの教育要求には消極的な姿勢を示した。そのため1990年代は、イスラム教徒の教育要求があまり満たされず、それどころかイスラム教徒の子どもの教育環境が、かえって悪化する気配さえ見せた。

2　イスラム教の学校に対する公費援助の要求

英国の学校は、元来キリスト教会が開いていた日曜学校から発展したものである。教会が運営した民衆の子どものための学校に、行政(国、自治体)が公費を援助する形で、義務教育の普及を図ったのである。公費の援助と引き換えに、世俗カリキュラムの充実を図り、次第に宗教色を薄める形で有志団体立学校の制度が成立した。有志団体立学校では、その宗派の教義に従って礼拝や宗教の授業を行うことができる。

この英国特有の制度である有志団体立の学校は、1997年までキリスト教とユダヤ教の学校にしか認められていなかった。一方他の宗教や宗派の学校、例えばイスラム教の学校などは、私立学校として公費の援助なしで独立して運営しなければならなかった。そのため高額な授業料を徴収しないと学校の経営が成り立たない状況にある。

ある宗教の学校には公費を支給しながら、一方で別のある宗教の学校には公費を一切支給しないというのは不合理である。また例えばキリスト教徒の子どもは、キリスト教の教えを授業料のない学校で受けることができるのに、イスラム教徒の場合は、高額な授業料を払わないとイスラム教の宗教教育を学校で受けることができない。これは公費支出の性質上極めて不平等な処遇である。もちろんありとあらゆる宗教や宗派の学校に公費を支出することになれば、怪しげなカルトが運営する学校にまで公費を援助しなければならない。当然ながら公費支出の対象になる宗教(宗派)には、一定の要件が必要である。しかしながら、すでに英国で第2番目に信者が多く、しかも世界の3大宗教の1つに数えられるイスラム教の運営する学校が、キリスト教やユダヤ教の運営する学校が受ける補助をなぜ受けられないのか。

そこでこのような疑問を抱いて、イスラム教の学校を有志団体立の学校として認可してもらい、キリスト教やユダヤ教の学校と同様に公費の援助を受けることを、イスラム教徒は1980年代以降要求してきた。キリスト教の教会が運営する学校には公費で援助しながら、イスラム教の学校に対して公費を支払わないのは、差別ではないかと主張したのである。しかし保守党政府は、技術的な細かな点を理由に認可を先送りにしてきた。学校の保健・衛生状態が基準に達していなかったり、世俗教科の教育が不十分であったり、有資格の教員が足らないなどとその都度理由を示して、有志団体立の学校としての認可を見送り、イスラム教徒の申請を繰り返し退けてきた。しかしながら申請している学校がこれらの基準をクリアーすると、近隣の公費維持の学校に定員のゆとりがあるから、公費維持の学校を新規に認めることはできないと保守党政府は言い出して、イスラム教の学校を公費維持学校として認めることを頑として行わなかった。

しかしブレアー労働党政権が成立後の1997年の秋に、イスラム教の初等学校がようやく2校認可を受けた。ロンドン西部のブレントのイズラミア校(図2-4)とバーミンガムのアル・フルカン校である。21世紀に向かって、イスラム教の関係者は一筋の光明を見出した気分がしたことであろう。

なおイスラム教の学校以外に、キリスト教の新興団体の学校に対しても、公費維持の申請が同時に認められ、今後この種の申請が勢いづく気配である。ところでイスラム教が運営する学校に対して公費支出が行われることについて、イスラムの礼拝や宗教教育ばかりする学校に対して税金を支出するのはおかしいといった批判があるが、このような批判には誤解がある。

図2-4　イスラム教学校で最初の公費維持学校となったイズラミア校の外観

公費維持の有志団体立学校では、宗教(宗派)独自の宗教教育を

図2-5　コンピュータを学習する女子児童（イズラミア校において）

行えるが、公費支出の条件として、全国の学校に共通なナショナル・カリキュラムを実施しなくてはならない。そのため公立の学校と教育内容はそれほど異ならないし、またナショナル・カリキュラムの教科数や各教科の学習内容も盛りだくさんである。おまけに7、11、14歳で行われる全国共通な主要3教科（国語、算数、理科）の学力テストにも参加しなくてはならない。そのため宗教教育や礼拝ばかりしている時間的余裕はないと言える。むしろイスラムの戒律に基づいて、子どもに規律正しく学習させようとしている。例えば図2-5に見られるように、イズラミア校ではスカーフをかぶった女子児童が、最先端のコンピュータを用いて学習している。同校は全国共通テストでも平均より高い成果を示しており、主要教科の基礎学力の向上に力を注いでいる。決してイスラムの教えだけを教えているわけではない。

イスラム教徒の教師がイスラムの教えを子どもに教える学校の設置に、イスラム教徒はこだわり続けてきた。その背景には、英国の義務教育学校制度とそこでの教育実践に対して、以下に示す教育上の要求を、イスラム教徒が求めてきた事実がある。

3　宗教教育に関する要求

イスラム教徒の子どもが少数しかいない学校では、通常キリスト教の礼拝だけがなされる。このような場合、法律に規定された授業退出の権利を子どもが行使できることを、まずイスラム教徒の親に周知徹底する必要がある。しかしながら退席したイスラムの子どもたちはその間することがないので、できることなら有資格のイスラム教徒の教員のいる学校かモスクへの移動を許可して、イスラムの子どもたちがイスラムの宗教教育を受けれるように要求してきた。

またイスラム教徒の子どもが多数いる学校では、世界の宗教理解のような授業を、宗教教育の授業としてよく行う。けれどもイスラム教の父母や関係者は、イスラム教の生徒に対しては、イスラムの教員によりイスラムの教えに従った授業を行うことを、あくまでも主張してきた。さらに祈りのための部屋を学校内に設けることや、年2回のイスラムの特別の祝日に学校を欠席することなどを要求してきた。

4　その他の要求

宗教教育に直接関係しない事項についても、イスラム教徒は次のような要求をしてきた。これらの中では、②、③、⑥などは特定の教育実践の中止を求めるものであり、代替の措置もとれるので、対応がそれほど困難ではない。しかし①の男女別学、④の性教育への要望、⑤の同性愛の無視などは、人間の生き方を左右し教育理念の根幹に関わるものだけに、関係者とじっくりと話し合い協議をするのが必要である。必ずしもイスラム教徒の要求を全面的に受け入れるのは容易ではない。

①　中等学校は男女別学で行う。

イスラムでは、思春期以降の女子を、家族(祖父、父、兄弟)以外の異性とは一緒に生活させない。だから中等学校を、男女別学にすべきであると要求している。

②　体育の授業で水泳を行わない。

水着は肌を露出する。女子の肌を男子の目にさらすようになるので、体育の授業では水泳を除外するよう要求している。

③　制服に関する制限

学校の制服を指定する場合、派手な色は避け、女子の場合はスカートではなくズボンの着用を認めるよう要求している。派手な色は性欲を刺激しかねないし、ズボンの着用は肌の露出を避けるためである。

④　性教育を穏便に

性教育の内容を家族や夫婦さらに男女間の愛情やモラルなどに限定し、性交為を連想させるものを教えるのは、避けるよう要求している。

⑤　同性愛を容認するような教育を行わない。

⑥ 学校の食事(給食)には、ハラル肉を提供する。

注

1) 有志団体立学校(voluntary school)には、公費(補助金)の支出と、学校の独自性の度合いに応じて、援助学校(aided)、統制学校(controlled school)、特別協定学校(special agreement school)の3種類がある。

2) Policy Studies Institute, *Black and White Britain,* 1984.

3) Wahhab, Iqbql, *Muslims in Britain,* The Runnymade Trust, 1989.

4) Nielsen, Jorgen, *Muslim Immigration and Settlement in Britain,* Centre for the Study of Islam, 1984.

5) Wahhab, Iqbql, *op.cit.,* p.11.

6) イスラム教の教えについては、次の文献を参考とした。

① Ahmad, Khurshid, *Family Life in Islam,* The Islamic Foundation, 1993.

② Husain, Akhlaq, *Huslims Parents,* Adam Publishers & Distributors, 1993.

③ Thompson, Jan, *Islam,* Hodder and Stoughton, 1990.

7) Sarwar, Ghulam, *Sex Education: The muslim perspective,* The Muslim Educational Trust, 1996, p.18.

8) *Ibid.,* p.23.

9) Sheriff, Sarah, *Women's Rights in Islam,* Ta-Ha Publishers, 1996, p.5.

10) *The Report of the Committee of Inquiry into the Education of Children from Ethnic Minority Groups: Education for All,* HMSO, 1985.

11) *Ibid.*, Paragraph 2.12.

12) Education Reform Act 1988, section 8(3).

第3部
英国の人格教育(PSE)

第1章
PSEの確立と特質

第1節　PSEの実践的・社会的・理論的背景

英国の学校は家庭の良き意味での延長であると言われているが、その意味するところは、人格教育をもって教育の主軸ととらえてきた点であろう。その意味で、英国では伝統的に学校教育が子どもの人格形成に寄与することを自明のこととしてきた。かつて、英国の学校の人格教育は、宗教教育が主軸となって展開されてきたが、むろんそれに限定されることなく、各教科の授業等を通じて、教師たちによる人格的感化や影響力のもとで、子どもたちに施されてきたものと言えるであろう。それらは性格形成(character training)、全人発達、市民性の創造などと呼ばれていたものである。

社会的背景・構造の変化や価値観の多様化は、宗教教育や道徳教育に新たな展開をもたらした。そのような状況下において発展してきたPSE (Personal and Social Education)は、従来の宗教教育や道徳教育が担ってきたものに加え、健康教育・性教育、キャリア教育、環境教育、市民性教育などの現実的・現代的な課題を問題を含めた体系的な人格教育として注目されるものである。

1　PSEの実践的背景

後段において示すようにPSEはさまざまな相によって展開されるものであるが、わけても特徴的なものは、中等学校における特設コース(taught course)としてのPSEである。ハーグリーブス(Hargreaves, Andy)らは、この中等学校における特設コースとしてのPSEの発展のもととなる実践的要因として、4つを指摘している[1)]。

1つは、非選抜中等学校であるモダーン・スクールに特有の実践である。モダーン・スクールにおいては、中等教育選抜試験によって、いわば振り落とされ、挫折感を持った多くの生徒がいたが、それらの生徒に対する取り扱いとして、伝統的な学問教科とは別の、いわば非学問的教科におけるさまざまな実践が取り組まれた。13歳から16歳における学力が平均もしくはそれ以下の生徒たちに対する取り扱いは、中等教育に関する中央教育審議会報告書である通称『ニューサム・レポート』(1963年)において強調され、大きな発展を見たのである。ニューサム・レポートにおいては、「学校は、……学科を通じた創意に富んだ体験と子どもの人格的・社会的発達(personal and social development: PSD)との双方に注意を向けるべきである」と指摘された。その後、1965年の教育科学省(当時)通達10号により、中等教育を総合化に向けて再編する動きが高まり、1970年代および1980年代には、総合制中等学校が急増したが、総合制中等学校でも、能力別編成における低いクラスにおいて、一般的なコースとして実践されたのである。ハーグリーブスらは、〈職業への啓蒙〉〈実際的関連性〉〈労働や余暇への現実的関与〉〈カリキュラム選択への生徒の関与〉〈人格的・社会的発達〉など、いわば「ニューサム」原理とも言うべきものに基づいた、学力が平均もしくはそれ以下の生徒たちへのこうした取り組みは、1980年代においても影響力を持って、繰り返し強調されていると指摘している。〈人格的・社会的発達〉はその繰り返しの中においても中心的要素となっているのである[2)]。

特設コースのPSEの発展のもととなった実践のもう1つは、第2次大戦後の中等学校における社会科学習(social studies)の実践である。上記の実践がどちらかと言えば情意的領域を取り扱うことを中心としていたのに対して、社会科学習は、社会性の教育に関連した認知的領域を取り扱うことを目指されたものである。それは、より学問的であり、より教科ベースであり、なおかつ試験を課すことをより可能とすることを目指すことにより、カリキュラムの中での位置づけを高いものにしようとしたのであった[3)]。

3つ目は、1960年代後半から1970年代にかけてのさまざまなカリキュラム開発のプロジェクトの成果である。ナフィールド財団やスクールズ・カウンシル[4)]等のさまざまな団体の開発したカリキュラムは、学校におけるカリキュラム開発(school based curriculum development)を自明とした英国の中等学校においては、個々の実践に、大きな影響を与えた。代表的なものとしては、アフリカのサバンナ、北極圏の動物の生態、エスキモーの生活などを題材として、「人間とは何か?」という主題に人類学、生態学、心理学などの方向からのアプローチを目指した「人間——1つの学習コース」(Man: a Course of Study: 通称 MACOS)[5]が挙げられるが、その他にも、健康教育、平和教育、世界学習、政治教育、宗教教育などさまざまな領域における個々のプロジェクトがPSEの特設コースの発展の基礎となっている。

4つ目は、これら個々ばらばらに、学校からのボトム・アップとして開発された実践に対して、PSEという名のもとでの統合の試みが主に1980年代に入ってからなされたことである。1979年の勅任視学官による中等教育に関する調査報告書において、人格および社会性の発達(Personal and Social development: PSD)という用語を単に中等教育の目標として示すのみではなく、総体的な取り組み、すなわちPSEとして、実践することを提案した。1983年、1984年には、研究者によるPSEに関する研究書が相次いで出版された。各地方教育当局においては、1982年にデボン(Devon)県からPSME(すなわちPSEにMoralを加えたもの)に関するブックレットが発行されたものが、もっとも早い対応である。1985年に出された勅任視学官による5歳から16歳のカリキュラムに関する調査報告書において、特設コースとしてのPSEの有効性について指摘された。以降、PSEの関する研究団体の活動にも拍車がかかったと言える。

しかしながら、このような多様な実践の中から発展してきた、特設コースとしてのPSEは、中央における明確な枠組みを提示されることのないまま、1988年教育改革法の成立を迎えるのである。

初等学校では、PSEという言葉を意識的に使うようになるのは、中等学校に比べると、比較的最近のことである。ラング(Lang, Peter)は、初等学校においては、PSEは自明なこととされてきたために、これまでに正しい検証がなされてこなかったと指摘している[6]。ともあれ、例えばアストン(Aston, P.)らの研究の中で、初等学校の教師が挙げる教育目標72の中で上位8つのうち6つはPSEに関することであるとアニング(Anning, Angela)が指摘している[7]ようにPSEが初等学校の中心的機能であったことは指摘できよう。初等学校においては、1988年教育改革法までは、カリキュラムの全国基準がなかったことに加え、初等学校の教育内容に強く影響を与えていた11歳試験が中等学校の総合制化に伴って廃止に向かったことにより、各学校のカリキュラム編成は極めて自由度の高いものとなっていた。そうした中で、PSEがねらいと定めるものを実践の中で展開させることは、初等学校においては難しいことではなかった。トピック学習という言葉に代表される初等学校の総合学習は、人文科、社会科学習、健康教育、表現芸術、地域学習などPSEのカリキュラムを構成するものの実際の展開のかたちと言える。例えば、さきに触れた「人間——1つの学習コース」は、統合的な人文科の実践例と考えられるが、探求法、発見学習、ゲーム・シミュレーション、活動などを用いて、子どもたちが、自分独自の方法で学習できるようにしている点で、総合学習の典型事例であろう。こうした実践は、おしなべて1960年代、1970年代に発展してきたものである。

2　PSE台頭の社会的背景

近年PSEが台頭してきた社会的背景を見てみると、一言で表現するならば、ネイスビット(Naisbitt, John)が言うところの「メガトレンド[8)]」による社会的転換の結果、社会からの教育への要請が大規模で変化したことに基づいていると言えよう。レイダー(Ryder, JudIth)とキャンベル(Campbell, Lesley)は、現代の社会状況の特徴を次のようにまとめている[9)]。すなわち、技術の革新、生活水準の向上などの変化、片親やゲイの両親など新しい家族形態、選択と選択過剰、不平等、法と秩序の問題、東西や宗教、民族などの対立の問題、福祉国家の崩壊、伝統的宗教の崩壊などが挙げられる。

こうした社会的文脈の複雑化により、より多くのより良い職業ガイダンスが必要とされたこと、また成人になることへの手助けとして喫煙、飲酒、薬物使用のための健康教育が必要となったこと、さらに多文化教育やより良き市民としての教育の必要性が出てきたこと、等がPSEの展開に拍車をかけたと言える。

3　PSEの理論的背景

PSEの理論については、次節において詳説するが、ここでは、次のことを指摘しておきたい。レイダーと　キャンベルによれば、PSEの理論(そして実践)には、歴史的に3つの大きな教育的イデオロギーが存在していると言う。それらは、経済効率性、児童中心主義、社会的公正である(図3-1)。そしてそれぞれのイデオロギーの支持者が共通する教育観は、(教育が)時間を費やす価値のあるものであることと、社会の進歩の手段となるものであることという点のみである。むしろ、それぞれのイデオロギー同士による食い違いは明らかであり、さらにまた、地域の圧力や財政的問題、学校組織におけるマイクロ・ポリティクスなどにより、(PSEの理論においての)多様な姿が実現することになる[10]。

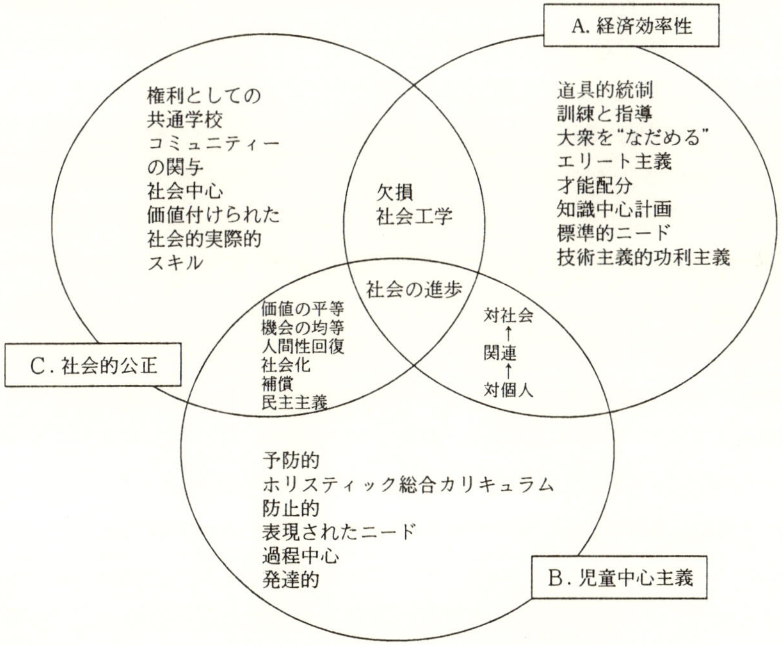

図3-1　3つの教育的イデオロギー

出典) Ryder, J. & Campbell, L., *Balancing Acts in Personal, Social and Health Education*, Routledge, 1988, p.64.

4　パストラル・ケアとの関係

イギリスでは、人格形成に関わるものとして、パストラル・ケアという考え方がある。パストラル・ケアは、牧師(pastor)による信徒たち(子どもたち)への精神的・道徳的な継続的配慮のことを指す。パストラル・ケアという用語は、1965年の中等学校の総合制化に拍車がかかって以降に、県立総合制中等学校において頻繁に使用されるようになった。教育の文脈においてのパストラル・ケアの定義は、難しいとされているが、岩橋法雄氏らによると、パストラル・ケアは、「学校が取り組む生徒への福祉の諸機能の総称」であると言う[11)]。このように、パストラル・ケアの概念は極めて包括的である。その内実に関しては、勅任視学官の報告書に示されている定義である「教授・学習の質、子ども、教師、教師以外の大人間の関係の質、学問的人格的社会的な子どもの全体的進歩をモニターする手だて、特定のパストラル構造と援助制度、校外活動や学校のエトスを通して、子どもの人格的・社会的発達を促し、肯定的態度を育てることに関係する」を受けて、ベスト(Best, Ron)は、パストラル・ケアは構造、制度、関係、教授の質、モニター制度、校外活動とエトスを通して達成されるものであるとしている[12)]。もっともラング(Lang, P.)の指摘によれば、1974年にマイケル・マーランド(Marland, MIchael)がパストラル・ケアに関する研究書[13)]を出して以来、20年の議論を経ても、有効なコンセンサスに達成し得ていないと言う。

いずれにせよ、パストラル・ケアは精神面に深く関わった援助を指すものでPSEとの共通点を多く持つ。この両者の関係については、例えばナットール(Nuttall, L.)はパストラル・ケアをPSEの一部ととらえている[14)]。他方ワトキンス(Watkins, ChrIs.)は、PSEをパストラル・ケアの一部ととらえている[15)]。また、岩橋法雄氏らも指摘しているように、パストラル・ケアには、管理の側面が入っており、さらにハーグリーブス(Hargreaves, A.)の指摘によれば、パストラル・ケアは、現実には管理、規律、罰でほとんど占められているという[16)]。ラングは、パストラル・ケアの発達を4つのフェーズに分けて論じているが、それに従えば、パストラル・ケアがこのような形態であったのは、1950年代から60年代後半なのであり、以降は、個人のさまざまな問題への取り組みとして、職業的・教育的カウンセリングによるサポート(60年代後半から70年代後半まで)、人格的・社会的道徳的発達を目指し人格的または対人関係的スキルの発達を目指した、パストラル・カリキュラムの出現(70年代後半から80年代前半まで)を経て、変化してきている[17)]。ガイダンスおよびカウンセリングの理論と手法が学校教育に取り入れられるという流れの中で、英国の学校教育の文脈においては、パストラル・ケアという用語を用いつつ、情意教育の機能を論じることが一般的になっている。パストラル・ケアは、訓育もしくは生徒(生活)指導に限られるものではないが、陶冶、教科指導への関わり方は、前段において示すようなPSEの関わり方ほどではない。そうではあっても、個人の人格的成長を促すカリキュラムとしてパストラル・カリキュラム[18)]という用語が使用される場合があるように、パストラル・ケアとPSEはほぼ同義語と考えてもよかろう。パストラル・ケアに関する全国研究究団体(National Association for Pastoral Care in Education)は、同団体の発行する定期刊行研究雑誌の副題に1988年第1号よりPSEを付記した。このことは、パストラル・ケアとPSEはほぼ同義語であるという解釈を裏づけるものである。

いずれにせよパストラル・ケアの実践と合流することにより、PSEは、カウンセリングの理論と手法を含めた情意教育としての色彩を色濃く持つようになったと言える。

ここでもう1つ重要な点は、パストラル・ケアが、パストラルな活動を重視したことで、学校教育の中で、アカデミックな側面とパストラルな側面を切り離して考えるという危険性が出てきたことであるが、マーランドが指摘するように、パストラル・ケアにおいては両者を切り離さないことが重要である[19)]。同様に、PSEにおいては、情意教育としての色彩が強いながらも、認知的もしくは教科領域と情意的領域を切り離して考えるべきものではないと指摘しておく必要がある。

第2節　PSEの理論と諸相

1　PSEの多面性

PSEは、子どもの人格および社会性の発達を目指した教育を総称している。英国では、1980年代半ばより、頻繁に使われ始めた用語である。PSEという用語は、狭義と広義に分けることができる。狭義のPSEとは、中等学校で見られる特設コースであり、内容的には総合化されたものである。広義のPSEとは、一教科に限るものではなく、哲学、カリキュラム、教授・学習スタイル、ガイダンス・プログラム、行事や活動、インフォーマル場面を含んだ広範囲なものである。表3-1は、ノフォーク(Norfolk)県から出されたパンフレットに示された、PSEの位置づけである。

表3-1　PSEの位置づけ

それは何か？	学校の中のどこに見られるか？
哲　学	エトス；児童中心教育；校則；賞罰；平等への関心と機会；協定方針（例：学校経営、展開計画、趣意書、スタッフのハンドブック）
カリキュラムの一部	特設教科（例：PSE、キャリア教育）、クロス・カリキュラー・トピック、構成的活動、テュートリアル活動、他教科における課題
教授・学習スタイル	教授スタイルにおける多様性、アクティブ・ラーニング、児童中心学習、経験学習、相互グループ活動
ガイダンス・プログラム	パストラル・ケア、ガイダンス・プログラム、フォーム・テュータ（ホームルーム担任）の時間、達成記録システム、集会、合同会話の時間（始業の時、終業の時）
計画的体験	宿泊体験、課外クラブ活動、野外教育、地域活動、勤労体験、学校訪問、特別行事
非計画的体験	校庭、食堂、廊下、大人と大人・大人と子ども・子どもと子どもとの関係

出典）Norfolk County Council Education Committee, *Personal and Social Education, A Statement of Policy for the Curriculum 5–16*, 1992, p.5より。

2　PSEの3分類モデル

ラングは、PSE（およびパストラル・ケア）を、1）応答的(Responsive)モデル、2）予防的(Proactive)モデル、3）発達的(Developmental)モデルという3つのモデルに分類することを提案しているが[20)]、多面的なPSEを理解する上で有益と思われる。

1）応答的(Responsive)モデルは、教育上の、あるいは人格および社会的性質の問題をすでに抱えている生徒に対して、援助や個別のガイダンスを行うものである。危機介入や教師やフォーム・テュータ(ホームルーム担任)、教育心理専門官による個別の援助、や他の専門機関への依頼などがそれにあたる。2）予防的(Proactive)モデルとは、例えば薬物中毒など人格的社会的あるいは教育上の困難に対して生徒が対処できるように計画された個別ガイダンスやプログラムもしくは行事などである。エイズのプログラムやいじめに対処するグループ・ワーク、争い、ジェンダーの問題、健康・道徳・価値教育などもここで取り扱われる。3）発達的(Developmental)モデルは、自己主張訓練、対人関係訓練、自己肯定の育成など、生徒の社会発達や人格的有能性を高めるための個別ガイダンスやプログラム、カリキュラムである。健康教育、道徳教育、価値教育、人権教育などは、ここで展開される。

表3-2からも明らかなように、これらの3つのモデルは、いずれもPSEと深い関係にある。とりわけ強いつながりを持つのは、3）発達的(Developmental)モデルであろう。さきに示した、狭義のPSEであるPSEの特設コースは、まさに、発達的モデルと言える。

3　PSEの目標概念

勅任視学官による「カリキュラム問題シリーズ」の1分冊である『5歳から16歳のためのPSE[21]』は、中央政府からの政策文書の中では、PSEに関してもっとも詳しく扱っているものである。さきに指摘したように、PSEの内容は宗教教育と同様、中央政府レベルでは規定されていないが、同文書が、PSEの在り方に一定の影響を与えていることは、各LEAが発行するPSEに関するパンフレットにおいて、同文書を引用している場合が多いことからもわかる。目標という言葉を、目的(aims)の下位概念としてとらえ、英語では、objectivesを想定してみると、同文書に掲げられたPSEの目標は、まず大項目として、1）人格的資質と態度、2）知識と理解、3）個人的社会的能力と技能という3つを立ててそれらを子どもに提供するものとしている。表3-2がそれぞれの内容である。

表3-2　勅任視学官によるPSEの目標

1）人格的資質と態度	
	＊独立心 ＊自己依存、自己規律、自己尊重 ＊課題や挑戦に対して進取的で忍耐的に取り組む ＊他人についての配慮 ＊法律の過程や他人の法的権利への尊重とともに、公平心を持つ ＊自分と違った人生の送り方や意見・考えを他人への配慮に立って尊重する ＊自分で実際行動できない人への心からの関心によって行動する準備がある ＊民主的方法で地域社会が健全であることを促すための関与をする ＊自然保護、創られたものを含めた物理的環境への関心を持つ
2）知識と理解	
a）自分自身、他者、そして環境	＊自身の特定の強さや弱さに関する気づきの増大に伴った自身の人格、ニーズ、能力、関心 ＊感情的、心理学的、社会的発達の本質についての気づきに伴った人間の成長 ＊生物学的要請、身体的特性、文化的背景における自身と他者との類似性と相違性や、その相違性が人々の関係や関わりの方法に含まれる意味への気づき ＊精神的身体的健康を促進するような人生をどのように送るかや、病気、無力、事故の危険が増大するような生き方をどう避けるか。健康的な生き方のそのような側面は、喫煙、過度の飲酒、薬物濫用からの回避を一般に含む ＊家族、仲間集団、友人、仕事における関係の性質 ＊いじめられたり、虐待された時の反応の仕方 ＊より広い環境と同時に身近な環境の中で、自分や他者が良きにつけ悪しきにつけどのように変化の原因を作ることができるか、すなわちそれらについてどう責任を持つか
b）社会的責任	＊規則の本質、何故それが存在し、法律とどう違うのか ＊法律が作られ実行される構造と手順 ＊法律が制定される主要な理由と法律が支持され、また異議が唱えられる正当な方法 ＊健全な生活や安全な社会を促進する法律の本質 ＊法律上の情報や助言の資源 ＊性的関係や結婚における法的および道徳的側面 ＊職業機会の理解を含む仕事の本質とそれが個人的向上心にどのようにどうつながるか ＊社会集団が経済的、政治的、社会的に構造化される方法 ＊市民としての権利と責任 ＊民主的社会における意思決定
c）道徳的観念と行動	＊道徳的コードの本質、それらのコードが集団や文化間によって多様であること、特定のコードを適用する結果 ＊宗教的信仰や特定の哲学に照らして道徳的観念やコードがどう正当化されるか ＊西洋文化においては、道徳的観念や行動は個人的責任とそのような立場が防衛され、また吟味される方法の究極的問いであると広くとらえられている事実
3）個人的社会的能力と技能	
	＊日常生活に必要とされる技能ができる ＊他者の見解を聴き、自身の主張を明確に適切にする ＊利用できるエビデンスに基づいた賢い選択をする ＊馴染みのない人々や状況に自信を持って効果的に取り組む ＊自分の失敗や予測し得ない結果をもたらす社会的状況から学ぶ ＊現実の状況においてどうすべきかについての道徳的判断を下し、正当化し、必要に応じて実践する ＊個人、家族・学校・地域社会の一員として主導権をとり責任をとる ＊民主主義の一員として行動する

4　PSEのカリキュラム

ワトキンス(Watkins, C.)は、PSEのカリキュラムを、①目標、②内容、③学習の場、④授業における側面、⑤教授のスキルと方法の5つの項目に分けて記述することを試みている[22)]。

①目標としては、以下のようである。すなわち、ⅰ）見聞に基づいた決断をするための合理的な思考法と批判能力を養う、ⅱ）健康的なライフスタイルにつながる要因の理解を通して、健康の維持に向かう責任ある態度の育成を促進する、ⅲ）効果的な対人関係の発達のための機会を提供する、ⅳ）知識を吸収し、自主的に学習し、継続的な学習への肯定的態度を持つ能力を発達させる、ⅴ）生徒が社会変革へ影響を与えるような考えや意見をコミュニケートするスキルを発達させる機会を与える、ⅵ）人々が人生を理解し、その行動の基盤とするような信条や信仰、文化を生徒が理解し尊重する機会を提供する、ⅶ）生徒の現在の人格的・社会的体験を理解する。

②内容については、他の教科を構成する内容よりも個人的でオープン・エンドなものであるとし、以下の7つの自己(セルフ)すなわち身体的自己、性的自己、社会的自己、職業的自己、道徳的／政治的自己、学習者としての自己、組織における自己に関係する領域をカバーするとしている。

③学習の場については、一言で言えば、「全校アプローチ」である。すなわち、テューターの時間、専門家による専門のガイダンスの時間、教科の時間、教室における不定期のカリキュラム、授業の時間割外の活動、宿泊体験、勤労体験、学校組織と環境、コミュニティーとの連結などを含む。

④授業における側面として検討すべきは、一般教科の目標や内容にも関係するものがあることである。また授業の中で、発達するスキルとして、コミュニケーション、問題解決、反省、行動計画、主張などを挙げている。

⑤教授のスキルと方法は、いわゆる「活動的学習(action-learning)[23)]」の重視が指摘できる。

5　PSEの展開の諸相

先述の通り、PSEは個人そして社会人としての人格形成に寄与するあらゆる教育活動の総称であることから、その展開は、さまざまな相からとらえることができる。ここでは、1）特設教科(PSEコース)およびその他の教科、2）教育方法、3）課外活動・野外学習、4）テュートリアル活動、5）評価、6）全校アプローチという相について概説する。

(1)　特設教科(PSEコース)およびその他の教科

中等学校における特設教科であるPSEコースは、PSEの展開においてもっとも象徴的な相であろう。それらは必ずしも、Personal and Social Educationという名をコース名に使っているわけではなく、Social and Life Skill, Design for Living, Social Education, Social Studiesなどと呼ばれる場合もある。これらの現況については、多くの調査がされているわけではない。ここでは、勅任視学官によって、1986年秋学期より1987年春学期までに21の中等学校においてなされた調査結果をもとに、見てみることとする　。

まず、PSEコースの中でどのようなテーマ、トピックを取り扱っているかについては、**表3-3**のような結果が出ている。

これらのコースの成立のきっかけは、学校独自、地方教育当局、技術職業訓練計画(TVEI)などさまざまである。多くは1982年来行われているが、始まったばかりのものも含まれると言う。但し、それらの目標が明示されてはいるが、カリキュラムにおける位置づけは必ずしも明確でないと指摘されている。

表3-3　PSEコースにおけるテーマの実例
（勅任視学官による21校の調査から）

コースにおける主要なテーマとトピック	21校におけるおよその百分率
健康教育	80
キャリア教育	60
政治教育と国際問題	55
道徳、宗教教育	50
個人関係と責任	45
地域社会と社会学習	40
法律問題	35
学習技術　経済問題	25
親教育	15

出典）DES, *Report by HM Inspectors on A Survey of PSE Course in Some Secondary School, Carried out: Autumn 1986–Summer 1987*, DES, 1988.

これが(勅任視学官の調査した)各学校において、どの程度の割合で実践されていたかについては、**表3-4**に見られるようにまちまちである。

すなわち、第1学年から第5学年までにわたり、週に約4時限分をとる学校から第4、および5学年のみ、週1時限というものまで多岐にわたっている。

その他の教科においても、例えば歴史では共感能力、地理では他の文

表3-4　PSEコースの時間配分の実例
（勅任視学官による21校の調査から）

PSEコースの時間配分：一週あたりの時間配分（括弧内はカリキュラム時間の%）						
学校	1学年	2学年	3学年	4学年	5学年	1～5学年の
A	140分 (10.0)	140分 (10.0)	140分 (10.0)	140分 (10.0)	140分 (10.0)	10.0
B	60分 (4.2)	60分 (4.2)	60分 (4.2)	60分 (4.2)	60分 (4.2)	4.2
C	35分 (2.5)	35分 (2.5)	35分 (2.5)	70分 (5.0)	70分 (5.0)	3.5
D	35分 (2.5)	35分 (2.5)	35分 (2.5)	35分 (2.5)	35分 (2.5)	2.5
E	70分 (5.0)	0分 (0.0)	0分 (0.0)	70分 (5.0)	70分 (5.0)	3.0
F	0分 (0.0)	0分 (0.0)	0分 (0.0)	210分 (15.0)	210分 (15.0)	6.0
G	0分	0分	0分	130/140分	130/140分	4.0
H	0分 (0.0)	0分 (0.0)	0分 (0.0)	70分 (5.0)	70分 (5.0)	6.0
I	0分 (0.0)	0分 (0.0)	0分 (0.0)	35分 (2.5)	35分 (2.5)	1.0

出典）*Ibid.*

化の理解、英語では感情の発達、宗教教育では道徳的判断などに相当する部分などがPSEと深い関わりを持つ教科領域は少なくない。

⑵　**教育方法**

初等学校においては、従来から統合的アプローチによる、教育実践が典型であったが、PSEについても、その中で実践される場合が多い。すなわちトピック学習、テーマ学習などと称される中で取り組まれるものである。また中等学校も含めて体験学習、アクティブ・ラーニング、グループ・ワークなどと称される教育方法によって展開されている。中等学校では、先項のPSEコースにおいて、こうした教育方法が用いられる場合も多い。このような中で、例えばさきに挙げた勅任視学官によるPSEの目標に見られる〈独立心〉〈自己保存〉〈自己規律〉〈自己尊重〉〈課題や挑戦に対して進取的で忍耐的に取り組むこと〉〈他人についての配慮〉などを涵養するのである。

⑶　**課外活動・野外寄宿学習**

課外クラブ活動やソサイエティーの活動といった課外活動は、協同作業や集団活動をするという点において、PSEに大いに寄与すると考えられる。しかしながら、チーム・スピリットが、個人の競争心に替わったり、責任あるリーダーシップが教師の権威主義のへたな模倣へと替わったりしてしまうことや、中等学校においては、一部の生徒のためのものとして限られてしまうものであるというような危惧からPSEの機能として、信用しない向きもある。

また野外教育センター、ユースホステル、学校の宿泊施設、交換プログラムにおける寄宿学習も、PSEの一側面である。

(4) テュートリアル活動

(フォーム)テュータとは、中等学校において典型的に見られる、生徒指導を主なる役割とした、いわばクラス担任である。(フォーム)テュータは、「テュートリアル時間」を設けている場合が多いが、その中で生徒指導的役割を果たすなど、PSEの領域の一部を担うのである。

(5) 評　価

PSEにおける評価とは、PSEの活動をどう評価するかという点に加え、学校においての評価活動がPSEの視点から見るとどうあるべきかという視点が重要であろう。

PSEの視点から見た評価活動の在り方を開発したものとして「達成記録(Record of Acheivement)」が挙げられる。これは生徒が何をなし、何ができるかを記録した学校離学の証明としての達成の詳細な記録であり、1970年代、80年代を通して高まりを見せ、1990年代には、学校教育の中に定着した。

PSEの観点において、重視すべき「達成記録」の側面は、1）認知面のみならず情意面要素をカバーすることを強調していること、2）生徒の学習や達成のための動機づけのために生徒の自己評価および教師との話し合いによる評価を重視していることが挙げられよう。

(6) 全校アプローチ

PSEに関係しない学校の側面はない。そこで、学校全体がPSEに対して意識的に、体系的に取り組むことが要求される。そこでは協動性、統一性、学校エトス、教師生徒間の関係が重視されなければならない。全校アプローチを展開する中で、極めて重要な地位がPSEコーディネーターである。これは、教師集団がPSEにどう貢献しているかを評価することへの手助けをし、担当職員にリソースや関係資料を用意し配布し、INSETの機会の提供し、プログラム作成とグループ間のコミュニケーションの手助けし、理事会への年次報告の作成する、等の役割を持つ。PSEコーディネーターの役割で注目すべきは、各教科のカリキュラムに対して、PSEの視点から要求事項を提出することである。これは、教科の構造的連関がPSEを核として成立する上で極めて重要である。

注

1）Hargreaves, A., et al., *Personal and Social Education–Choices and Challenges,* Basil Blackwell, 1988.
2）*Ibid.*, p.30.
3）*Ibid.*, p.32.
4）スクールズ・カウンシルは、カリキュラム開発と試験制度の調整機関として1964年に設置され、多面にわたったカリキュラム開発プロジェクトを手がけた後、1982年に廃止された。
5）伊東博『自己実現の教育』明治図書、1980年、129-130頁。
6）Lang, P. ed., *Thinking About, Personal and Social Education in the Primary School,* Basil Blackwell, 1988.
7）Aning, A., *The First Year at School,* Open University Press, 1991, p.12.
8）ジョン・ネイスビット『メガトレンド』南雲堂、1990年。
9）Ryder, J. & Campbell, L., *Balancing Acts in Personal, Social and Health Education,* Routledge, 1988, p.42.
10）*Ibid.*, pp.63-64.
11）ダフネ・ジョンソン編、岩橋法雄・福知栄子他訳『イギリスの教育と福祉—問われる学校の責任と限界』法律文化社、1983年。
12）Best, R., "Concepts in Pastoral Care and PSE", in Best, R, Lang, P., Lodge, C., & Watkins, C., *Pastoral Care and Personal–Social Education–Entitlement and Provision,* Casell, 1995.
13）Marland, Michael, *Pastoral Care,* Heinemann Educational Books, 1974.
14）Nuttall, L., "Transmitted, Caught or Taught? A Whole School Approach to Personal and Social Education", in *The Journal of the National Association for Pastoral Care in Education,* Vol.6, No.1, March 1988.
15）Watkins, C., "Does Pastoral Care＝Personal and Social Education", in *The Journal of the National Association for Pastoral Care in Education,* Vol.3, No.3, March 1985.
16）Hargreaves, A., et al., *op.cit.*, p.170.
17）Lang, P., "International Perspectives on Pastoral Care (Affective Education)", in Best, R. et al., eds., *Pastoral Care and Personal–Social Education–Entitlement,*

Cassell, 1995.

18) 藤田英典『教育改革』岩波新書、153-168頁。

19) Marland, M., *op.cit.*, p.2.

20) Lang, P., *op.cit.*, 1990, pp.271-273.

21) Department for Education and Science, *Personal and Social Education from 5 to 16, Curriculum Matters 14,* An HMI Series, HMSO, 1989.

22) Watkins, C., *op.cit.*, 1995.

23) ここで言われる活動的学習とは、わが国でも最近取り上げられることの多い体験学習(experiential learning)と同義である。その理由は、ワトキンスによる活動的学習(action-learning)の説明がコルブの体験学習理論を援用しているからである。コルブの体験学習理論については、Kolb, D., *Experiential Learning,* Prentice Hall, 1984参照。

第2章
1988年教育改革法後のカリキュラム政策とPSEの展開

第1節　ナショナル・カリキュラム体制下のPSEの位置づけ

1　1988年教育改革法下のカリキュラム体制

1988年７月に成立した「1988年教育改革法」は、公費維持学校に在学する５歳から16歳の義務教育年齢の児童・生徒に全国共通カリキュラム（ナショナル・カリキュラム）の履修を義務づけた。ナショナル・カリキュラムとは、中核教科とされる英語・数学・理科にその他の基礎教科である、歴史・地理・技術・音楽・美術・体育・外国語（中等学校のみ）を加えた10教科を指す。そしてそれぞれの教科について、到達目標、学習プログラム、評価手順を大臣が定めることとした。国が直接的にカリキュラムに関わることのなかった英国では極めて画期的なことであり、数多くの反論が関係各団体・機関から寄せられることとなったと言われる[1)]。

(1)　ナショナル・カリキュラム体制の特質

わが国の視点から検討したとき、1988年教育改革法のカリキュラム体制は、いくつか特筆しておくべき点がある。それは、①ナショナル・カリキュラムは、全体カリキュラムではないこと、②各教科ごとの授業時数を指定することを禁じていること、③各教科の到達目標や学習プログラムがかなりの柔軟性を持った基準であること、④各教科の評価手順は、毎年春学期に行われる教員による継続的な評価と夏学期に全国一斉に行われる標準評価課題（Standard Assessment Tasks）との融合によってなされるものであること、そして各学校におけるそれらの集計結果が公表されることである。

⑵　ナショナル・カリキュラムへの批判

ナショナル・カリキュラムへの批判は、大きく、①導入そのものへの批判、②内容もしくは在り方への批判、③さらに②のうちの評価の在り方への批判に分けることができる[2)]。実際、1989年の導入開始以後、その批判は①よりも、②もしくは③が中心となっていった。

②のうちの１つは、ナショナル・カリキュラムの構成要素が、例えば環境教育や経済教育などの現代的な課題を取り扱う領域を含んでいないことである。もう１つは、ナショナル・カリキュラムで定められた各教科の到達目標の量の多さである。ナショナル・カリキュラムが全体カリキュラムではないとは言いながら、各教科で定められた到達目標を合計すると、ナショナル・カリキュラムの指導だけで、全体の時間の100％をはるかに越えてしまうことが指摘された。

③については、とくに教員による継続的な評価とともに行われる標準評価課題に関してが多かった。ナショナル・カリキュラムの評価の在り方を規定することとなった『TGAT レポート[3)]』の勧告により、形成的な評価や過程主義を重視した評価方法を目指し、標準評価課題においても、当初は、通常の授業の中で、一定の時間をかけながら、個々の生徒に課題を与えて、観察法によって評価を進めていくという方法が開発された。しかしながら、その方法の複雑さや教師への負担などにより、反発が強く、結局は、紙と鉛筆による単純な試験にとって変わってしまった。

⑶　デアリング・レポートと修正ナショナル・カリキュラム

1993年４月、政府は、カリキュラムの大々的な調査と修正を決断し、それまでカリキュラムの開発母体であった全国教育課程審議会(NCC)および学校試験評価審議会(SEAC)を統括した学校カリキュラム評価機構(SCAA)の議長に中央行政の豊富な経験を持つサー・ロン・デアリングを任命すると同時に、同氏に対し、ナショナル・カリキュラムの見直しを諮問した。この見直し作業により、同年６月には中間報告を提出、さらに同年12月には最終報告書を提出した[4)]。これらを『デアリング・レポート』と呼んでいる。同レポートを受けて、立法化された修正ナショナル・カリキュラムは、1995年に導入が開始され以後５年間は修正なしとされた。

同レポートによって示された勧告の目的は、ナショナル・カリキュラムの量的削減を図るとともに、教師の専門的判断を信頼し、教師自身もしくは、学校に自由裁量権を与えることとまとめることができる。量的削減の具体的な目標としては、キー・ステージ1からキー・ステージ3まで(すなわち5歳から14歳まで)は、学校が自身の裁量で使える時間を週に1日分は確保するということである。同ステージでは、評価手順のうち標準評価課題については、中核教科(すなわち英語、数学、科学)に限ることとされた。なお、標準評価課題については、できるだけ簡略化されたものとすることが付言された。キー・ステージ4(すなわち14歳から16歳まで)については、必修は、英語、数学、第1理科、体育、宗教教育、性教育、現代外国語、技術の短期コースに限ると勧告された。同ステージにおける評価は、外部の共通試験である中等学校一般資格試験(GCSE)やその他の認定された資格によってされるべきとされた。このように、ナショナル・カリキュラムは実質的に、キー・ステージ3までのものとなった。

(4)　新しい学校視察

1992年教育法により、すべての公費維持初等中等学校は、4年に1度の視学官により学校視察を受けなければならなくなった。視学官の訓練や学校と視察チームとの契約に責任を負うことを目的に、独立法人である教育水準庁(Office for Standards in Education)が設置された。学校視察の内容のうち、教育内容については、ナショナル・カリキュラムに限らず、健康教育、性教育、薬物誤用を含めたPSEに関してや、キャリア教育とガイダンス(中等学校)、スポーツを含めた、課外活動などや児童生徒の精神的・道徳的・社会的・文化的発達に関しての取り組みなどについてを含むことが示された[5)]。この学校視察の内容は、報告書として教育水準庁に提出されるとともに、一般に公開されるものである。このことは、各学校の教育実践において、ナショナル・カリキュラムのみでなく上記のような内容に注目が向けられることのインセンティブになったことは間違いない。

2　1988年教育改革法下のPSEの位置づけ

1988年教育改革法は、その掲げる教育目標からPSEを不可欠ととらえることができる。さきに触れたように教育目標である「学校や社会において、児童・生徒たちの精神的・道徳的・文化的・知的・身体的発達を促し、成人後の人生における機会、責任、経験に対して児童・生徒に準備させる」ような「均整のとれた幅の広いカリキュラム」を提供するためには、「全体カリキュラム」が必要であることが指摘されているが、その中心的な役割を果たすものは、PSEである[6)]。

もともと、ナショナル・カリキュラムの基礎教科に狭義のPSEを含んでいないことから、重視していないと考える向きもあったが、PSEがカリキュラム全体に関与する総合学習であると考えれば、一教科として含まれなかった事自体は、不思議ではない。そしてさきにも触れたように、ナショナル・カリキュラムの持つ構造的な問題、すなわちナショナル・カリキュラムの課す全体量の多さや評価手順が要求する教科主導型の指導への依拠などが解決の方向に向かうことにより、PSEの実践の可能性は高くなったのである。

第2節　イングランドにおける各地方教育当局および学校の対応

1　PSEに関する各地方教育当局の対応

前節で見たように、ナショナル・カリキュラム体制において、PSEはある意味で中心的な役割を果たすことが認められているが、同時に法令教科として認められていないということからも、どのように展開されているものかを図り知ることは難しい。そこでここでは、各地方教育当局の取り組みについて見てみることとする[7)]。

(1)　ガイドブック等の発行状況

各LEAがPSEに対してどの程度、どのような取り組みをしているかを把握する上で、各LEAがPSEに関するガイドブック、ガイダンス等を発行しているかどうかが1つの目安となろう。著者らのイングランドの地方教育当局(LEA)に対するアンケート調査結果によると、ガイドブック、ガイダンス等を発行しているLEAは、回答65のうち34のLEAすなわち半数以上であった。それぞれの発行年は図3-5に示した通りである。

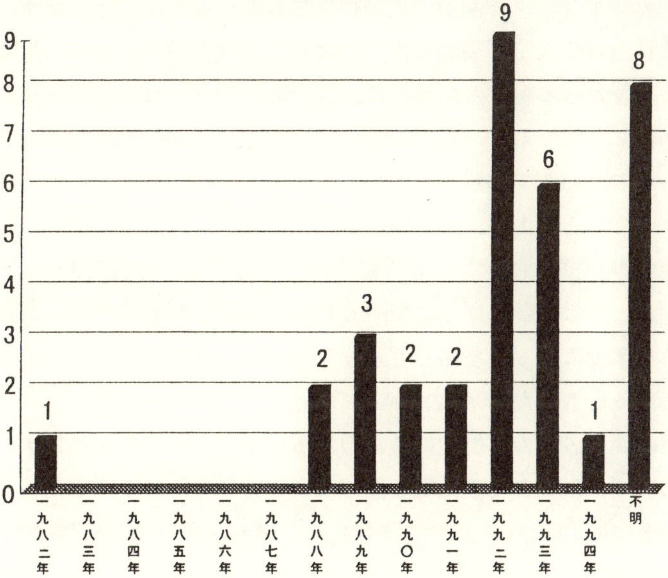

図3－5　PSEガイドブックの発行年

これを見ると、発行年が明らかになっているもののうち、1つを除いたすべてのLEAのものは、1988年以降のものであることがわかる。前章で触れたように、PSEという用語が学校教育の中で散見されるようになったのは、1980年代になってからであるが、PSEのガイドブック等の発行状況から推察するに、各LEAにおいてPSEに関する取り組みが本格化したのは、1988教育改革年法後であると言えよう。1992、3年で計15のLEAが発行しているのは、さきに触れたように1990年に全国教育課程審議会によるナショナル・カリキュラムのカリキュラム・ガイダンスシリーズ3において、PSEの必要性が唱えられ、その展開の主要なものとして5つのクロス・カリキュラー・テーマが提案されたことが引き金となっていよう。1994年の数値が少ないのは、われわれの調査時期(1993年9月)との関係による。そしてPSEのガイドブック、ガイダンス等を発行するLEAは、以後はさらに増えたことが予想されよう。

(2)　実践動向

それでは、PSEは、実態としてどの程度どのように実践されているのであろうか。カリキュラム体制が中央集権化されているとはいえ、元来、各学校にその教育内容の決定が委ねられていたという状況の中で、この把握は容易ではない。著者らの調査の回答者は、各LEAの視学官ないし指導主事であったが、回答した65のLEAのうち該当項目に回答のなかった6つのLEA以外は、何らかのかたちで実践をしていると答えている。但し、その方法等は多岐にわたっている。実際、21のLEAは、「各学校によって多様である」と答えている。中等学校においてPSEの特設時間を設けていると回答したLEAは、31であった。また健康教育とつなげて教えていると答えているLEAが6つあり、さらに学校によって多様と答えた21のLEAの中には、PSEの特設時間を設置していると答えたLEAと重複しているところ(6LEA)もあるが、それ以外にも特設時間の設置の可能性は考えられるので、かなり多くのLEAは、中等学校において、PSEの特設時間を設けていると考えられる。また初等学校においては8つのLEAがトピック学習という総合学習の中で実践されていると答えている。

各LEA内においてのPSEの実践の実態は、当該LEAにおいてもそれほど把握されてはいない。われわれの調査では、65のLEAのうち、15のLEAが調査をしていると答えている。さらにそのうち、その調査報告が資料として入手可能(すなわち公表されている)なのは、5つのLEAのみであった。

(3)　各種ガイドブック、ガイダンスに見られるPSEの特徴

さて、各LEAから出されているPSEに関するガイドブック、ガイダンスを検討することによって、PSEの状況はもう少し詳しく明らかになるであろう。ここでは入手できた8つのLEA、すなわちノーフォーク(Norfolk)、ダラム(Durham)、ノース・ヨークシャー(North Yorkshire)、オックスフォードシャー(Oxfordshire)、マートン(Merton)、サルフォード市(City of Salford)、ウォーリック(Warwick)、イーリング(Ealing)のガイドブック、ガイダンスの検討をもとにPSEの特徴を述べてみたい。これらは、宗教教育のアグリード・シラバスやナショナル・カリキュラムの各教科のように加除式のバインダーに納められた大部なものではなく、どちらかと言えば薄いパンフレットと言うべきものがほとんどである。もっとも厚いものでマートンの約100頁程度のものである。以下に特徴的な項目を挙げてみよう。

PSEの意義と目標

ほとんどのガイドブックではさきに挙げた1988年法第1条の要請を充たすことがPSEの意義であることを第1に指摘している。換言すれば1988年法の体制下では、PSEが不可欠であることを指摘している。ノース・ヨークシャー(North Yorkshire)では、「教育改革法は、子どものPSEを促進することに最優先の関心を持っている」と記している[8]。またダラムの「政策声明」では、(PSEの意義として)「PSE自体の持つ価値と教育改革法の要請への重要な貢献の双方を認識している」としている[9]。

PSEは、学力達成のための助力となることも指摘されている。オックスフォードシャー(Oxfordshire)のガイドブックでは、その根拠を次のように述べている[10]。もしわれわれが技能がなかったり、あるいは不満や抑圧に打ちひしがれていたり、あるいは他者との関係を持つことができなかったり、あるいは自分自身を信じることができなかったら、われわれは学習することなど不可能である。すなわち、学力達成という、いわば認知的領域の活動のための助力としての情意的領域の効力を指摘している。

PSEの持つ目標については、それぞれが多様な書き方をしているが、例えばダラムでは、PSEの目指すものは、「個々の発達のすべての側面における個人的成長と理解を促す」、「技能の獲得と知識と理解の発達を通して個人の知的、感情的成長を手助けする」、「個人の価値と態度の発達を手助けする」、「個人が効果的にコミュニケートする能力を発達させ、相互的信頼に基づき、肯定的関係を作り上げることができるようにする」ことであるとしている。

それぞれから出されている目標を比較してみると、PSEの鍵概念となるものは、「自己覚醒の発達」、「自己肯定の育成」であることがわかる。これは8つのうち7つのLEAのガイドブックに明記されている。

PSEの実践形態

さきに述べたように、われわれの調査では、PSEの実践形態について、65のうち31のLEAが特設教科(主に中等学校において実践される。PSEコースと呼ぶ場合が多い)によってと答えている。PSEイコールPSEコースと取られられてしまう可能性が高いが、本来は学校の諸活動全般に関わるものであるということは、各ガイドブックに明言されている。例えばノーフォーク(Norfolk)のガイドブックでは、PSEが実現される諸相として〈哲学〉〈カリキュラム〉〈教授学習のスタイル〉〈ガイダンス・プログラム〉〈計画的体験〉〈非計画的体験〉を掲げ、それぞれの具体例を示している。

教育方法もしくは伝達モデル

教育方法もしくは伝達モデルは、PSEにとって極めて重要である。何故ならば、例えばマートンのガイドラインに指摘されているように、いかなる授業も、その方法が子どもの人格や社会性を発達させる機会を与え、子どもが体験したことを考え、学習したことを認識する機会を得られれば、それはPSEに貢献することになるからである[11]。

マートン(Merton)のガイドラインによれば、そのような方法とは学習者中心の体験から学ぶ学習であり、グループ学習であり、学習のための肯定的な環境づくりの重視である。これらはいわば、子ども中心もしくは児童中心のアプローチと称されるものであるが、このような説明をしているのは、マートン(Merton)のみではなく、ノーフォーク(Norfolk)、ダラム(Durham)、ウォーリック(Warwick)のガイドブックにも同様の記述が見られる。そしてこれは、さきの「自己覚醒の発達」、「自己肯定の育成」とも密接に関わってくるのである。

カリキュラムの枠組み

カリキュラムの詳細について明確化しているところはほとんどない。それはLEAレベルからのガイドブックのみならず、ウォーリック(Warwick)が県内のPSEの実態調査をしたところによれば[12]、各学校のレベルにおいても、PSEにおける子どもたちの学習成果の詳細までを示すカリキュラム文書を作成しているところは見当たらないとされている。但し、健康教育、性教育については、別個にブックレットを発行し、詳説しているLEAもある。入手した中でPSEのカリキュラムを段階別に明示しているのは、サルフォード市(City of Salford)のみであった。サルフォード市では、個人関係部門、家族生活と親教育、余暇のための教育部門に分類し、それぞれをキー・ステージ1から5までに分けて、〈知識〉〈概念と理解〉〈技能と過程〉〈体験〉について明示している。表3-6はその一部である。

これまでに指摘してきたように、PSEはカリキュラム全体に関与するもの

表3-6　PSEのカリキュラムの一例（サルフォード市）

KS1 知識	概念と理解	技能と過程	体　験
子どもたちは、以下のことを知るべきである： ・生まれてからこれまで誰が世話をしてきたか？ ・自身の性と他の性	以下のことを理解すべきである： ・他者へのまた他者のための責任性 ・友人とは何か、なぜ友人なのか ・人間関係、友人関係における‘良い’秘密と‘悪い’秘密の概念 ・友人への忠誠対クラスの責任の概念	以下のことができるべきである： ・友人集団を積極的に作る ・順番に行い分かち合うことを示す ・集団内や仲人間での争いを非暴力的、肯定的に処理することを示す ・男女間でお互いの尊重への気づきを発達させることを示す ・自分自身を学ぶことを通して、自己肯定感を高める ・協同活動や意見交換を通して、自身たちや他者を尊敬する	以下の体験の機会を与えられるべきである： ・妥協と協同が必要な状況 ・人間同士の類似性の理解につながる肯定的なアプローチを通じてステレオタイプを突き破る ・過度に主張する人々への対処の方法 ・尊敬そして自尊感情が発達する状況 ・適切な状況の中で、肯定的そして力強く‘NO’という方法
KS2 知識	**概念と理解**	**技能と過程**	**体　験**
子どもたちは、以下のことを知るべきである： ・思春期に起こる身体的、精神的、感情的変化ための成長 ・成人として受け入れられる言語の使用	以下のことを理解すべきである： ・思春期は大きな変化の時期であり、個々は独自のベースで身体的感情的成熟をすること	以下のことができるべきである： ・友人への忠誠対クラスや社会全体への責任の違いを明らかにする ・機会均等概念とすべてのための機会均等への肯定的アプローチを発達させる ・仲間集団の圧力を明らかにし、そのような圧力に過度に影響されることに抵抗する方策を身につける	以下の体験の機会を与えられるべきである： ・成長への不安と関心を明らかにし、それに肯定的に対処する方法を話し合う ・集団がどのように協同するか、そして意見への相互の尊重と他者との作業を通して、より良い作業の関係を作る ・適切な状況の中で、肯定的そして力強く‘NO’という方法 ・役割演技を通して、争いを解決し問題を解決する方法

出典）City of Salford Education Authority, *Reshaping the Curriculum Personal and Social Education Level 2, Final Draft*, 1991.

であるが、ノース・ヨークシャー(North Yorkshire)のガイダンスには、それが包括的に一覧化されている(表3-7)。PSEは表3-7に挙げられている学習領域すべてにおいて、あるいは教科やその他のテーマ、活動においても広範囲に関与するものであることがわかる。この枠組みを構成しているそれぞれにおいて、サルフォード市の例(表3-6)のような、段階別に明示したカリキュ

表3－7　PSEに関する全体カリキュラムの枠組み

				学　習
	表現・美学的	言語的／文学的	数　学　的	身　体　的　／ レクレーション
主な特質	例えば以下のことを発達させる ・多様なメディアの表現、ムード、感情 ・感覚的体験に対する感情的、知的応答 ・想像力、知覚、認識 ・メディアの自然な制御 以下についての理解の発達 ・さまざまなメディアの性格 ・芸術と社会との関係	例えば以下のことを発達させる ・話す、聞く、読む、書くにおける効果的なコミュニケーション ・言語の使用における楽しみと魅力 ・言語とその働きの知識 ・文学とメディアの理解と応答 ・学習の道具としての言語の使用 以下についての理解の発達 ・言語の多様性 ・言語使用の社会的文化的文脈 ・言語間の関係	例えば以下のことを発達させる ・創造性 ・論理的で分析的に考察する能力 ・問題解決のための数学の利用（理論的と実際的） ・数学の言語を用いて数学的考えと情報を使い対話する能力 ・肯定的な人格の資質と態度 ・数学の不思議と興奮についての認識 ・数学の効用と限界の感覚	例えば以下のことを発達させる ・健康と安寧の原理についての知識と理解や人体の発達と配慮への肯定的態度 ・忍耐と卓越性の追求に関する人格的資質：個人やチームの活動における成功や失敗の対処や他者との協力 ・人間の動きとその技能に関する創造的特質の認識 ・個人的社会的安寧への重要な貢献としての特定の身体的レクレーション的活動に関する技能
主要な役割を果たす法令教科	・美術・体育・英語・音楽	・英語・（現代外国語）・メディア学習・（その他の言語）	・数学・科学・技術	・美術・科学・音楽・体育
その他の教科・活動	・（古典） ・ダンス ・ドラマ ・メディア学習	・（古典） ・ドラマ ・メディア学習 ・（その他の言語）	・（経済／ビジネス） ・ライフスキル	・野外学習 ・ライフスキル ・地域学習 ・ドラマ ・ダンス ・地域活動
テーマ	キャリア教育とガイダンス		市民性	
技　能	・コミュニケーション ・情報技術 ・問題解決 ・学習	・コミュニケーション ・情報技術 ・問題解決 ・学習	・コミュニケーション ・情報技術 ・数的能力 ・問題解決 ・学習	・コミュニケーション ・情報技術 ・問題解決 ・学習
次　元		・機会の均等		・文化的

（ノース・ヨークシャー）

領　　域			
科　学　的	社会的／環境的	精神的／道徳的	技　術　的
例えば以下のことを発達させる ・創造性 ・科学的方法の利用能力 ・物理的／生物的／社会的現象の理解 ・社会や文化における科学の役割の批判的気づき ・人間の営みとしての科学の力と限界のバランスのとれた認識 ・肯定的な人格的資質と態度	例えば以下のことを発達させる ・場所、空間、環境、時間、文脈に関する感覚 以下についての理解の発達 ・自然環境と人間による影響 ・過去とその現在への影響 ・人間環境とその個人、集団、社会との相互関係 ・社会における制度の運用 ・経済・農業活動の本質	例えば以下のことを発達させる ・人生や世の中全体の意味についての感覚と確信 ・公平や正義の感覚 ・それぞれの宗教的信念への尊重 以下についての理解の発達 ・精神的／道徳的／心理的問題 ・宗教の多様性とそれらの関係 ・宗教によるシンボル、寓話。類似の利用 ・人間の行動の価値とコード	例えば以下のことを発達させる ・実際的な課題について限られた範囲内において知識や技能を活用する能力 ・想像力および創造的に考え行動する能力 ・科学技術の目的、過程、製品を評価する能力 ・文化や社会における科学技術の役割や効用に対する批判的気づき ・肯定的な人格的資質と態度
・数学・体育・科学・宗教教育・技術・地理	・地理・宗教教育・歴史・（現代外国語）・科学・英語	・英語・音楽・地理・宗教教育・技術・科学・美術・歴史	すべての法令教科
・（社会科学） ・（経済／ビジネス） ・ドラマ ・コミュニティー活動	・（経済／ビジネス） ・（社会科学） ・コミュニティー活動	・（古典） ・（社会科学） ・コミュニティー活動	・（経済／ビジネス） ・メディア学習 ・ライフスキル ・コミュニティー活動

経済産業理解	環境教育		健康教育
・コミュニケーション ・情報技術 ・数的能力 ・問題解決 ・学習	・コミュニケーション ・情報技術 ・数的能力 ・問題解決 ・学習	・コミュニケーション ・情報技術 ・数的能力 ・学習	・コミュニケーション ・情報技術 ・数的能力 ・問題解決 ・学習
多様性		・特別なニーズ	

ラムの詳細が作成されることが課題となろう。

2　各学校の実践

イギリスの学校カリキュラムは、伝統的にSBCDをモットーとしてきたが、1988年教育改革法によって、ナショナル・カリキュラムが制定されたのちにも、その基本的路線が踏襲されているように思える。以下に述べるわれわれの調査は、そのことを裏づけるものとなろう。

とりわけPSEにおいては、ナショナル・カリキュラムと同程度の基準性を持つものが全国レベルにおいて設定されているわけではないので、なおのこと各実践は多様なものとなっている。

(1)　視学官レポートによる各学校における実践の把握[13)]

1992年教育法により、すべての公費維持初等中等学校は、4年に1度、登録視学官の視学を受けなければならないとされた。そしてその報告書は公開されている。著者らは、インターネットに開設されている、教育水準局(OFSTED)のホームページ[14)]から接続されているこれらのデータ・ベースにより、8つの地方教育当局(LEA)における初等学校計23校、中等学校計21校に関する視学報告書を入手し、実践を分析した[15)]。結果の要旨を示すと以下のようになる。

中等学校

① 中等学校においては、21校中20校にプログラム化されたPSEに関する記述がある。

② キー・ステージ4すなわち14歳から16歳においては、キャリア教育と直結させてPSEを展開している。

③ 健康教育、性教育はPSEの中で展開される場合がほとんどである。科学、体育とつながる場合もある。

④ 宗教教育と一体にし、PSREと呼ぶ学校もある。

⑤ キー・ステージ4では専門教師によって担当される場合もあるが、多くはPSEは、フォーム・テュータ(担任)によって教えられる。

⑥ 時数は週1回から毎日までさまざまであり、1回の時間も、15分、20分、30分などさまざまである。30分の場合でも視学官からは十分でない

という指摘を受けている。

初等学校

① 23校中7校の報告書にのみ、PSEのプログラムプロパーの記述がある（他は実践がないという意味ではない）。

② トピックとして取り扱っていると明記している学校もある。

③ 「サークル・タイム(circle time)」という自己概念向上・対人関係のためのプログラムを中心に展開している学校がある。

(2) アンケート調査による各学校における実践の把握

各学校のカリキュラム実践をさらに詳細に把握するため、前節に示した対象校に対して郵送によるアンケート調査を行った(1996年6月)。以下にそのまとめを示す[16)]。

中等学校

① 回収校は、24校中9校である。

② PSEのカリキュラムにおける位置づけは、特設コースが7校、テュートリアル時間が5校(うち4校は特設コースとテュートリアル時間共、さらに1校はナショナル・カリキュラムの教科および宗教教育を含む)。

③ 特設コースがある場合の名称は、PSE(4校)、PSキャリア教育、キャリア教育、Skill for Life、General Studiesとなっている。コースの担当教員は、テュータ、教員(訓練されたPSEの教員、宗教教育、体育、健康教育)、教頭。週1回(45分もしくは50分)がほとんど。2校はそれに加えてフォーム・テュートリアル時間。評価は参加に対しての観察や自己評価が用いられる場合がある。レビュー・シート、日誌、達成記録も利用される。職業教育のディプロマによる外部認定を用いるところもある。活動の修了証明書を用いるところもある(勤労体験学習など)。

④ コースがナショナル・カリキュラムの導入によって変わったかという質問に対して、4校がYESと答えた(とくに科学のカリキュラムの関係により健康教育が変わった、より構成的になった、クロス・カリキュラー・テーマが設定された)。他の意見としては、PSEコースは毎年発展しているので、ナショナル・カリキュラムの導入に関係なし、PSEが発展したのはここ10年でナショナル・カリキュラムの歴史と同じ。

⑤　NCCの定めた5つのクロス・カリキュラー・テーマがどの時間にあてはめられているのかについては、以下の通り。

（経済教育）　特設、PSE、キャリア教育

（キャリア教育とガイダンス）　特設、PSE

（健康教育）　特設、PSE、科学、生物

（市民性教育）　特設、PSE、地理

（環境教育）　科学、地理、特設、PSE

⑥　PSEとの関係においては、宗教教育は9校とも独自のコースで教育と回答している。

初等学校

①　回収校は、23校のうち8校。

②　PSEのカリキュラムにおける位置づけは、ナショナル・カリキュラムを通してが6校、トピック学習が7校、特定のコースが4校、宗教教育が6校(複数回答)。

③　評価は、会話、成果物、観察等。評価はしない(1校)。

④　ナショナル・カリキュラムの導入によって変わったかという質問に対しては、4校がYES（しかしPSEが全体カリキュラムを補強するものとしては、変わらない。ナショナル・カリキュラムが変化に影響を与えたのか、それとも社会の学校に対する期待が変わったのか評価するのは難しい、どちらかといえば削減された）4校がNO。

⑤　PSEと宗教教育を一緒に教えているか、という問に対しては、6校がYESと回答(REにPSEが入っている、その他にPSEがある。時には結合する)。

(3)　2つの調査のまとめ

以上の検討などからPSEのカリキュラムの特色と問題点をスケッチすると以下のようになるであろう。

①　PSEは中等学校では、PSEという領域が決められ特設されている場合が多い。

その実践形態は多様であり、含む領域は、クロス・カリキュラム的である。しかし、多くは十分に時間をとっておらず(週1回45分．1時間)、ま

た専門教師によって担当されている場合が少ないという問題点を持っている。宗教教育と一体で教えられる事例もあるが、多くは別個である。

② PSEは初等学校では、クロス・カリキュラムの中で展開されるが、独自のコースを設ける場合もある。宗教教育と一緒に教えられることもある。

③ PSEの評価は十分検討されていない学校がある。PSEの目標の中で「知識と理解」以外の部分が、達成目標というより、体験目標であることから評価もそれに合わせた考え方で進められている。

④ PSEのカリキュラムに関して中央政府から出されたものは決して規定的ではなく、地方行政機関からのそれも、概略的なものにすぎない[17]。これは実践レベルでの自由度の高さを示すものであるが、実践の充実度が保証されているわけではない。

第3節　総合学習とPSE

1　総合学習実践の可能性

ナショナル・カリキュラム体制下において、PSEとりわけ特設コースとしてのPSEは総合学習として教えられることにあろう。そこで総合学習の実践の可能性を検討してみると以下のようになる。

ナショナル・カリキュラムが、教科主導のカリキュラムであることは疑い得ない。しかしまず確認しておくべきことは、ナショナル・カリキュラムは「全体カリキュラム(the whole curriculum)」の一部を構成しているにすぎないことである[18]。1988年教育改革法下では、ナショナル・カリキュラムの各教科および1944年法以来の必修教科であった宗教教育をもって基礎カリキュラムと定めているが、それが、学校の全体カリキュラムではない。それでは、ナショナル・カリキュラム以外の領域を取り扱うことが可能であるのだろうか。

前節でも指摘したように、導入当初のナショナル・カリキュラムは、その全体量が多く、それだけでも、こなすことが困難であり、他の領域までは、とてもカバーできないという問題があった。しかしながら、さきに触れたように、デアリング・レポートにより、量的削減が図られたことにより、ナショナル・カリキュラム以外の領域の実践の可能性が出てきたのである。

もう1つの点は、評価手順による拘束の問題である。当初は、ナショナル・カリキュラムの全教科について、評価手順として、教員による継続的な評価に加えて、標準評価課題が課せられる予定であった。キー・ステージ1の終了段階(すなわち7歳時の段階)については、中核教科のみであったが、他のステージでは、全教科について行われる予定であった。ナショナル・カリキュラムの教授法に関しては、教科ごとに教えなければならないとは定めていないながらも、実際には、このような評価手順のもとでは、教科ごとに教えることを迫るようなものであった。しかしながら、年ごとの小規模の修正やデアリング・レポートによる大規模の修正により、標準評価課題は、キー・ステージ3までのしかも中核教科に限られるものとなった。また、同レポートにより、全国的な標準評価は、できるだけ簡略化されるべきとされた。

ただし、通常の授業活動を反映された形による評価という当初言われた評価の在り方からすると、問題点も残した。それは、当初提案された全国標準評価試験の在り方は、通称「テスト」とは呼びながらも、授業の中で子どもたちに課題を与え、その反応を観察することにより、数週間かけて評価するというものであった。さらには、各教科ごとに分けた課題ではなく、教科を横断した課題で、それを通して、いくつかの教科の到達目標について評価することができるというものであった[19)]。しかしそれは、教師にとっては、大変な負担となるものであり、各地でボイコット運動などが起こった。そうした経緯の後、標準評価試験は簡略化されたが、それは、教科別の単純な評価法に変わっていた。キー・ステージ2および3については、1日で実施できるいわゆる筆記試験の形態をとることになった。

それでも、評価手順による教科主導型の教授法に固定される可能性は低下したと言ってよかろう。

2　クロスカリキュラー・テーマとPSE

さて、ナショナル・カリキュラムと宗教教育で構成する基礎カリキュラム以外の領域についての扱いは、どうなるのであろう。そもそも、1988年教育改革法に掲げる教育目標である「学校や社会において、児童・生徒たちの精神的・道徳的・文化的・知的・身体的発達を促し、成人後の人生における機会、責任、経験に対して児童・生徒に準備させる」ような「均整のとれた幅の広いカリキュラム」を提供するためには、ナショナル・カリキュラムの各教科、宗教教育、その他の教科、クロス・カリキュラー・テーマ、課外活動を含めた「全体カリキュラム」が必要であることが、カリキュラムの開発母体であった全国教育課程審議会(NCC)からのパンフレットにおいて指摘された[20]。

クロス・カリキュラー・テーマ(cross-curricular themes)とは、ナショナル・カリキュラムの各教科を横断して取り扱われるテーマもしくは法令教科とは独自の統合教科として取り扱われるテーマとして、全国教育課程審議会から提案されたものである。それらは、「経済理解教育」、「キャリア教育とガイダンス」、「健康教育」、「市民性教育」、「環境教育」の5つのテーマであった。これらは、おしなべて現代的に重要な課題であろうが、いずれもナショナル・カリキュラムの法令教科に含まれてはいなかったものである。全国教育課程審議会では、この5つのテーマすべてをカバーすべきもの、もしくはこの5つのテーマを完結したものとはとらえていない。実際、この5つのテーマを示す直前には、全国教育課程審議会では、「経済理解教育」、「キャリア教育とガイダンス」、「健康教育」、「市民性の教育」、「環境教育」に加えて、「情報技術」、「メディア教育」、「家族学習」、「余暇」を加えていた[21]。付言すれば、健康教育の重要な一領域である性教育は、1993年法により、必修となっている。

このクロス・カリキュラー・テーマは、どのような形態の総合学習と考えたらよいのであろうか。全国教育課程審議会ではこの5つのテーマについて、それぞれ、パンフレットを出している。それらは、当該テーマについての、キー・ステージ別の知識と理解の目標を設定しているとともに、他のナショナル・カリキュラムの教科やその他の教科におけるどの部分の到達目標とつながるのかについて示している。

実際の導入法としては、例えば「健康教育」では、①「全体カリキュラム」の中で(全教員がその導入の責任を持つ)、②特設教科(そのためだけの時間を専門の教師によって教える)、③PSEのコースの一部として(但し、専門の教師によって教えられる他のクロス・カリキュラー・テーマと時間を取り合うことになる可能性がある。また全体カリキュラムの中で孤立してしまう可能性がある)、④パストラル／テュートリアル・プログラム[22]として、⑤他の活動の中で(学校外への訪問や学校外からのゲストスピーカーの話を聞く機会など)、⑥長期間に割りあてた時間(例えば健康教育週間など)を挙げている。実際の導入は、初等学校では主にトピック学習の一部として取り扱われる場合が多い。その一方、中等学校では、科学の中で取り扱われ、また特設教科としてのPSEで教えられる。

こうして見たとき、クロスカリキュラー・テーマは、「全体カリキュラム」という構想で提案されるという意味では、教科カリキュラムを再編し統合したカリキュラムを目指しているとも言える。初等学校においては、トピック学習を構成するものとしてそれが保証されている。中等学校においては、教科と並立した統合的な一領域として取り扱われる。他の教科においても関連して取り扱われるが、それが、前者と有機的なつながりが保証されているか疑わしいところもある。

さて、これらのクロスカリキュラー・テーマに基底する原理とはどのようなものであろうか。それは、PSEなのである。全国教育課程審議会は、「全体カリキュラム」に関するパンフレットの中で、クロス・カリキュラーな要素を、「次元(dimensions)」と「テーマ」と「スキル」に分けて提示しているが、それらはすべてPSEのための主要な貢献となることを示している。PSEを核とすることにより、クロスカリキュラー・テーマは、ナショナル・カリキュラムの教科や宗教教育、その他の教科、課外活動とも有機的なつながりを持つことになる。

3　クロス・カリキュラー・テーマの内実

全国教育課程審議会から出された5つのクロス・カリキュラー・テーマは、PSEの内実を理解する上で、もっとも重要な要素であるととらえられよう。そこで、これらの5つのテーマに掲げられる目標とPSEとの関連を分析することにより、PSEの内実の一側面が明らかにされよう。全国教育課程審議会によって出されたさきのカリキュラム・ガイダンス・シリーズの一環として、これらの5つのテーマについてぞれぞれ別個に詳細なパンフレットが作成されているので、ここでは分析のための資料として主にそれらを用いることにする。

(1) 経済産業理解教育

全国教育課程審議会によって出された先のカリキュラム・ガイダンス・シリーズ『経済産業理解』[23)]では、経済理解教育の目標を1）知識と理解、2）技能、3）態度に分けて示している。このうち、とりわけPSEと内容的な関連が深いと思われるのは、2）技能および3）態度の2つである。

技能については、同文書では、分析的・個人的・社会的技能(analytical, personal and social skill)と呼び、それは以下の技能を含むとしている。すなわち、

① 経済産業的データを集め、分析し、解釈する
② 経済的問題を解決し経済的決定をするさまざまな方法に関して注意深く考察する
③ 経済的状況における事実と価値に関する陳述を区別する
④ 経済に関する意見をコミュニケートする
⑤ 学校外において大人たちと仕事の関係を確立する
⑥ 企業活動におけるチームの一員として、協力活動をする
⑦ 統率をとり、主導権を握る
⑧ 経済的関心や集団における意見の違いを取り扱う
⑨ 経済産業問題に関して効果的にコミュニケートし他者の見解を聞く

が挙げられている。

態度に関しては、

① 経済産業的問題に関心を向ける
② 経済的文脈において証拠や理性的議論を尊重する。
③ 乏しい資源の利用に関心を向ける
④ 個人としてあるいは集団の一員としての自身の経済行為の結果に対する責任感を持つ
⑤ 代替的な経済的見解を尊重し、自身の経済的見解や価値に関して批評的な反省を好んでする
⑥ 環境に関する経済的選択の効果に対しての感受性を持つ

⑦　経済的決定による影響を受けるという観点から人権に対しての関心を持つ

が挙げられている。

これらを第1章表3－2（138頁）に挙げたPSEの目標の一群を用いてまとめてみると、経済産業理解教育のテーマの目標でPSEと関連するものは、問題解決能力や対人関係技能、コミュニケーション技術といった技能、そして環境や資源の問題に関心を向ける態度ということになろう。

(2)　キャリア教育とガイダンス

全国教育課程審議会によって出された先のカリキュラム・ガイダンス・シリーズ『キャリア教育とガイダンス[24)]』によれば、キャリア教育とガイダンスの目的(aimes)は、次の4つであるとされている。すなわち、1）自分自身をよりよく知る、2）教育、訓練、職業機会について知る、3）自身の継続教育や訓練またキャリアについての選択をする、4）新しい役割や立場への変化に対処する。これらは、すべてPSEの目標と合致するととらえることができよう。

同文書ではさらに、キー・ステージ1からキー・ステージ4までの各ステージごとにそれぞれいくつかの目標を掲げている。このうち、PSEに関連すると同文書に指摘されているのは以下である。

キー・ステージ2においては、

①　新しい目標の設定の基本のために個人的体験を振り返る
- 自信や自己肯定を発達させる
- 自己を記述するための語彙を発達させる
- 自己についての陳述に関し、他者からのフィード・バックを得る
- 出来事についての個人的見解を明確化する
- イニシアティブをとり始める
- 協力活動の理解を強める

②　さまざまな種類の仕事はそれぞれどのように共通点と相違点があるかを明らかにする
- 地域にどのような仕事があるかを明らかにする
- 仕事を分類し分析し始める

• 仕事についての考えを広める
• さまざまな種類の仕事に対する現在の自身の好みを確立する
• 仕事に関する自身の見解を認識する
• 仕事の社会的経済的価値を理解する

③　ミドル・スクールまたは中等学校への進学を予測し計画する

キー・ステージ3においては、

①　自己についての知識を強化する
• 変化に対応するために必要とされる技能を高める
• 自信や自己肯定を強化する
• 自己を記述するための語彙を発達させる
• 自己評価の技術を発達させる
• 出来事についての自己の意見を明確化する

②　子どもに好まれるキャリアや個々の仕事の体験を探求する

③　将来のキャリア機会のためという含みを考慮してキー・ステージ4におけるカリキュラム選択のための準備をする

キー・ステージ4においては、

①　チームによる仕事に要求される資質の理解を強化する

②　自己評価、交渉、主張などの個人の技術をさらに発達させる

③　交渉や主張が要求される成人の仕事生活における状況のための準備をする

④　16歳以降のための教育、訓練、雇用の選択のための準備をする

⑤　成人の生活における家庭内とその他の仕事の役割との相互作用について吟味する

⑥　地域社会における人々の仕事の役割と個人的に接触を持ち、仕事の関係についての理解をさらに深める

⑦　継続教育、訓練もしくは雇用を得るために従事する課題を準備する

である。

『キャリア教育とガイダンス』の文書においては、さきの「経済理解教育」の文書のように、目標を知識と理解、態度、能力と技能というように大別して整理してはいない。しかし、さきに掲げたPSEの目標の一群を用いて、キャ

リア教育とガイダンスの目標の中でPSEに関するものをまとめてみると、自己依存、自己尊重、自信などの人格的資質と態度であり、自己・家族関係・仕事の関係の性質に対する知識と理解であり、対人関係能力であり、賢い選択のための技能であるということになろう。

⑶　健康教育

全国教育課程審議会によって出されたさきのカリキュラム・ガイダンス・シリーズ『健康教育[25)]』においては、健康教育のためのカリキュラム要素として次の9つを挙げている。すなわち、1）薬物等の利用と誤用、2）性教育、3）家庭生活教育、4）安全、5）健康につながるエクササイズ、6）食物と栄養、7）身体衛生学、8）健康教育の環境的側面、9）健康教育の心理的側面、である。

そしてこの9つの項目に従い、キー・ステージ1から4までの各段階において、それぞれの目標を提示している。内容的には、知識と理解、技能、態度に関しての詳細がそれぞれ示されている。

健康教育は、PSEととくに密接な関わりがあり、PSHE (Personal Social and Health Education)というように称される場合もある。上記のパンフレットにもこれらの目標の項目はすべてPSEと直接的に関連すると指摘されている。

これらをさきに掲げたPSEの目標の一群によってまとめてみると、健康教育の目標は、健康への肯定性、環境への関心という態度、精神的・身体的健康の方法、性的関係と結婚、家族関係の性質に関する知識と理解、日常生活に関する、馴染みのない人々や状況における取り組みに関する能力と技能、という点においてPSEの目標と関連するということになろう。

⑷　市民性教育

全国教育課程審議会によって出された先のカリキュラム・ガイダンス・シリーズ『市民性教育[26)]』には、市民としての教育の目的(aims)として、次の2つが挙げられている。すなわち、1）肯定的で参加的な市民的社会性の重要性を確立し、参加へのモチベーションを提供する、2）市民的社会性を目指した技能、価値、態度の発達に基づいた基本的情報を子どもたちが獲得し理解することを手助けする。さらに目標(objectives)は、知識、技能、態度、道徳的コードと価値の4つに分けて示している。

知識は、①コミュニティーの特質、②民主的社会における役割と関係、③義務、責任、権利の特質と基盤、となっている。

技能は、①コミュニケーション・スキル、②数的スキル、③学習スキル、④問題解決スキル、⑤個人的社会的スキル、⑥情報技術スキル、となっている。

態度は、子どもたちが民主主義とそれに関連する義務、責任、権利に価値を置くためには、肯定的な態度を促進することが基本であるとしている。

道徳的コードと価値は、①正直、②誠実等の道徳的資質に、③他者や産業、④努力への配慮、⑤自己尊重、⑥自己規律等の価値が目指される。

これらをさきに掲げたPSEの目標の一群によってまとめてみると、社会集団、市民としての権利と責任、民主的社会における意思決定、などの社会的責任に関する、また道徳的観念と行動に関する知識と理解、コミュニケーション、自身の学習への責任、学習技術、問題解決、民主社会の一員としての行動、道徳的判断と正当化、実践などの能力と技能、忍耐的取り組み、他者の権利の尊重、法律への尊重、公平心、異質なものへの配慮と尊重、健全な地域社会への民主的貢献、などの人格的資質と態度となる。このように、市民としての教育のテーマのほぼすべての目標がPSEの目標に合致することがわかる。

(5)　環境教育

国教育課程審議会によって出されたさきのカリキュラム・ガイダンス・シリーズ『環境教育[27]』には、環境教育の目的(aims)として、1）環境を守り向上させるために必要な知識、価値、態度、関与、技能の獲得のための機会を提供する、2）物理学的、地理学的、生物学的、社会学的、経済学的、政治学的、技術的、歴史的、美的、倫理的、精神的など多様な視座から環境を吟味し解釈することを子どもに促す、3）環境に関する子ども自身の気づきや好奇心を高め環境問題の解決のために積極的参加を促す、が挙げられている。

さらに目標(objectives)が知識、技能、態度に分けて示されている。

知識については、①環境に関する人間の行為の影響、②環境を保護し、扱っていくにあたっての地域、国家、国際間の法的統制、③個人、集団、地域社会、国家の環境的相互依存、④人類や生命がいかに環境に依存しているか、⑤環境問題に関して起こり得る争い、⑥過去の決定や行動に環境がいかに影響を受けてきたか、⑦環境を保護し扱う上での効果的な行動の重要性がPSEとつながると思われる。

技能については、①コミュニケーション・スキル、②数的スキル、③学習スキル、④問題解決スキル、⑤個人的社会的スキル、⑥情報技術スキルが挙げられている。

態度については、環境に対して肯定的な態度を持つことが基本であるとされているが、そのためには、次のような態度と個人的資質を発達させることとしている。すなわち、①環境や他の生命への理解と保護と関心、②環境問題への考え方の独立性、③信条や他者の見解への尊重、④証拠や理性的議論への尊重、⑤寛容心と偏見のなさである。

これらをさきに掲げたPSEの目標の一群を用いてまとめてみると、知識と理解については、環境の変化への関わり、技能については、コミュニケーション技術、対人関係能力、学習技術、問題解決技術、人格的資質と態度については、自然保護、環境への関心、他者への配慮などがPSEの目標と関連していることがわかる。

こうして5つのクロス・カリキュラー・テーマを概観してみると、各テーマの目標が部分的にさきに挙げたPSEの目標と合致するものと、「健康教育」「市民性教育」のようにテーマの持つ目標がほぼすべてさきに挙げたPSEの目標にあてはまるものがある。また、この5つのテーマの目標を累計すると表3－2(138頁)でみたPSEの目標の多くをカバーすることになる。すなわち、ナショナル・カリキュラム体制下で提案されている5つのクロス・カリキュラー・テーマは、PSEの内容の中心を占めるものであることは、目的の分析からも同意できることである。

その一方で、5つのクロス・カリキュラー・テーマでは、カバーされていないPSEの目標(領域)もある。カバーされていない領域とは、例を挙げると知識と理解では、宗教的信仰や哲学を含めた道徳的観念と行動、余暇、法律などの問題などであり、人格的資質と態度では、弱者への関心と行動や、人生経験の内省、信条と実践(commitment)に関するものなどである。これらは、5つのとテーマと直接連ならないPSEの領域であると同時に、その多くは宗教教育によって重点的に担われる領域であると言えよう。このことは、カリキュラム構造全体の中で、PSEと宗教教育が共通した目標をどう分担していくかについて、詳細な検討が必要であることを示すものであろう。

第4節　ナショナル・カリキュラム導入の影響とその後の展開

これまでに見てきたように、ナショナル・カリキュラムの体制においては、PSEは1988年法の掲げる教育目標の要請のためには、不可欠なものであると位置づけられながらも、法令教科に加えられなかったことから、周辺的領域においやられてしまった感があった。

しかしながら、ナショナル・カリキュラムの導入当初よりも、社会的な要請などにより、PSEをより重要なものと位置づけられるようになってきたと同時に、ナショナル・カリキュラムそのものの構造的欠陥が露呈してきた。その結果、学校の機能のみならず、カリキュラムの認知的領域および情意的領域の双方においてPSEに対する期待がより高まったと言える。例えば、中等学校における特設コースとしてのPSEは、前節で触れたような5つのクロス・カリキュラー・テーマを推進していく中心的要素とも言えようが、実践動向を見る限りにおいては、これらの領域に加え学習技術やライフスキル、平和教育などをカバーする学校がある。その一方で、週あたりの時間は、平均1時間多くても2時間半といったところであり、カリキュラムとしても加重負担と言わざるを得ない。

そうした中で、ナショナル・カリキュラム導入などの変革がPSEに与えた影響に関し、パストラル・ケアとPSEに関する全国研究団体であるNational Association for Pastoral Care in Education (NAPCE)が調査したものに基づいて検討してみよう[28)]。この調査は、この研究団体の会員を対象とし、167の回答を得ている。PSEに関しては、次のような結果となっている。1）1988年以来の変革により、PSEの重要性は、大変高まったおよび高まったと答えたのは、全体の59.4%であった、2）この変革のために教師がPSEに与えられた時間については、全体の41.6%が増加したおよび大変増加したと答えている。3）この変革のために教師が与えられたPSEの資源については、大変増加したおよび増加したと答えたものが、併せて50%である。4）PSEの領域において教授の質が大変進歩したおよび進歩したと答えたものは64%であった。

このことから、ナショナル・カリキュラム導入に始まる一連の変革がPSEに与えた影響は、上に指摘したように制度上の問題を抱えているにせよ、少なくとも実践する教師や研究者たちの認識としては、それほど悪いものではないと言えるであろう。それでもなお、英国の学校や社会は、さらなる変革を求めている。それらの展開については、終章において詳説されよう。

注

1）木村浩「全国共通カリキュラムの設定と教育水準の向上―イギリスの場合―」日本比較教育学会編『比較教育学研究』第16号、1990年。

2）拙稿「イギリスにおける全国共通カリキュラムの改定動向―『デアリング・レビュー』を中心に―」国立教育研究所編『学校と地域社会との連携に関する国際比較研究 中間報告書(1)』1996年。

3）P・ブラックを座長とし、ナショナル・カリキュラムの評価の在り方についての勧告を出した作業班による報告書。勧告内容についてはナショナル・カリキュラムに反対した勢力からも、肯定的に受け入れられた。『TGATレポート』については、例えば、拙稿「人間の成長・発達と学校制度(2)－イギリス－」山下武編著『現代教育への視座 教育学試論』八千代出版、1994年を参照。

4）それらは、以下の2冊にまとめられた。

Dearing, Sir R., *The National Curriculum and its Assessment–An Interim Report*, NCC/SEAC, 1993a

Dearing, Sir R., *The National Curriculum and its Assessment–An Final Report*, SCAA, 1993b.

5）Office for Standards in Education, *Guidance on the Inspection of Nursery and Primary Schools*, HMSO, 1995 および Office for Standards in Education, *Guidance on the Inspection of Secondary Schools*, HMSO, 1995.

6）拙稿「第二部 人格教育」『英国の1988年教育改革法後の宗教教育と人格教育に関する基礎的研究』平成7～9年度科学研究費補助金(基盤研究(c)(2))研究成果報告書(研究代表者・柴沼晶子)、1998年。

7）著者らは、1993年に、9月にイングランドの116の地方教育当局(LEA)に向けて、宗教教育のアグリード・シラバスの作成状況、PSEの取り組み、ガイドライン等の作成状況、宗教教育とPSEとの関連についてのアンケート調査を実施した。うち65のLEAから回答を得たので、それらをもとに各LEAから発行されたアグリード・シラバス、PSEのガイドライン等を可能な限り収集し、これらの資料を分析して、両者の新しい動向を探った。巻末の資料1を参照。

8）North Yorkshire County Council Education Department, *Personal and Social Education Guideline*.

9) Durham County Council Education Authority, *Personal and Social Education: A Statement of Policy,* 1992.

10) Perigo, Brenda, *Health Education Personal and Social Education Behavior,* Oxfordshire County Council.

11) London Borough of Merton Inspectorate and Advisory Service, *Guideline for Personal and Social Education Across the Curriculum,* 1994.

12) Warwickshire Country Council, *Personal and Social Education (PSE) in Warwickshire Secondary School 1991–1992.*

13) この項の内容については、日本カリキュラム学会第7回大会にて、口頭発表をした。

14) URL は http://www.open.gov.uk/ofsted/ofsted.htm.

15) 8つのLEAとは、お互いの比較し得るPSEのパンフレットを入手できた5つのLEAに加え、宗教教育との比較において特徴的と思える3つのLEAを加えた。学校は、当然ながらすでに視学を受け報告書が公開されているものに限られている。中等学校においてはGCSE試験の結果を参考に、各LEAとも、低学力校、中学力校、高学力校が入るように配慮した。結果の詳細については、巻末資料参照。

16) なお、結果の詳細については、巻末資料2を参照。

17) 地方教育当局から出されたパンフレット等については以下で触れた。
柴沼晶子・新井浅浩「英国の1988年教育改革法後の宗教教育と人格教育」日本比較教育学会編『比較教育学研究』第21号、1995年。

18) National Curriculum Council, *Curriculum Guidance 3: The Whole Curriculum,* NCC, 1990.

19) 例えば、拙稿「イギリス初等教育における全国評価システムの動向」中島直忠編著『教育行政学の課題』教育開発研究所、1994年を参照。

20) National Curriculum Council, *op.cit.*, 1990.

21) Watkins, C., "Personal-Social Education and the Whole Curriculum", in Best, R. et al. eds., *Pastoral Care and Personal-Social Education-Entitlement and Provision,* Cassell, 1995.

22) わが国でいうところのホームルーム担任によるホームルームの時間を指す。

23) NCC, *Curriculum Guidance 4-Education for Economic and Industrial Understanding,* NCC, 1990b.

24) NCC, *Curriculum Guidance 6-Careers Education and Guidance,* NCC, 1990c.

25) NCC, *Curriculum Guidance 5-Health Education,* NCC, 1990d.

26) NCC, *Curriculum Guidance 8-Education for Citizenship,* NCC, 1990e.

27) NCC, *Curriculum Guidance 7-Environmental Education,* NCC, 1990f.

28) Best, R., "The Impact of Decade of Educational Change on Pastoral Care and PSE: A Survey of Teacher Perceptions", in *Pastoral Care in Education-R-The Journal for Pastoral Care and Personal and Social Education,* Vol.17, No.2, June 1999.

第3章
PSEの実践的特質

第1節　初等学校における実践内容

PSEの実践は、第1章に見たように全校アプローチが基本となっている。すなわち優れた教師たちは、いかなる教科においても、また教室内外における日常の子どもとの関わりにおいて子どもの人格的社会的発達を促すことになる。ここでは、とくに授業内の実践について、事例を見てみよう。初等学校では、1988年教育改革法により、ナショナル・カリキュラムの9教科が導入された後にも、総合学習により授業が展開される場合が多い。PSEの実践としては、PSEそのものに特定したもの(**事例1**)と教科を横断したかたちでの、すなわち総合学習の中での取り組み(**事例2**)が見られる。

事例1：「サークル・タイム」

「サークル・タイム(Circle Time)[1)]」は、ナショナル・カリキュラムの英語の到達目標の1である「話すと聞く」の各レベルに対応しながら、PSE自体の目標を達成するようにつくられた、グループ・ワークを中心とした自己概念の向上のための活動集であり、初等学校において広く使われていることで知られる。

「サークル・タイム」の活動案は、どれも、〈ウオーム・アップ・ゲーム〉、〈ラウンド〉、〈活動〉、〈話し合い(コンフェレンス)〉、〈まとめのゲーム〉というプロセスで構成されている。

〈ウオーム・アップ・ゲーム〉は、いわば導入の部分であり、次のプロセスに入っていくための準備である。

〈ラウンド〉は、その時の活動のテーマに連動して、例えば「……の時、自分は自分が大切であると感じる」ということを輪になって座ったグループ1人ひとりが話していく。その時、教師を含め他のものは何も言わないことが原則である。

〈活動〉はこのプロセスの中のいわば中心となる部分である。

取り扱うテーマは、「感情」「受け入れ(affirmation)」「心を寄せる(caring)」「友情」「協同」「ジェンダー」「変化」「争いの解決」「問題解決」等である。

〈話し合い(コンフェレンス)〉は、もっとも重要な部分である。それぞれの活動を振り返り、主題について話し合い評価し合う場面である。

〈まとめのゲーム〉は、競うためのものではなく、ただ単に楽しむためのものでもない。それは緊張を和らげたり、信頼と感受性を高めたり等多くのねらいを持つものである。

「感情」というテーマでの活動の一例を挙げると次のようである。

まずは、輪になって椅子に座り、1つだけ空いた椅子を用意する。その椅子が右隣にある子どもが、「私のとなりが空いているので～さんに座ってほしい」と言ってその人に座ってもらう〈ウオーム・アップ・ゲーム〉。全員が指される前に中断する(同じ人が2度指されたら中断してもよい)。次に、1人ずつ、「私が選ばれなかったとき、私は～と感じた」という内容を輪の中で順々に発表していく〈ラウンド〉。次に「ABC問題解決法」と呼ばれるものを行う〈活動〉。すなわちA(ask)の段階では、自分が選ばれなかった時、どのように感じたかを聞き、そのためにわれわれは何ができるのかを1人ひとりに考えさせる。B(brainstorm)の段階では、効果的な方法をブレイン・ストーミングすなわち全員でアイデアをできるだけ沢山出し合う。例えば、全員が1度しか選ばれることができないルールにしたらどうか等である。C(choose)の段階では、そのようにして出し合ったアイデアの中から、公正で思慮があり、なおかつ実行可能な方法を書き出して、その中から1つを選んで、実際にさきほどのゲームをもう1度やってみる。次に全員が選ばれるようにするには、どのルールが一番良いか、あるいは、どの部分をさらに改良しなければならないのかを全員で話し合い、それをもとにもう1度ゲームをやって、実際に改良できたかどうかを話し合う。その後、例えば校庭でひとり仲間に入れてもらえなかったらどのような気持ちになるのか、全員が受け入れられるようにするにはどうしたらよいのか、配慮ある環境づくりのためにはどうすればよいのか等の話し合いに発展させることができる〈話し合い（コンフェレンス）〉。最後に〈まとめのゲーム〉をする。輪の中で１人が右か左を向きながら「ズーム」と言う。向かれた隣りの人が同じく「ズーム」と言ってさらに隣りを向く。全員に回るまでそれをつづける。次に「ズーム」の代わりに「イーク」（ブレーキの音）というとそこからは反対になるというルールを加えてみる。これも、ルールや自分が飛ばされたときの感情などについての話し合いの機会となる。

この実践のねらいは、「他者への配慮」を学ぶことや「いじめ」への対処等さまざまにつながっていくことができるが、「感情」というテーマに掲げられているように、子どもたちが自分の感情に気づくことを援助する実践である。このような実践を積み重ねていくことが、やがては、自分とは何かを体系的に考察していくことの土台となるのである。

事例２：セント・ジョン・フィッシャー初級学校（ロンドン・マートン自治都市）のテーマ学習[2)]

次は、テーマ学習におけるPSE実践の例である。ここでのテーマ学習とは、初等学校の典型的実践として論じられるトピック学習を指すと理解してよいであろう。

「チューダー朝のお菓子の歴史と技術」

第４学年の子どもたちは、キー・ステージ２の歴史と技術の学習の一部として、ミニ企業活動に取り組む。チューダー朝の食べ物に関するゲストの話を聞き、食べ物の調理に関する当時と現在の比較に注目した後、クラスでチューダー朝のレシピに基づいたお菓子を製造する会社を設立する。食品製造、市場調査、広告、包装に関して子どもたちが学習できるような校外見学をしてくる。製品の入れ物をデザインし製作し、親や他の子どもたちに売る。

この活動は、次の意味において、子どもの人格的および社会性の発達（すなわちパーソナル・アンド・ソーシャル・ディベロップメント）に寄与すると考えられている。

ａ）体験から学ぶこと

－グループやチームと活動する

－ミニ企業活動
－教室で親たちとともにする
－訪問する

b）価値と態度
－企業の理念を理解する
－他者の見解を進んで傾聴する
－ビジネスを立ち上げ運営することへの興味を育てる
－対人関係の確立

c）スキル
－コミュニケーション・スキル：見解やアイデアの表明
－活動の報告と記録
－題材について調査し、多様なソースから情報を集める
－グループやチームで活動する
－意思決定
－数学的スキル：コスト・利益の計算
－記述的スキル：測定、デザイン、製作、手順に従う

d）現在や勤労・成人生活への関連づけ
－ビジネスの世界への洞察を得る

e）コミュニティーとのつながり
－商店街や学校内外の大人とのつながりの確立
－お菓子づくりの利益が寄付金に貢献する

f）クロス・カリキュラー・テーマへの貢献
－経済産業理解

第2節　中等学校における実践内容

中等学校では、特設教科のPSEとして取り組まれる場合が多い。その内容は、それぞれの学校において独自のものを開発していることも多い（**事例1**）が、教科書も作られて市販されている（**事例2**）。

事例1：ジョージ・アボット・スクール（サリー県）のPSEの内容構成

ここでは一例として、サリー県にある県立総合制中等学校であるジョージ・アボット・スクールのPSEプログラムの内容構成の事例を見てみることとする。

ジョージ・アボット・スクールでは、「PSE」という名の特設教科を設け、PSEはその教科を中心に展開されている。PSEの部門には5人のスタッフがいるが、全員がPSEのみを担当しているわけではない。PSEの教科部門の長を務めている教師でさえも、食物技術の教科との掛け持ちである。

第7学年(年齢としては我が国の小学校6年生に相当)から第9学年では隔週1回70分、第10から11学年では毎週1回70分とっている。ちなみにPSEと宗教教育は、一緒に教える学校と別々の学校とさまざまであるが、この学校では、宗教教育は別個に週1回70分の授業をとっている。

ジョージ・アボット・スクールのPSEの授業で、第7学年から第11学年までに取り上げられるテーマは、「学習技術」「達成記録」「機会の均等」「健康教育」「経済理解」「環境」「キャリア教育」「市民性」「親」「責任ある行動」「適切な行動」「安全」「人権」である。

このように、ジョージ・アボット・スクールのPSEのカリキュラムは、さきに示したNCCの提案する5つのクロスカリキュラー・テーマに限らず、それらに含まれていなかったか、もしくは、それらの一部でしかなかった、「学習技術」「達成記録」「機会の均等」「親」「責任ある行動」「適切な行動」「安全」「人権」なども取り扱うテーマとしている。

それぞれのテーマの実際を見ると以下のようになる。

「学習技術」とは、ノートの取り方や試験技術、復習の技術などを含んでいる。

「達成記録」とは、英国において開発されてきた新しい評価方法であり、その子どもができることを総体的に示すプロフィールである。これによって教師から教師、学校から学校、そして学校から職場へ、その子どものパフォーマンスの全体像を伝えるためのものである。この達成記録の一部は、子ども自身が記録していくことや自分自身に関する知識や行動の発達に関係するとともに、自分のキャリア形成とも密接につながることから、PSEの授業の中でそのためのガイダンスが行われるのである。

「機会の均等」は、第7、8学年で取り扱うが、性や民族の偏見と差別の問題、障害者の問題、貧困の問題、青少年の問題について取り上げる。

「健康教育」は、第7から10学年まで毎年取り扱うが、個人の要求、ダイエット、レジャー、休息、睡眠、個人的安全、薬物、喫煙、ギャンブルなどの社会問題、他者・家族・結婚の関係、離婚、別居、ストレス、パニックなどの精神面の問題、老年の問題などについて学習する。

「環境」は「経済理解」とともに第7学年で取り上げられるが、コミュニティーについての権力やルール、責任ある行動やゴミ、破壊、圧力団体、仲間、コミュニティーの財政などについて学ぶ。

「キャリア教育」は、第7から11学年まで毎年取り扱い、自己理解から意思決定、行動計画、履歴書、勤労体験学習などについて学ぶ。

「親」のテーマは第11学年に含まれ、10代の親の問題や小さな子どもの取り扱いについて学習する。

「責任ある行動」は第9学年で取り扱い、性、薬物、緊急時の手助けなどについて学習する。

「適切な行動」や「安全」は同時に取り扱われるが、性的行動や個人的安全、緊急時の手助けなどである。

「人権」は、第11学年で人権とは何か、人権侵害、死刑、ホームレス、難民の問題について学ぶ。

「いじめ」については、第7、8学年の「市民性」のところで、〈自己肯定〉〈自己イメージ〉〈友人の選択〉〈友人関係－手助けと妨げ〉〈親子の争い〉〈自信、主張、攻撃〉などのサブテーマとともに取り扱っている。

事例2：市民性教育――PSEの教科書から

もう1つの事例は、コリンズ教育出版から出されている、中等学校のPSEの教科書からの紹介である。

『イシュー――PSEのためのクロス・カリキュラー・コース[3)]』は、全5巻で構成されており、第1巻が第7学年を対象としており、以下それぞれ、各学年用に1冊ずつが用意され、第5巻目が第11学年用である。領域は自己覚醒・キャリア、健康教育、環境教育、市民性教育、経済産業理解教育の5つである。これは、キャリアと自己覚醒がセットになっている以外は、前章で

表3-8　『イシュー――PSEのためのクロス・カリキュラー・コース』の内容

	イシュー1	イシュー2	イシュー3	イシュー4	イシュー5
経済・産業理解	産業を理解する 自分と自分のお金 製品の開発	消費者問題 ビジネス理解 ギャンブル	ショッピング問題 貿易と開発 産業理解：マーケッティング	消費者の権利 失業 労働組合	金融ビジネス 自分のお金の管理 世界の貧富
自己覚醒／キャリア	進学 ホームワーク いじめ 自分と自分の感情 自分の成長を振り返る	自分の時間を管理する 家族生活 友人と友情 自分の成長を振り返る	他者との共生 アサーティブになること イメージとステレオタイプ 自分の将来について考察する	自分の感情の処理 友人と人間関係 将来を考える	結婚とパートナーシップ 自分と自分の未来 自分の達成の記録
健康教育	喫煙 安全に遊ぶ 食物と健康	安全問題 薬物と薬物利用 飲酒とアルコール中毒	青年期と自分 健康問題 精神的健康	健康問題 国民健康保健制度 自分と自分のライフスタイル	医学と道徳性 家族計画と親 安全なセックス 仕事における健康と安全
市民性教育	コミュニティーとライフスタイル ルール、権利と責任 英国政府	障害者 自分と自分の権利 国家の財政	警察と自分 老人 欧州共同体	女性の権利 偏見と差別 犯罪と処罰	人権―難民 住宅とホームレス 保護的なコミュニティー 国連
環境教育	浪費とリサイクル 自分たちの環境を計画する 大気汚染	森林 輸送と環境 水	資源：適切な科学技術 田園地方 資源：最新技術	都市環境 エネルギーと環境 人口と環境	世界の保護戦略 未来のための計画 変革への圧力

触れたNCCから示された5つのクロス・カリキュラー・テーマと一致している。表3-8が、シリーズ全体の内容構成である。

これらの中から具体的な単元例を示すと以下のようになる。

ルール、権利、責任についての学習

イシュー1(すなわち中等学校第1学年用)の市民性教育のテーマから、「ルール、権利と責任」について学ぶ単元を見てみよう。まずはじめに以下のリストについてグループで話し合う。記録係が3つの紙にそれぞれ、1）同意するもの、2）どちらとも言えないもの、3）同意できないもののリストを記す。代表がグループの見解を皆に発表する。

学校において私は以下のように思う
私たちは、学校へ出席することを強制されるべきではない。
私たちは、授業で何が好きか言い、それをすることを許されるべきだ。
先生は、私たちの規律を守らせるために、体罰をすることを許されるべきである。
子どもたちは、毎日日課の最後に学校の清掃を手伝わなければならないようにすべきだ。
女子(そして男子)は、自分たちによる授業を持つべきだ。
もっとも賢い子どもは、いつも授業に一緒にいるべきだ。
私たちは、教室でどこに座るかを決めることが許されるべきである。
ユダヤ教徒、イスラム教徒、ローマ・カトリック教徒などそれぞれの宗教集団の子どものための別々の学校があるべきだ。
鉛筆や紙を含め私たちが授業で必要なすべての道具を学校は与えるべきである。
とても悪いことをした子どもは、全校の前で謝罪させられるべきである。
先生は、私たちをからかうべきではない。
水準に十分達していない子どもたちのために、補習授業が放課後に組まれるべきである。
先生は、私たちが邪魔されずに学習できるように保証するべきである。
もし私たちが教室を離れる必要があるときは、それを許されるべきである。
学校の全員が、礼儀正しく尊敬の念を持って扱われるべきである。
私たちの持ち物を保管する安全な場所を学校は与えるべきである。
年長の子どもたちは、いつもさきに夕食も食べることを許されるなどの特権を獲得するべきである。

次に、２人組になって、学校においてどのような権利を子どもが持っているかを話し合う。リスト化し、他のペアのものと比べる。権利を持つと同時に責任を持つことになる。例えば、休み中に学校にはいることを許されるという権利を価値づけるには、適切に行動すること、すなわち廊下を行ったり来たりしないとか、床のどこにもごみを落とさないことを確実にするとか、家具を傷つけない、などが自分たちの責任になること、自分たちがリストにした権利から５つを選んで、それらの権利を得ることによって発生する責任について伝える。次に、３人組になって、１人は親、１人は先生、もう１人は子どもの役になる。新しい中等学校が開校しようとしている。理事者が学校のル―ルを書くことを３人に課題として与える。ルールのリストを作り、授業で発表し、自分たちのルールの根拠について発表させる。

次に、何故法律必要か、民法や刑法またその法廷や、法律の作成される過程について、の説明が続く。（後略）

このように『イシュー』のシリーズでは、討議中心の活動を基本にした上で、必要な知識についても随時触れていくような形式が多く見られるのである。

注

1) Curry, M. & Bromfield, C., *Personal and Social Education for Primary School through Circle Time*, Nasen, 1994.

2) Kant, Lesley, *Personal and Social Education across the Curriculum*, London Borough of Merton, 1994.

3) Foster, John, *Issues1–The cross–curricular course for PSE*, Collins Educational, 1992.

Foster, John, *Issues2–The cross–curricular course for PSE*, Collins Educational, 1992.

Foster, John, *Issues3–The cross–curricular course for PSE*, Collins Educational, 1993.

Foster, John, *Issues4–The cross–curricular course for PSE*, Collins Educational, 1993.

Foster, John, *Issues5–The cross–curricular course for PSE*, Collins Educational, 1993.

終　章　「共通の価値」の設定から「市民性の教育」へ

第1節　精神的・道徳的発達への関心

1　「スピリチュアリティー」を高めること

現在日本において「心の教育」の在り方が問われているように、英国においても基礎学力向上とともに、否、それ以上に「心の教育」とも言うべき精神的道徳的教育の充実が課題となっている。

1993年にNCCは、『精神的・道徳的発達』(*Spiritual and Moral Development: Discussion Paper,* No.3)をまとめた(巻末資料3)。この文書は、社会の凶悪な犯罪の多発、なかんずく青少年による薬物、性犯罪、殺人に至る暴力の増加などから、伝統的な核家族の崩壊や社会に存在していた基本的なモラルの喪失が大きな社会問題となり、これらをめぐる議論が沸騰してメディアを支配する状況の中で学校に配布された[1)]。ここでは、精神性および道徳性を定義した上で、学校における精神的・道徳的指導が宗教教育と集団礼拝だけでなく、カリキュラムのすべての領域と学校生活のすべての場面で行われるべきものであることを強調している。この文書は英国の中流階級の親が望むごく当然な精神的・道徳的態度を挙げており、多元的な現代社会の諸問題に十分応えるものでもなく、資本主義社会の基本的欺瞞や消費社会において不満を抱く若者に訴えるものでもなく、地域社会や人間関係、あるいは若者を十分に評価していないという批判が見られるが[2)]、少なくとも この文書が次の2点においてその後の精神的・道徳的教育の取り組みへのステップとなったと言うことはできるだろう。

第1は、この中で示された「スピリチュアリティー」の定義を軸に「スピリチュアリティー」とは何か、それを学校においてどのように発達させるかという論議が急速に高まったことである[3)]。

第2は、生徒の、あるいは学校の「スピリチュアリティー」を高めるには、道徳的、社会的発達との関連が重要であるという認識が高まったことである。これは以下の節で述べるように、「成人人生のための教育」の会議における「教育と地域社会における価値のための全国フォーラム」の設置と社会における「共通の価値」の設定、さらにそれを基礎として個人の社会における道徳的責任感を高めるための「市民性の教育(Education for Citizenship)」の義務化をもたらしたのである。

1996年1月に、SCAAは各界の代表者を集めて「価値のための全国フォーラム」(National Forum for Values in Education and the Community)を結成し、1年以上の論議を経て「共通の価値」を設定し、それを2000年のカリキュラムに取り入れるべく詳細な内容の展開案を各地方教育当局に送り、コンサルテーションに付した(“The Promotion of Pupil's Spiritual, Moral, Social and Cultural Development” 1997)。新カリキュラムは新しい労働党政権下で施行されることになったが、現在、新ナショナル・カリキュラムには中等学校段階での「市民性教育」の義務化が公表され、画期的なことと注目されている。

ではこのような政策を促す出発点となったNCCが示した「スピリチュアリティー」とはどのようなものであろうか。NCCの文書によれば「スピリチュアリティー」とはまず、人間の根源的な存在の意味を探究する心である。そしてそれは、他者(この場合超越者も含む)との関係の中でさまざまな挑戦的な経験——死、苦難、美、善悪の選択——を通して自己のアイデンティティーを追求する心である、と言う。そして「スピリチュアリティー」の発達諸側面を次のように挙げる。

信条——宗教的信仰を含む個人的な信条の発達。人は生きる基盤とする個人的な、また他者と共有する信条を持つことを理解すること。いかに信条が個人のアイデンティティーに貢献するかの理解を深めること。

畏敬の念、驚き、神秘への感覚——自然界、神秘、人間の業から霊感を得る。

超越性を感じる経験——聖なるものの存在を信仰する感情。あるいは個人の内なる力が日常的経験を超え力を発揮することを信じること。

意味と目的の探究——困難や苦難に遭遇して、「何故私が？」と問いかけること。生命の源と目的を考えること。美、苦難、死といった挑戦的な経験に応えること。

自己理解——思想、感情、情緒、責任と経験に関する自己意識、個人のアイデンティティーの理解と受容、自己尊重の発達。

人間関係——ひとそれぞれの価値を認め、尊重すること。共同社会の感覚を発達させること。他者との関係を築く能力。

創造性——美術、音楽、文学、工芸品によって奥深い思想や感情を表現し、想像力、感受性、直感、洞察力を働かせること。

感情と情操——美しいものや親切に感動する心。不正や攻撃に傷つくこと。情緒や感情をコントロールすることやそれらの感情を成長の糧として使うことを学ぶこと。

さらに、このような「スピリチュアリティー」の発達には次の過程が含まれるとしている。

他者を自分とは独立した存在であると認めること。

経験に対する気づきと反省。

経験の意味を問い、探究すること。

可能な回答と解釈の範囲を理解し、評価すること。

自己のものの見方と洞察力を発達させること。

発達させた洞察力を自己の生活に適用すること。

他方、これより以前に1992年法で設置されたOFSTEDはその学校視察の評価基準に精神的・道徳的発達を入れている。そこでも最初に「スピリチュアリティー」が定義されている。それは次のようなものである。

個人の信条体系：それは宗教的信条も含む。

自己の信条を話し合いや行動を通して表現する能力。

進んで経験について反省し、経験の意味を探る。

なじんだ自然と自己の経験のより深い意味を意識する際の畏敬の念と驚き。

1994年には、生徒個人に現れたこのようなスピリチュアリティーを評価することから学校の取り組みを評価する方向に変えて、学校視察のためのガイダンスの中で、「精神的発達は学校がどれほど十分に生徒に彼らの生活の諸側面と人間としての在り方を文学、音楽、美術、科学、宗教教育、集団礼拝を通して考えさせているかを、またそれに生徒たちがどのように応えているかによって判断」すべきことを明記している。また、「学校は生徒たちに価値や宗教的信条についての知識や洞察を与え、生徒が自己認識と霊的感性(spiritual awareness)を発達させるような経験について考えさせることができるようにしているか」ということを評価基準としている[4)]。

ところでこのような「スピリチュアリティー」についての解釈はすでにこれまで見た宗教教育の目指すものと重なるものであることがわかる。事実同文書は「スピリチュアリティー」の発達に重要な貢献をなすものとして礼拝や宗教教育の重要性を挙げている。しかしながら、宗教教育において各宗教の学習という面が主導的になる新しい動向に対する危惧から、より有効な方策への要請が出てくるのは当然であろう[5)]。

2 「共通の価値」を求めて

「スピリチュアリティー」について「精神的洞察は他人との関わりへの気づきを含んでいることから、精神的発達は道徳的、社会的発達と深い関係を持っている」と述べるさきのNCCの文書は、「1つの原則によって道徳的に行動する意志」、「社会に認められた倫理基準や行動習慣の知識」、「道徳的問題に対する責任ある判断を行う基礎として提唱されている規範的知識と理解」を発達させることが必要であると述べている。

NCCがSCAAに改組されて、その所長に就任したサー・ロン・ディアリングは、「最大の関心事は成人なるための若者の精神的・道徳的発達の重要性である」との認識から、改めて先の文書を再版するとともに、このような状況を打開すべく、1996年1月15日に社会の各界からの代表を集めて「成人人生のための教育」会議を開催した。そこで行われた局長ニック・テイトのスピーチ(巻末資料3)が「教育と地域社会における価値のための全国フォーラム」の設置の端緒となった。テイトのスピーチはフォーラムの設置のみならずその内容についても大きな議論を呼んだ。テイトはそこで、会議の直前の12月に起こった生徒による校長(フィリップ・ローレンス)の殺傷事件によって会議の目標が一層明確になったとして、青少年の精神的・道徳的発達の社会は学校に一層強力な支援を行うべきであると訴える。しかし問題は今や社会に「有徳な社会」を支え、促進する伝統的な共通の道徳的言語が失われてしまったことであり、その最大の原因は価値相対主義の蔓延であると断言する。

共通の倫理基準そのものが現実の社会においては価値の相対化によって時代遅れのものと認識され、青少年を律していた規範を提供する力を失ってしまった。テイトによれば、価値相対主義とは「道徳は大部分趣味や意見の問題であり、道徳的誤りというものは存在しない。故に道徳的真理を追究したり、それについて論じたりする点はないという見解である。普遍的価値はもはや存在せず、人々は自己の信念を表明することを価値の押しつけと取られることを恐れるという情景が至るところに見られる。道徳的相対主義は今日の英国人の道徳的意識に蔓延した信条」である。さらに彼は価値相対主義が英国人の意識を支配するに至った理由を次のように挙げる。

① 文化相対主義、および歴史差別の被害者への配慮や意識の過剰反応。文化に違いがあるという認識は文化の価値そのものを弱めてしまった。

② 宗教的信仰の衰退。道徳の宗教的基盤の喪失は、「なぜ良くあらねばならないのか」という本質的根拠を与えることを不可能にしてしまった。

③ ポスト・モダニズムの支配。普遍的価値と文化的特質の意義を認める伝統的価値感覚を批判し、拒絶する広範な知的潮流の中にある。

④ ポップ・カルチュアの消費主義は自己満足を伴った偏見と人間性の幼児化をもたらした。

そしてこれらの問題と関連させて検討すべき現代社会の問題状況は「社会的、地域的流動性」、「伝統的家族の崩壊」、「両性の関係の変化、雇用のパターンの変化」、「経済の地球的規模への拡大と文化的、国家的アイデンティティーを脅かすコミュニケーション革命」、「伝統的なものの見方に影響を及ぼす知識の革新」であるが、このような不安定さの中にも何らかの指導原理があるという感覚を持って若者が成長することを保障することの重要性を訴える。しかし、英国社会は道徳的生活の知的基盤を失ってしまった。もし殺すべきドラゴンがいるとすれば、それは「相対主義というドラゴンである」と述べるに至ったのである。

以上のようにテイトは、英国の社会における道徳的問題の所在を明らかにした上で、学校の精神的・道徳的教育の推進のためには社会の道徳的支援が不可欠であり、学校が社会の支援を期待できるような、価値についてのより広い国家的同意を必要とするとして、「共通の価値」の確認のための社会の各界の人々が参加するフォーラムの設置を提唱した。このフォーラムの展開については以下に詳しく紹介するが、まさにわが国における中央教育審議会が「心の教育」の在り方の審議に入った時期と重なり、その審議過程やその結果出された「共通の価値」の内容とそれによる教育現場での指導の展開注目されるのである。

第2節　「教育と地域社会における価値のための全国フォーラム」と「共通の価値の設定」

1　「教育と地域社会における価値のための全国フォーラム」の設置とその過程

「教育と地域社会における価値のための全国フォーラム」は、SCAAの所長ニック・テイトの提案により、「成人人生のための教育」会議における議論を経て96年2月に設置された。フォーラムは、教師、親、理事、宗教団体、雇用者、メディアなど150もの団体の代表によって構成された。フォーラムの経過は表4-1の通りである6)。

前節で指摘したように、「成人人生のための教育」会議において、価値相対主義に対する批判とともに、全国的に同意された、学校や地域社会において子どもたちに促すための中核となる価値(core values)のまとまりの必要性が指摘された。

このことについては「会議」の中でも意見が分かれた。個々の学校が地域のコンサルテーションを得ながら、価値のコードを考察することに対しては強く賛成するも、中核となる価値に対して全国的な同意が得られるかということに対しては、実現性を疑う意見が出た。他方、雇用者の代表たちからは、中核となる価値に関して、全国的な同意が得られることに障害はないという意見が示された。

表4-1　「教育と地域社会における価値のための全国フォーラム」の経過

96年1月	「教育と地域社会における価値のための全国フォーラム」設置
96年3月初旬	「教師」「親」「理事」「宗教団体」「雇用者」「メディア」等、10の分科会に分かれ第1回のミーティング
96年6、7月	各分科会それぞれ2回ずつのミーティング
96年9月	報告書のドラフト
96年10月	コンサルテーション開始
96年12月	コンサルテーション結果発表
97年1月6日	フォーラムのミーティング
97年1月22日	SCAAのミーティング
97年2月	大臣へ助言

ともあれ、テイトの提唱により設置された「教育と地域社会における価値のための全国フォーラム」において全国的に同意された中核となる「共通の価値」についての議論がなされることになった[7]。

「フォーラム」においても、全体としてまとめられた意見としては、その価値を持つ根拠や実際の行動への移し方はさまざまであるとしながら、地域社会の中での分かち合う主要な価値は存在するとされた。

「共通の価値」の設置に関しての教員団体からの意見はさまざまであった。全国男子教員協会・女子教員組合(NASUWT)のNigel de Gruchyは、学校がすでに最大の努力をしている領域に、テイト博士は邪魔をいれるべきではないとし、その「ラディカルな宗教的右翼」を批判した。全国校長協会(NAHT)のハート(Hart, David)も、SCAAは改宗をさせようとしているのではないかと批判を向けた。他方で、教師講師協会(ATL)のスミス(Smith, Peter)は、8年前は、ナショナル・カリキュラムの9ないし10教科が、道徳教育とPSEを絞り出してしまったので、(今回)ニック・テイトの言っているのは、公共の生活から「薄っぺらなもの」を追い出すこととし、一定の評価をしている[8]。

2　「共通の価値」の内容と論議

上記ような展開過程によって、**表4-2**のような「共通の価値」がまとめられた[9]。

フォーラムによって**表4-2**のような「価値」がまとめられたが、それらが広く一般に、支持されるものであるのか、さらにSCAAが学校へどんなサポートができるのかについて調査することを目的とした「コンサルテーション」が行われた。コンサルテーションの方法は、全国的団体を巻き込み、一般への一連の調査と学校への郵送調査、親、教師、学校理事への質的調査をすることであった[10]。

コンサルテーションにおける調査対象
成人調査：イングランドの割り当て抽出による1,455人の成人
学校調査：3,200校(無作為抽出；2,000が初等学校、1,200が中等学校、約1,200の回答)
主要関係団体調査：約400の団体(教育団体、親や理事の組織、産業団体、信仰団体)
コンサルテーションにおける会議：
イングランド中の各地区で、14の会議(無作為に呼びかけた校長、学校理事、親による)

表4－2 フォーラムによってまとめられた共通の価値

「社会（Society）」
われわれは、真実、人権、法律、正義、そして社会に共通の利益の追求のための総力に価値を置く。とくに、愛や家族全員の助け合い源泉として、また他者をケアする社会の基本として、われわれは家族に価値を置く。
【行動のための原則】これらの価値に基づき、われわれ社会は以下のことをするべきである。
・市民としてのわれわれの責任を理解する
・個人や共同体へ害となるような価値へ挑む準備を整える
・子どもを育て扶養家族を養う家族を手助けする
・法律と法的過程について人々が知る手助けをする
・法律に従い他者に対してもそれを促す
・多様性を受け入れ、人々の宗教的文化的違いに関する権利を尊重する
・すべての機会を提供する
・自身で尊厳のある生き方を維持できない人を手助けする
・われわれの民主主義における参加を促す
・経済的、文化的資源からただ利益を得るだけでなくそれらに貢献する
・公的な生活において真実と誠実を最優先する
「関係（Relationships）」
われわれは他者というものを他者が持っているものや他者がわれわれにできることではなく、彼ら自身のために価値づける。またわれわれはわれわれの発達とコミュニティーの利益の基礎としてこれらの関係を価値づける。
【行動のための原則】これらの価値に基づき、われわれの関係において以下のことをするべきである。
・すべての人の尊厳を尊重する
・他者に価値があることを伝える
・忠誠、信頼、自信を獲得する
・他者と協力的に仕事をする
・互いに助け合う
・他者の信仰、生活、プライバシー、財産を尊重する
・論争を平和的に解決することを試みる
「自己（The Self）」
われわれはそれぞれの人を精神的、道徳的、知的、身体的発達と変化という能力を持った本質的な価値のある独自の存在として価値づける。
【行動のための原則】これらの価値に基づき、われわれ個人は以下のことをするべきである。
・自身の性格、強さ、弱さを知ろうとする
・自己尊重感を発達させる
・人生における意味や目的とどのように人生を生きるべきかを発見することを試みる
・分かち合った道徳的コードに従って生きることを試みる
・われわれの権利と特権を責任をもって行使する
・人生を通じて知識と知恵の獲得に励む
・われわれの能力の範囲内で自身の人生に責任を持つ
「環境（The Environment）」
われわれは、自然界を不思議でインスピレーションを引き起こすものとして価値づけ、未来のために耐え得る環境を維持するというわれわれの義務を受け入れる。
【行動のための原則】これらの価値に基づき、われわれは以下のことをするべきである。
・可能な限りの場所で自然のバランスと多様性を保存する
・耐え得る環境という意味において開発を正当化する
・可能な限りの場所で人間の開発によって荒廃させられた生息環境を修復する
・可能な限りの場所で地域の美しさを保存する
・世界の中での人間の場所を理解する

フォーラムによってまとめられた「価値」に対しては、上記のいくつかの調査に基づくコンサルテーションの結果によれば、全国的に強い同意が得られたとSCAA所長のニック・テイトは結論している[11]。

条文に関する変更点は、家族という視点から、社会の領域の以下の文章のうち、「社会に共通の利益」という部分から「社会」をとることであった。

> 社会(Society)
> われわれは、真実、人権、法律、正義、そして社会に共通の利益の追求のための総力に価値を置く。とくに、愛や家族全員の助け合い源泉として、また他者をケアする社会の基本として、われわれは家族に価値を置く。

続いて、以下の文章を加えた。

> 安心で幸福な子ども時代のために必要とされる愛と献身は他の種の家族に見ることができことを認識しているが、これらの価値に基づくと、社会としてわれわれは、伝統的な家族の形式としての結婚を援助するべきである。

以上のコンサルテーションの結果をまとめてみると、以下のようになる。

① フォーラムによってまとめられた「価値」の内容については、極めて高い率で全国的な同意が得られたと言ってよい。

② フォーラムによってまとめられた「価値」のうち、「自己」の領域は、学校はほとんどが賛成したが、成人や親からの賛成は、他の領域に比べて相対的に低かった。

③ フォーラムによってまとめられた「価値」に対して、約半分弱の成人と親がさらに何も加える必要がないと考えている。

④ フォーラムによってまとめられた「価値」の問題の領域に対して、さらに加えるべき領域として、「家族」「学校における規律と教師の役割」「警察の役割」「法律と秩序」の問題などが挙げられたが、いずれも成人の10%以上の意見とはならなかった。

⑤ 「精神的・道徳的・社会的・文化的価値」の教育を学校が進めるにあたっての、学習プログラムのモデルやケーススタディー、良い実践の実例等に対しての学校や主要関係団体からの要望は多いが、法律で定められた学習プログラムに対する要望は多くない。

フォーラムで提起された「共通の価値」を見てまず気づくことは、「社会」「関係」「自己」「環境」の4つの柱の中で、「自己」ではなく「社会」を先頭に置いたことである。また、その「社会」の中で挙げられている「行動のための原則」の筆頭に「市民としてのわれわれの責任を理解する」を置いている。この2つのことは、これまでのPSEの実践が個人や家族と同時に労働や市民性という文脈に焦点を当てるべきであると、さきに触れた「成人人生のための教育」会議でまとめられたことから来ている[12)]。

「成人人生のための教育」会議では、市民性教育を精神的・道徳的発達のためのもう1つのチャンネルとしての可能性と見ている。これまで試みられてきた市民性教育が、中央政府からの支持の欠如などにより、多様なものとなっていたことや、ほとんどの学校では学校便覧に市民性教育をすると記してはいながらも、システマティックに教えられていう証拠となっていないと指摘した。同時に、広く社会的・政治的・経済的コンセンサスと「共通の良識」を育成する価値に根拠づけられた市民性を育成し、伝統的価値に基づいた社会のための行為の法則を含んだアプローチに基づく市民性教育を求めた[13)]。

「共通の価値」は、総計30項目もの「行動のための原理」から構成されている。これらと、第3部において示した1989年に勅任視学官によって出されたPSEガイダンス文書にあるPSEの目標とを比較分析してみたところ、「共通の価値」の「行動ための原理」の21項目が勅任視学官の文書にある目標と完全に一致もしくは、部分的に一致したものとなっていた。PSEの目標に掲げられていないもので、「共通の価値」に取り込まれているもののうち、特徴的なものは、「人生」「生き方」に関するもの4項目である。これは、第1部で見たように、宗教教育におけるもっとも重要な領域の1つである。また、「共通の価値」の「行動のための原則」の中で「耐え得る環境という意味において開発を正当化する」というものが挙げられたが、PSEが「環境」という領域を扱う場合、自然破壊の負の側面を強調するあまり、「開発」そのものを全否定してしまうことへの抵抗を示したものであろう。

「共通の価値」の内容を見る限り、宗教教育およびPSEの意義は強調されたと言ってよい。同時に、「自己」もしくは「自己尊重」を起点としているPSEでは十分とは言えない、あるいは宗教教育によっても直接的に十分に取り扱われることのない、「市民性教育」に対する期待が示されたと言えよう。

「共通の価値」を作り出すことについては、「フォーラム」においても慎重論が出されていたが、結果としてまとめあげられた。結果的には、内容については、全国的な同意が得られたと言ってよい。但し、ベック(Beck, John)が指摘しているように、例えば、「他者への尊重」などのように一般的な価値の陳述は、反対が起こるということはなく、むしろその原理を実際の問題に適用する時に問題が起こるのであって、道徳教育はそうした複雑な問題に対処することを考える必要がある[14)]。

これらの取り組みは功罪半ばのように思える。ホワイト(WhIte, John)は、社会において共通に認められた価値の必要性がこれまでに指摘されたのは、1985年のスワン・レポートのみであったこと、しかしながらそれ以後、何の議論もなかったことを指摘し、今回の取り組みが新しいスタートとなることの意義を評価した。なお内容については、「自己」の領域が瑣末なものとして取り扱われたことへの不満も述べている[15)]。

第3節　「共通の価値」とカリキュラム改革
――市民性教育の義務化と健康教育の強調

1997年の総選挙により労働党政権が誕生し、教育政策の骨子が教育白書『学校における卓越性』に示された[16)]。中心に位置づけられたのは学力水準向上のための諸施策である。新政権においても、デアリング・レポートによる勧告通り、次期のナショナル・カリキュラムの改訂を2000年としたが、この改訂において、精神的・道徳的発達という領域がどういう扱いを受けるかが、注目された。

1997年6月、SCAAは、大臣に対して、「共通の価値」の最終版とそれをどのように学校で展開させるかの提案を大臣に報告した。「共通の価値」に関しては、前政権時代に提出したものを基本的には踏襲したが、若干の修正点も見られた。まず第1に、項目を「自己(The Self)」「関係(Relationships)」「社会(Society)」「環境(The Environment)」の順に並べ替えた。またそれぞれの項目においての行動目標にも、若干の修正を加えた。

これらをどのように学校に導入するかについては、パイロット調査等が行われたが、最終的には、新しいナショナル・カリキュラムを導入する際の教師のためのハンドブック(これは、これは初等学校と中等学校で別冊となっている)[17]の中にガイドラインとして「共通の価値」の全文が示されるにとどまった。そこでは、以下のような文が付記されている。

「これらの価値は、社会で一般的に同意されているという自信を学校や教師は持ってよい。したがって、もし学校の教育やエトスがこれらの価値に基づいているならば、彼らは社会の援助と励ましを期待することができる[18]。」

このように、「共通の価値」は、学校全体の教育活動やカリキュラムを考えていく上で、参照すべきものとして提示されたのである。

しかし、精神的・道徳的領域については、さらに重要な動きがあった。1つは、中等学校における市民性教育の義務化であり、もう1つは健康教育の強調である。

第3部で見たように、市民性教育は、それまでは、ナショナル・カリキュラムのクロス・カリキュラー・テーマの1つとされており、そのためのガイダンスも出されていた。デリコット(Derricot, Ray)は、この市民性教育のためのガイダンスに関して次のような問題があったことを指摘している[19]。すなわち、1)学校においてすでに実践されていないものを集めていること、2)評価主導であるナショナル・カリキュラムにおいて、評価をされないこれらのクロス・カリキュラー・テーマは、生徒、親、教師の目から見た地位が低められること、3)市民性教育の実践は中等教育においてもその実践が少なく、初等学校においては皆無であったが、ガイダンスでは、初等学校においても導入を求めていること、4)積極的(active)および参加的(participative)という言葉がキーワードになっているが、例えば生徒の積極的参加が学校内に限られているというように、その意味と可能性に誤解があること、である。

しかしながら市民性教育は、さきに触れた「成人人生のための教育」会議においてもその必要性が指摘されたように、90年代後半には政策課題の中心になってきた。交代した労働党政権においても、さきの教育白書において、市民性と民主主義教育に関する助言グループの設置を明言した[20]。1998年に出された助言グループによる報告書(通称クリック報告)では、すべての段階(キー・ステージ)で市民性教育を義務とすること、学習結果を評価・報告すること、到達度をモニターし、視察、教員研修などの改善を勧告する市民性教育の委員会の設置などを勧告した[21]。

健康教育の強調は、1999年に教育雇用省と健康省の共同で打ち出された「健康的な学校のための全国基準[22]」(The NatIonal Healthy School Standard) から導き出されたものと言える。「健康的な学校のための全国基準」は、学校が地域社会と共同してより健康的な学校になるためのプログラムを各地方当局が作り出すための基準である。「健康的な学校」を政府が促すことは、さきの教育白書で明言したものであるが、同白書で中心的に目指していた学力水準の向上も、健康的な学校という土台の上に立つという考え方による。「健康的な学校のための全国基準」は、全校アプローチによる薬物教育、感情的健康、健康的摂食、身体活動、安全、性教育を含んだPSHEと市民性教育を求めた。PSEに関しては、健康(Health)の頭文字のHを加えたPSHEとして健康教育を強調した形で示された。時期を同じくして、PSHEを学校でどのように教えるべきかを示す全国的枠組みを作成するための助言グループが、1998年5月に設置され、翌年5月に報告書が出された[23]。報告書では、若年の妊娠、薬物誤用、怠学とその結果としての犯罪の増加などの統計を挙げ、子どもたちが将来や人生の可能性に楽観し自己肯定を育て、自分の人生に責任を持ち、コミュニティーにおいて積極的な役割を果たす自信を育てることを手助けするという責任が社会にはあることが指摘された。同時に学校における子どもの学力水準を向上させるものとしてのPSHEの意義も指摘した。それは、1)動機、2)自己肯定、3)責任、4)キー・スキル、5)雰囲気という側面において学習を手助けするものであるとしている。

こうした動きの結果として、ナショナル・カリキュラムの前回の大改訂より5年後となる2000年の改訂では、3Rsの時間の増加とともに、「非法令的枠組み」としてキー・ステージ1からキー・ステージ2では、PSHE (Personal, Social and Health Education)と市民性教育を導入し、キー・ステージ3から4では、ナショナル・カリキュラムの法令基礎教科(必修)の1つとして市民性教育が加わるということになった。

表4－3 PSHEと市民性教育の枠組みの例

キー・ステージ1
1) 自己肯定、自信、独立心、責任性を発達し、能力を最大限に発揮するために、子どもたちは、以下のことを教えられなければならない。
 a．自分の好き嫌いや、公正、不公正、正しいことと間違ったことを認識する
 b．関係するものの個人的意見を分かち合い、見解を説明するること
 c．自分の感情を肯定的に認識し、表し、取り扱うこと
 d．自分自身や自分の体験について考察し、何が得意かを知る
 e．簡単な目標を設定する方法を知ること
2) 市民として、積極的な役割を果たすことで、子どもたちは、以下のことを教わらなければならない。
 a．２人組またはクラス全体の討議に関与する
 b．簡単なディベートに参加する
 c．自分の行った選択を認識し、正しいことと間違ったことの違いを認識する
 d．グループやクラスのためのルールに同意し、守り、それがいかに自分たちを助けるかを理解する
 e．人々や他の動物はニーズを持っており、子どもはそれに合わせる責任があることを理解する
 f．家族や学校などさまざまな集団やコミュニティーに所属ていること
 g．身近な環境を向上させ、あるいは損害を与えているものや、人々が手を加えているさまざまな方法について
 h．教室や学校にいる生物へ貢献すること
 i．お金はさまざまなところから出て、さまざまに使われることを理解する
3) 健康的で安全なライフ・スタイルを気づくために、子どもたちは、以下のことを教わらなければならない。
 a．健康と安寧を向上させる簡単な選択の方法
 b．個人の衛生を維持する
 c．ある病気が伝染し統制される方法
 d．若年から老年へ成長する過程と人がどのように変化を必要とするのか
 e．身体の主要な部分の名称
 f．薬品を含めたすべての家庭用品が適切に扱われない場合は害となり得ること
 g．基本的な交通安全を含めた安全保持の規則と方法や安全保持を手助けする人々について
4) 人々と良い関係を気づき、その差異を尊重するために、子どもたちは、以下のことを教わらなければならない。
 a．自身の行動がどのように他の人に影響を与えるを認識する
 b．他者を聞き入れ、ともに遊んだり働くこと
 c．人々の間の相違性と共通性を明らかにし尊重する
 d．家族や友人はお互いに面倒見合うべきこと
 e．からかいやいじめにはさまざまなタイプがあり、いじめは間違っており、いじめへの取り組みからどう助けを受けるか
（略）

PSHE、市民性教育ともに、各キー・ステージ別にスキル、知識、理解の目標について示している。内容については、さきの「共通の価値」を受け継いだものが多いことがわかる。目標に含まれる領域は、PSHEでは〈自己に関する自信、責任性、能力〉、〈健康的で安全なライフスタイル〉、〈他者との良好な関係づくりや他者への尊重〉であり、市民性教育では、〈情報を持った市民になることの知識と理解〉、〈調査とコミュニケーションのスキルの開発〉、〈参加のスキルと責任ある行動〉である(表4－3参照)。第3部で触れたように、これまでのPSEは与えられた地位の脆弱さにもかかわらず対象領域が肥大化していたと言えるが、今次の改訂では、領域を絞った枠組みとなっている。

第4節　精神的・道徳的教育の再構築

新世紀を迎えるにあたって、英国は2000年秋から新カリキュラムを始動させた。著者らは1988年教育改革法後の宗教教育と人格教育の展開を跡づけて、教育改革法後の施行が精神的・道徳的教育を大きく推進させたことを確認したが、新カリキュラムによる市民性の教育の登場によって、改めて市民性の教育、宗教教育と人格教育の三者の関係が注目されることになった。英国本国においてもそれぞれの立場からの精神的・道徳教育の理論的枠組みの再構築が試みられているが、現段階でそれらを鳥瞰することは難しい。ただ宗教教育と人格教育の現在取り組まれつつある実践の意義をわが国の教育への示唆という観点から確認しておきたい。

宗教教育に関しては、OFSTEDやSACREのレポートを見る限り、それが目標とした方向へ改善されている。1988年教育改革法施行当時わが国では宗教教育が強化されたことが教育改革の1つの特色として紹介されたが、実態は1994年以降、SACREの活動や1993年法、1994年1月の通達、さらには1994年7月のモデル・シラバスの公示によって大きく変わったことがわかる。しかしモデル・シラバスとそれにつづく新しいアグリード・シラバスが掲げている宗教教育の2つの到達目標、「宗教について学ぶ」、「宗教から学ぶ」はわれわれが見てきた70年代からの「明示的あるいは現象学的アプローチ」と「内包的アプローチ」から発展したもので、その意味では宗教教育の基本的枠組みは変わっていない。ただ、「宗教から学ぶ」ということが人間の根源的問いや畏敬の念、生きる意味の探究という内包的アプローチにおいてあくまで宗教が究極的関心に至るまで表面に出ることのなかったものから、宗教から直接的に回答を得させようとする明示的なものになり、しかも生徒の日常的経験と宗教的な経験(礼拝、祝祭など)との関連づけるものとなっている[24]。その分、生徒の自己認識、自己尊重といった分野がより現実的な進路指導・キャリア教育の文脈で人格教育の中でに扱われるようになってきていると思われる。宗教性を強めることによってその守備範囲を明確にしてきている宗教教育は、かえってそこに踏みとどまりながら他の領域との関連を図ることが奨励されている[25]。宗教教育において知識理解の習得が目標とされ、事実その詳細な内容に驚かされるが、エリッカーも述べているように、「インフォームされた現実的な道徳的判断力[26]」が今後の精神的・道徳的教育の目指すものと言えよう。

現在英国の代表的な宗教教育の雑誌である *British Journal Religious Education* の編集長であるジャクソン(Jackson, Robert)は、現象学的アプローチの解釈学的アプローを提唱したその著書の冒頭に、「ミレニウムが近づきつつある時、宗教教育は世界の多くの国で論争点として残っている。オランダ、ノールウエイ、ドイツ、スイス、オーストリア、南アフリカ、ナミビア、カナダ(とくにオンタリオ、ケベック)、スコットランドなど多くの国で宗教的また世俗的多元主義が宗教教育の本質とその公立学校における役割について問題を提起している。多くの宗教学者たちは英国を特別の興味をもって見ている。それは1988年教育改革法が初めて国家の宗教的多元性に注意を払うべきことを法の中に規定したからである」と述べている[27]。

ところでわが国においては宗教教育の意義や公教育における在り方についてこれまで論義されることがあまりなかった。これは憲法第20条3項や教育基本法第9条2項によって公立学校における宗教教育が禁じられているためであるが、その根拠として近代公教育の三原則すなわち義務性、無償性、世俗性が持ち出されることが多かった。しかし英国の公立学校における宗教教育の展開の過程から出てきた宗教教育の教育的論証からすると、果たして近代公教育における世俗性が普遍的な原則であるのかという疑問を持つ。また、たとえ近代公教育が備える条件の1つであると認めたとしても、多元的な社会において、それを公教育の基本的原則とすべきであるのかという疑問も出てくる。

わが国の教育をグローバルな視点からその在り方を検討すべきであるという提言はあるが、英国のみならず、ヨーロッパ諸国やイスラム諸国、東南アジアの諸国を視野に入れて教育を考える場合、宗教教育は避けて通れない問題なのではなかろうか。

英国では、ナショナル・カリキュラムの導入後10年の間に、社会的状況の変化から精神的・道徳的領域の教育への期待が一層高まってきた。そうした中で英国の精神的・道徳的教育は、1）生き方や人生の意味を探求する宗教教育、2）社会への積極的な参加と責任の自覚を促す市民性教育、3）性教育を含む健康教育や環境教育、キャリア教育などの現代的な課題やストレス・マネージメントや感情の制御や学習技術などの個人的課題を取り扱う人格教育(PSE)の3つが一体となって推進されようとしている。「心の教育」を強調し、道徳教育の見直しや「総合的学習の時間」の導入などに取り組むわが国においては、精神的・道徳的領域における英国のこのような重層的取り組みから学ぶことは、少なくないであろう。

注

1）1993年3月10歳の少年2人によって2歳の幼児が殺害された事件が起こった。学校が明らかに道徳的機能を失っていることについての批判と社会の道徳的価値意識の喪失が世論を沸き起こした。

2）Erricker, Clive & Jane, *Reconstucting Religious, Spiritual and Moral Education,* Routledge Falmer, 2000, p.88.

3）もちろんspiritualityをめぐる議論はここで初めて出てきたものではない。これについては以下のものがしばしば言及される。Priestley, J., "Towards Finding the Hidden Curriculum-A Consideration of the Spiritual Dimension of Experience in Curriculum Planning"; King, U., "Spirituality in Secular Society: Recovering a Lost Dimension", *British Journal of Religious Education,* 7-3, 1985. DES, Curriculum 11-16, 1977. Hammond, J. et al., *New Methods in RE Teaching—An expreiential approach—*, Oliver & Boyd, 1990.

4）OFSTED, *Guidance of Implimentation,* HMSO, 1995, pp.83-85.

5）Gilliat, Peter, "Spiritual Education and the Public Policy, 1944-1994, in Best, Ron, *Education, Spirituality and the Whole Child,* Cassel, 1996, pp.168-171.

Hargreaves, David, *The Mosaic of Learning, School and Teachers for the Next Century*, Demos, 1994, pp.31-40は宗教教育が道徳の基盤になっていないことを理由に "civic education" を提唱している。

6) School Curriculum and Assessment Authority, *Education for Adult Life: The Spilitual and Moral Development of Young People*, SCAA 1996a.

7) *Ibid.*, p.10.

8) *Education*, 19 January 1996.

9) School Curriculum and Assessment Authority, *Press Release 46/96*, 30 Oct. 1996b.

10) School Curriculum and Assessment Authority, *Press Release 56/96*, 19 Dec. 1996c.

11) 結果の概要は表4-4(次頁)の通りである。

12) School Curriculum and Assessment Authority, *op.cit.*, 1996a, p.5. なお、巻末資料に抄訳を載せているので、参照されたい。

13) *Ibid.*, p.16.

14) Beck, J., *Morality and Citizenship in Education*, Cassell Education, 1998, p.91.

15) *Times Educational Supplement*, 10 Jan. 1997.

16) Department for Education and Employment, *Excellence in Schools*, The Stationery Office, 1997.

17) Qualification and Curriculum Authority, *The National Curriculum Handbook for Primary Teachers in England Key Stages 1 and 2*, HMSO, 1999a.

Qualification and Curriculum Authority, *The National Curriculum Handbook for Secondary Teachers in England Key Stages 3 and 4*, HMSO, 1999b.

18) Qualification and Curriculum Authority, *op.cit.*, 1999a, p.147.

19) Derricot, Ray, National Case Studies of Citizenship Education, in Cogan, John & Derricott, Ray, *Citizenship for the 21st Century–An International Perspective on Education*, Kogan Page, 1998.

20) Department for Education and Employment, *op.cit.*, 1997, p.63.

21) Qualification and Curriculum Authority, *Education for Citizenship and the Teaching of Democracy in Schools*, 1998.

22) Department for Education and Employment, *National Healthy School Standard Guidance*, 1999.

23) Department for Education and Employment, *Preparing Young People for Adult Life*, 1999.

24) QCA, *Religious Education, Non-statutory Guidance on RE, Section 3: Guidance on learning from religion (attainment target 2)*, 2000, pp.16-34.

25) *Ibid.*, pp.13-15.

26) Erricker, *op.cit.*, p.63.

27) Jackson, Robert, *Religious Education–An interpretive approach*, Hodder & Stoughton, 1997, p.1.

表4-4　フォーラムにまとめられた「価値」に対するコンサルテーションの結果

	社　会	関　係	自　己	環　境	備　考
総　括	【条文】94%の成人、95%の親、96%の学校が賛成。【行動】96%の学校、81%の主要関係団体が賛成。	【条文】95%の成人、93%の親、97%の学校が賛成。【行動】97%の学校、80%の主要関係団体が賛成。	【条文】成人、親からの賛成は、4つの領域の中でもっとも少ないが、84%の成人と83%の親が賛成。学校の賛成は97%。【行動】96%の学校、79%の主要関係団体が賛成。	【条文】96%の成人、95%の親、97%の学校が賛成。【行動】95%の学校、77%の主要関係団体が賛成。	
成人一般	94%が賛成（強く賛成は70%）。	95%が賛成。	83%が賛成（強く賛成は53%）。	96.5%が賛成（強く賛成は70%）。	47%の成人と49%の親は価値の声明文に何も加える必要はないと考えている。5%以上が法律と秩序の問題、9%が警察の問題、8%（親は11%）が学校における規律と教師の役割の問題、8%が家族の問題を加えるべきとした。
学校への郵便調査	【条文】97%が賛成（強く賛成は75%）。【行動】96%が賛成（強く賛成は71%）。	【条文】97%が賛成（強く賛成は81%）。【行動】97%が賛成（強く賛成は82%）。	【条文】97%が賛成（強く賛成は81%）。【行動】97%が賛成（強く賛成は82%）。	【条文】97%が賛成（強く賛成は81%）。【行動】95%が賛成（強く賛成は75%）。	【文書】73%の学校が学習プログラムのモデルの文書が手助けになると回答。68%がケース・スタディーと良い実践の実例、半数がこの領域に使われる用語の簡単な解説が有益と回答。コミュニティー・サービスに関するガイドライン（29%）や法律で定められた学習プログラム（13%）は少数意見と言える。
主要関係団体	【条文】【行動】ともに81%が賛成（58%が強く賛成）、2%が反対。	80%が賛成（強く賛成が67%）。	【条文】【行動】とも79%が賛成1%が反対。	【条文】【行動】とも77%が賛成（59%が強く賛成）。	ケース・スタディーと良い実践の実例(66%)、学習のプログラム（59%）、この領域に使われる用語の簡単な解説（43%）が有益と考える。

巻末資料

資料１　1993年９月 LEA 調査

資料２　1996年７月イングランド学校アンケート

資料３　「精神的・道徳的発達」SCAA 討議資料第３号

資料４⑴　「成人人生のための教育」会議における
SCAA 議長サー・ロン・デアリングの挨拶

⑵　ニック・テイト博士のスピーチ

資料５　「成人人生のための教育――青少年の精神的・道徳的発達」.
SCAA 討議資料第６号（抄訳）

資料について

資料１：1993年９月にイングランドの116の LEA に向けて宗教教育のアグリード・シラバスの改訂状況と PSE の取り組み、ガイドラインの作成状況、宗教教育と PSE の関係について質問紙調査を行った。回答は64通で回収率55％である。

この調査は宗教教育と PSE の内実をまず把握しておきたいということと、どこから各 LEA の取り組みを示す資料を手に入れることができるかという情報を得ることも目的としていた。可能な限りの資料を収集したが、なかには今後の研究の情報交換のために贈与されたり、現在使用中であるが改訂予定の内容を手書きで記して送られた場合もあった。現在は QCA (SCAA)が各 LEA の SACRE のレポートのまとめを公刊しているので、アグリード・シラバスの改訂状況はそれによって知ることができる。また　インターネット上でホームページに情報が提供されている場合もある。しかしわれわれが質問紙を発送した時点では改訂が必ずしも義務化されていなかったので、宗教教育の実体を知るには直接的に情報を得る他はなかった。PSE についても現在もそのような状況である。

資料２：1996年７月にLEAの資料では明らかでない学校レベルの取り組みについて質問した。調査対象の学校の抽出にあたっては、宗教教育と PSE の資料を入手した５つのLEAに両者の比較の上で特徴的な３つの LEA を加えた８つの LEA の中で、視学官の報告書が公開されている学校を選んだ。中学校に関しては GCSE の結果を参考にして、各 LEA とも低、中、高の学力校が入るようにした。

資料３：1993年 NCC が公表し、SCAA によって1995年に再版され、学校で活用されるよう配布された討議資料である。精神的・道徳的発達について論議される際にしばしば言及される。

資料４：1996年１月15日に SCAA が250名の各界の代表招き「成人人生のための教育」会議を開催した時の SCAA 議長のデアリング議長の挨拶と所長のニック・テイトのスピーチである。ここでテイトは青少年の精神的・道徳的発達のために学校と社会の連携が必要であることを訴え、社会の共通の価値を設定するためのフォーラムの設置を提唱する。それがその後の精神的・道徳的教育の強化への取り組みとなるが、注目されるのは、スピーチの中で「道徳的」という言葉が「精神的」の前に置かれ、道徳的・精神的教育と表現されていることである。

資料５：1996年１月15日に SCAA が開催した「成人人生のための教育」会議において表明された意見をまとめたものがこのレポートである。精神的・道徳的発達の重要性とそのための学校と社会との連携の重要性が再確認された。PSE に対しては、その意義とともに現状への不満と今後の包括的な調査の必要性が指摘された。また市民性教育について、その必要性が強調された。テイトの提案した社会の共通の価値を設定するためのフォーラムの設置については、「教育は価値を論じる共通の言語を持つべきである」、「中核となる価値への全国的な同意は、それを進める上での枠組みと自信を学校に与える」などの意見により、多くの代表は賛意を示した。同時に過度に単純化したり十分話し合われていない規則は作るべきでないことを警告している。

資料 1

1993年 9 月 LEA 調査

ＬＥＡ名	導入したアグリード・シラバス
	1975-1988
Bedfordshire	Religious Education:A PlaningGuide,1985
Buckinghamshire	Religioius Education in Buckinghamshire,1987
Cleveland	The London Syllabusesを利用
Cornwall	Cornwall Agreed Syllabus,1979
Derbyshire	
Dorset	
Durham	Growing in Understanding,1983
Gloucestershire	
Hampshire	RE in Hampshire, 1978 他
Hereford & Worcester	Hereford & Worcester Agreed Syllabus for RE, 1980
Hertfordshire	Religious Education in Hertfordshire Schools,1981
Humberside	Agreed Syllabus of Religious Education,1981
Isle of Wight	Isle of Wight Agreed Syllabus for RE,1984
Kent	
Lancashire	
Leicestershire	
Lincornshire	Agreed Syllabus for Religious Education,1980
Norfolk	Religious Education in Norfolk Schools,1980
Northamptonshire	Agreed syllabus for RE, Northamptonshire,1980
Nottinghamshire	QUEST-the Nottinghamshire Agreed Syllabus for R E
Northumberland	Religion for Life,1972
North Yorkshire	
Oxfordshire	The Hampshire Agreed Syllabus,1981
Somerset	The Hampshire Agreed Syllabus
Suffolk	Suffolk Agreed Syllabus for Religious Ed,1979
Surrey	特になし
Warwickshire	Religious Education in Warwickshire schools and College, 1985
West Sussex	Agreed Syllabus for religious Education in West Sussex,1983
Barking and Dagenham	Bristol Agreed Syllabus, 1960
Barnet	Living Faiths, 1988
Brent	Brent religious Education Today and Tomorrow, 1986

ＬＥＡ名	導入したアグリード・シラバス
	1975-1988
Bromley	Bromley Agreed syllabus for Religious Education, 1980(Hampshireからの適用)
Camden	Bristol Agreed Syllabus, 1960
Croydon	Agreed syllabus for Croydon Schools, 1980
Ealing	
Hummersmith & Fulham	
Havering	Religious Education in Hampshire Schools, 1979
Hillingdon	Hertfordshire Syllabusが学校で使用された。
Islington	ILEA Agreed Syllabus, 1984
Kensington & Chelsea	ILEA Agreed Syllabus
Lambeth	
Lewisham	Religious Education for our Children, 1984
Merton	
Redbridge	Religious Education for All our Children, 1987
Sutton	West Riding of Yorkshire, 1961
Waltham Forest	Essex Agreed Syllabus of Christian Education
Barnsley	Growing in Understanding, 1983
Bolton	1990年まではLancashire Agreed Syllabus
Bradford	RE Agreed Syllabus "For Living Together in Todays World", 1983
Calderdale	The Cheshire Agreed Syllabus
Coventry	
Gateshead	Hampshire LEA Agreed Syllabus
St. Helen	
Leeds	
Knowsley	Thre Lancashire Agreed Syllabus "Religion and Life", 1974
North Tyneside	Not known(多分The Northumberland Syllabus)
Rochdale	The Hampshire Agreed Syllabus for RE (adopted in 1985)
Salford	Religious Ed Planning and Practice, Salford, 1987
Sandwell	Sunderland Syllabus Warley Scheme
Solihull	
South Tyneside	
Tameside	Tameside Agreed Syllabus, 1988
Wakefield	Agreed Syllabus for RE, City od Wakefield , 1985
Wolverhampton	Agreed Syllabus for RE, Wolverhampton, 1987

ＬＥＡ名	ＰＳＥのガイドブックを出しているか？
Camden	No
Croydon	No
Ealing	Health Ed Guideline, 1989他
Hummersmith & Fulham	
Havering	No
Hillingdon	Not yet
Islington	No
Kensington & Chelsea	Royal Boroughでは、この領域の確立したカリキュラムステートメントがある。ほとんどの学校はそれを導入している。
Lambeth	No
Lewisham	
Merton	Guidlines for Personal, Social and Community Education, 1993
Redbridge	PSE, 1991
Sutton	No
Waltham Forest	PSE Guidelines, AIDS Guidelines, Sex Ed Guidelines
Barnsley	The Entitlement Curriculum
Bolton	REのハンドブックにREと PSEとがつながるセクションがある。
Bradford	Yes
Calderdale	No
Coventry	No
Gateshead	No
St. Helen	A Whole School Approach to PSE, 1990
Leeds	Ｙｅｓ
Knowsley	ＲＥに関連したＰＳＥのガイドラインはないが、健康教育に関連したものはある。
North Tyneside	Ｙｅｓ available
Rochdale	Ｎｏ
Salford	イニシャルステートメントが1989に出た。
Sandwell	Ｙｅｓ Curriculum Policy Guidelines for PSE "Moving Forward", 1989
Solihull	No
South Tyneside	Ｎｏ
Tameside	A Policy Document, 1992
Wakefield	Ｎｏ
Wolverhampton	

ＬＥＡ名	ＰＳＥのガイドブックを出しているか？
Bedfordshire	PSE Guidelines 1989　Drug Strategy Guidelines 1992
Buckinghamshire	Ｎｏ
Cleveland	Bullying in Schools:A Positive Approach, 1991
Cornwall	エイズ教育以外は未。
Derbyshire	A Derbyshire Approach to PSE,1982
Dorset	Guidelines on1) Sex Ed. 2)Health ed. 3) Equal opportunity 4) Political&international ed. 5) Citizenship 6)Environmental ed. 7) Race equality
Durham	PSE/Ｃross Curriculuer Themes,1992　Guideline: PSE / Value Ed,1922
Gloucestershire	PSE within the whole curriculum,1990　Sex Ed. in Schools,1988
Hampshire	Ｎｏ
Hereford & Worcester	Ｎｏ
Hertfordshire	PSE　County Guideline,1989　PSE in the Primary phase,1993
Humberside	PSE-Guidance Docuement,1985　School Curriculum in Humberside-new edition,1993
Isle of Wight	Ｎｏ
Kent	Ｎｏ
Lancashire	Sex Education,1994
Leicestershire	Out from behind the Classroom Desk-materials for use in Classrooms, PSE within the Curriculum 1993
Lincornshire	PSE and Health Education　のカリキュラムステートメント（入手可）がある。
Norfolk	Personal and Social Education,1992　（入手可）

ＬＥＡ名	ＰＳＥとＲＥとの関係
Camden	多くの学校はＰＳＥの中で、ＲＥを教えるとしているが、実際にはほとんどがそうしていない。
Croydon	ＰＳＥコースのあるものは、よりＲＥに接近している。
Ealing	初等のトピック学習はＲＥとリンクする。中等のＰＳＥコースがＲＥを含むものと、別個に時間をもつものがある。
Hummersmith & Fulham	ＲＥはＰＳＨＥに間接的に関係する。
Havering	
Hillingdon	新しいシラバスでは、Spiritual，Moralも強調点が明確。
Islington	時に中等学校のＰＳＥにおいて。
Kensington & Chelsea	ＰＳＨＥは時としてＲＥ、科学、体育とつながる。
Lambeth	アグリードシラバスの目標にto enable young people to develop spiritually，personally，socially，morallyがある。
Lewisham	
Merton	多様。別個の場合と共通。
Redbridge	Ｙ１０と１１では、ＲＥとつながるが極めて一般的。
Sutton	テーマによってＲＥとリンク。
Waltham Forest	ＰＳＥの特設教科でＲＥを含むこともある。
Barnsley	
Bolton	中等ではある学校は、同じ教科の中だが、ある学校では全く別。
Bradford	
Calderdale	ある中等学校では、ＲＥはＰＳＥコースの中で教えられるが別の学校では別々。
Coventry	
Gateshead	
St. Helen	ある学校では、両者は密接にコーディネートされる。
Leeds	時には一緒に時には別個に。
Knowsley	多くの学校では密接にリンク。
North Tyneside	時にはＲＥの一部 。
Rochdale	REとの関係も学校によて違う。
Salford	学校によって違う。
Sandwell	REと直接つながる必要はないが、しばしばリンク。
Solihull	
South Tyneside	二、三校を除いて、関係ない。
Tameside	ＰＳＥブロックの一つはＲＥかもしれない。
Wakefield	
Wolverhampton	ある学校ではＰＳＥとＲＥをリンク。

ＬＥＡ名	ＰＳＥとＲＥとの関係
Bedfordshire	学校によって大きく違う。
Buckinghamshire	ある学校ではＲＥとつなげた形式で。ある学校ではそうでなく。
Cleveland	ＲＥとの大きな重複はない。
Cornwall	ある学校ではＲＥと関連させている。
Derbyshire	
Dorset	KS4においてはＲＥとＰＳＥが密接につながる、the Dorset Achievement in Religious Education (DARE) Projectの一部として。
Durham	ＲＥは、Y10、Y11ではＰＳＥのなかで扱われることもあるが、ＲＥのリクワイアメントにそうために別個に教えつつある。
Gloucestershire	多くは各教科なども含めたコンビネーションで。
Hampshire	時にはＹ１０とＹ１１でリンク。
Hereford & Worcester	ある学校では、ＰＳＥはＲＥのコースの一部として教える。ある学校では別個に。
Hertfordshire	ＲＥとは別個である。多くの学校では誤解され混乱されている。しばしばＫＳ４ではＲＥはＰＳＥの中で教えられるが、これは満足できるものではない。
Humberside	ＲＥはしばしば独立した教科として教えられている。
Isle of Wight	
Kent	クロスカリキュラーおよび全校問題として、ＰＳＥはアグリード・シラバスと関連して教えられる。
Lancashire	時には別だが、融合されることもある。
Leicestershire	
Lincornshire	ＲＥとの関係は、ＲＥのアグリード・シラバス（1993年）に説明されている。
Norfolk	ＲＥとの関係は、アグリード・シラバスの目標に設定される。
Northamptonshire	
Nottinghamshire	新しいシラバスでは、内容から概念へ移行。またＲＥとＰＳＥは不可分になった。
Northumberland	高校のＰＳＥにREが含まれる場合がある。
North Yorkshire	ＰＳＥコースにＲＥが含まれる場合がある。
Oxfordshire	ＰＳＥは時にREの一部になるが、それはRE弱めることになる。多くの学校では両者を別の要素と考えている。
Somerset	ＫＳ４ではＰＳＥの中でＲＥが含まれる。
Suffolk	ＰＳＥは全体カリキュラムの問題。ＲＥは一つの教科。
Surrey	ＲＥは時には試験教科として教えられる。
Warwickshire	初等は別個のＲＥ。中等ではＰＳＥがＲＥを含むこともあるが、ＲＥは別個の教科になってきている。
West Sussex	道徳教育のある部分はREで教えられる。
Barking and Dagenham	多くの学校では、ＲＥをＰＭＳＥ内で教えると主張しているが、実際にはほとんどがそうしていない。
Barnet	中等学校では週一時間（ＰＳＥとは別個に）。
Brent	

ＬＥＡ名	ＰＳＥはどこで教えられるか？
Bromley	学校が独自のＰＳＥプログラムを作っている。
Camden	多くは中等学校におけるテュートリアルの時間で。
Croydon	多くは独立したＰＳＭコースを作っている。
Ealing	初等ではトピック学習を通して。中等では、専門家の援助を得ながらテュートリアル・プログラムもしくはＰＳＥコースにて。全部の学校にＰＳＥコーディネータが入る。
Hummersmith & Fulham	学校は独自のプログラムを作っている。
Havering	それぞれの学校は独自のシラバスを作っている。
Hillingdon	ある学校は、ＰＭＳＥをクロスカリキュラーのＰＨＥの一部として教えられている。
Islington	
Kensington & Chelsea	PSHEのプログラムを通して。
Lambeth	初等では全体カリキュラムで。中等ではＰＳＨＥという時間で。
Lewisham	
Merton	多様。クロスカリキュラー、ＰＳＥコース、テュートリアル、パストラルケア、達成記録。
Redbridge	初等では、トピック学習。中等ではＰＳＥの時間。
Sutton	初等ではクロスカリキュラーなトピックで。中等ではテューター、パストラルグループで。
Waltham Forest	特設教科、テュートリアルの時間で。
Barnsley	これは今や、学校と理事会の責任。ＬＥＡはEntilement Curriculumを出した。
Bolton	多様
Bradford	ファーストスクールでは、明確に時間を設定していないが、ポリシーに入っている。ミドルと中等ではＰＳＥという教科がある。
Calderdale	初等では集会、トピックを通して。中等ではＰＳＥのコース。
Coventry	学校により違う。多くはＰＳＥという特設教科かテュートリアルを通して。
Gateshead	多様。特設のＰＳＥ、キャリアガイダンス等を通して。クラステューターが主要な役割。
St. Helen	初等は、カリキュラム全体。ある学校では年長にはより特定した形式。中等では、専科もしくはフォームテューターによって。
Leeds	一般にフォームテューターを通して。
Knowsley	健康教育とリンク。
North Tyneside	ハイスクールでは、時には別個の教科で。初等学校では、統合カリキュラムの一部。
Rochdale	クロスカリキュラーと特設教科の混合、学校によって週３０分から一日３０分といろいろ。専門家よりもフォームチュターによって。
Salford	それぞれの学校で。クロスカリキュラーであり健康教育とつながる。
Sandwell	全高校は、週一時間10分の特設ＰＳＥを持っている。
Solihull	あるものは統合、あるものは別箇で。ある学校では特設時間にない。
South Tyneside	テュータによる能力混合クラスで。
Tameside	テュータや特設教科。ＫＳ４では、ＰＳＥブロックあり。
Wakefield	初等は特設はない。ＫＳ４では特設。
Wolverhampton	学校によって多様。

ＬＥＡ名	ＰＳＥはどこで教えられるか？
Bedfordshire	通常、クロスカリキュラーの特設の時間において。
Buckinghamshire	個々の学校のやりかたで。
Cleveland	ある学校では独立した教科として。多くはテューターの時間に。
Cornwall	それぞれの学校がＮＣＣの文書に従って独自のかたちで。
Derbyshire	多様な方法で。全校アプローチがＬＥＡによって、最近提唱されている。
Dorset	初等では、テーマもしくはトピック学習で。
Durham	92年にＬＥＡの政策を発行。多くの学校は、特設の教科を出している。
Gloucestershire	学校によって多様。
Hampshire	
Worcester	
Hertfordshire	
Humberside	通常は、ＰＳＥと呼ぶコースの中で、教えられる。ある学校では、Ｎ.Ｃ.内で教えようと試みているが、時間がその効果と方策を制限している。
Isle of Wight	県の政策に従って。
Kent	
Lancashire	ある時は、特設時間で、またある時はクロスカリキュラーで。
Leicestershire	ＰＳＥは各テーマで、特別モジュラー・コース、テュートリアル・プログラム、追加時間において教えられる。また、これは学校エトスの問題でもある。
Lincornshire	学校はそれぞれ独自のプログラムをつくっている。
Norfolk	ＰＳＥは、学習の情意的領域で供され、全体カリキュラムへ統合される。
Northamptonshire	回答には、スペースが狭すぎる。日本に呼んでほしい。
Nottinghamshire	多様な方法で、カリキュラム領域全体に。多くの中等学校では、コースとして。
Northumberland	学校によって多様。多くの高校（13-18）では、ＰＳＥとして週30分から90分。ミドルでも同様の場合がある。
North Yorkshire	初等では学校の活動に統合された基礎カリキュラムの一部として。中等では特設のＰＳＥや全校アプローチの一部としてＲＥや他の領域を通したものとして。
Oxfordshire	学校によって多様である。多くの中等学校では、テュートリアル・プログラムで。Ｙ10とＹ11では、専門教師によって。
Somerset	ＰＳＥは週１時間。
Suffolk	個々の学校によって違う。
Surrey	多様な方法で。多くの学校では、統合的プログラム。
Warwickshire	初等では健康に関係したトピックで。中等では、フォームチュータもしくは熟練教師による別個のコースで。
West Sussex	多くの学校ではクロスカリキュラー。
Barking and Dagenham	多くは中等学校でテュートリアル・プログラムの中で教えている。週一時間。
Barnet	中等学校ではＰＳＥとして週週一時間（40分）。初等学校では、テーマ、トピック学習で。
Brent	学校によって大きく違う。中等ではＰＳＥは健康教育とリンク。

ＬＥＡ名	Ａ・Ｓの改訂を予定しているか？
Bromley	Yes
Camden	Yes
Croydon	Yes
Ealing	94年1月に間に合えばYES
Hummersmith & Fulham	ガイドラインを作成中だが、正式でない。
Havering	有効なものは何でも取り入れる。
Hillingdon	既に新しいものを出した。
Islington	Yes
Kensington & Chelsea	草案ができている。見直しの時にモデルは参照。
Lambeth	改訂作業をしているが、モデルは参考にする。
Lewisham	Yes
Merton	９４年に見直すがモデルは参考にする。
Redbridge	独自のモデルがあるがナショナルモデルも考慮する。
Sutton	Yes　現在修正中。
Waltham Forest	Yes
Barnsley	最近改訂したばかりなので当分見合わせる。
Bolton	モデルに従って見直す。
Bradford	YES
Calderdale	No
Coventry	Yes
Gateshead	Yes
St. Helen	No　新しいシラバスを作ったばかりなので。
Leeds	考慮にいれる。
Knowsley	lancashireのシラバスの導入決定の時にモデルシラバスを考慮。
North Tyneside	Yes
Rochdale	Yes
Salford	モデルシラバスは、ガイダンスとして使用する。
Sandwell	YES
Solihull	Yes
South Tyneside	変更の予定なし。
Tameside	Yes
Wakefield	No
Wolverhampton	Yes

ＬＥＡ名	Ａ・Ｓの改訂を予定しているか？
Bedfordshire	新しいものを作る計画であったが、モデルを見てから。
Buckinghamshire	そうしたいが、SACREが急ごうとしている。
Cleveland	改訂の予定なし。
Cornwall	1998年に更新する。
Derbyshire	Yes
Dorset	No　新しいシラバスを出したばかりなので。
Durham	改訂を停止している。
Gloucestershire	モデルに従った新しいものを考えている。
Hampshire	既に改訂している。
Hereford & Worcester	改訂の途中だがモデルを吟味し考慮する。
Hertfordshire	No
Humberside	No
Isle of Wight	もう草案ができているので、待たない。
Kent	Yes
Lancashire	この３、４年新しいシラバス作成に動いている。
Leicestershire	Yes
Lincornshire	
Norfolk	Yes　県内の二人の教師がプロジェクトの一員。
Northamptonshire	改訂を作っている。
Nottinghamshire	モデルに関しては厳しく評価する。
Northumberland	Yes
North Yorkshire	Yes
Oxfordshire	改訂の必要はないと考える。
Somerset	No
Suffolk	Yes　ただ他のNCの変更も大きく影響する。
Surrey	No　初等の修正案を作っている。
Warwickshire	たぶん
West Sussex	改訂したばかりだが次の時は参考にする。
Barking and Dagenham	Yes
Barnet	Yes
Brent	モデルとも比較し判断していく。

ＬＥＡ名	導入したアグリード・シラバス
	1988-PRESENT
Bromley	1992年からガイドラインを使用
Camden	Leaning for life, 1989
Croydon	New Agreed Syllabus for Religious Ed for Croydon Schools, 1992
Ealing	London Borough of Ealing Agreed syllabus for RE, 1989（親の反対により修正中）
Hummersmith & Fulham	現在はILEAのアグリードシラバス。1994年には新しいものを作成の予定。
Havering	The Havering Agreed Syllabus, 1989
Hillingdon	New Hillingdon Agreed Syllabus for RE, 1993
Islington	ILEA Agreed Syllabus, 1984
Chelsea	94年に出版予定。
Lambeth	Ｒeligious Ed for Our Children, ILEA, 1988 （SACREが1991年に導入）
Lewisham	
Merton	Religious Education for Our Children, 1990
Redbridge	
Sutton	Rotherham Agreed Syllabus, 1991
Waltham Forest	The Agreed Syllabus for RE, 1988
Barnsley	The Agreed Syllabus of Religious Education, 1993
Bolton	BoltonのAgreed Syllabus, 1990
Bradford	現在も左記を使用しているが94年9月に改訂予定。
Calderdale	The Newcastle upon Tyne Agreed Syllabus, 1993
Coventry	Religious Education in Coventry, 1992
Gateshead	Gateshead LEA Agreed Syllabus
St. Helen	St. Helens Agreed Syllabus for Religious Education, 1992
Leeds	Leeds Agreed Syllabus for RE, 1991
Knowsley	Lancashireは今新しいシラバスを作っている。
North Tyneside	Investigating Understanding and Caring, 1990
Rochdale	検討中
Salford	The Agreed Syllabus for RE in Salford, 1993
Sandwell	Agreed Syllabus for RE, 1991
Solihull	Agreed Syllabus for RE, 1990
South Tyneside	Learning Together, 1993
Tameside	
Wakefield	Agreed Syllabus of RE, 1990
Wolverhampton	改訂中

ＬＥＡ名	導入したアグリード・シラバス
	1988-PRESENT
Bedfordshire	Religious Education:A PlaningGuide,1985
Buckinghamshire	現在も同様
Cleveland	New Agreed Syllabus,1992
Cornwall	Cornwall Agreed Syllabus,1989,1993
Derbyshire	Target Project,1993
Dorset	Reaction Reflection Response,1993
Durham	
Gloucestershire	
Hampshire	Knowing(?) of Life, 1992
Hereford & Worcester	Hereford & Worcester Agreed Syllabus for RE, 1992
Hertfordshire	現在、改訂中。
Humberside	Humberside Agreed Syllabus of Religious Education,1993
Isle of Wight	Isle of Wight Agreed Syllabus for RE, 1993
Kent	The Kent Agreed Syllabus for Religious Education, 1992
Lancashire	
Leicestershire	The Leicestershire Agreed Syllabus for RE, 1992
Lincornshire	Agreed Syllabus for Religious Education,1993
Norfolk	Religious Education in Norfolk Schools,1980
Northamptonshire	
Nottinghamshire	The Nottinghamshire Agreed Syllabus for RE,1992
Northumberland	Religion for LIfe,1972
North Yorkshire	North Yorkshire Agreed Syllabus Part A,1991
Oxfordshire	Religious Education in Oxfordshire The Agreed Syllabus,1993
Somerset	Somerset Agreed Syllabus for Religious Ed, 1993
Suffolk	Religious Education in the Basic Curriculum, 1989
Surrey	The Agreed Syllabus for REin Surrey,1987-88
Warwickshire	
West Sussex	West Sussex Agreed Syllabus,1993
Barking and Dagenham	Learning for Life, 1989
Barnet	
Brent	

資料 2

1996年 7 月イングランド学校アンケート

初等学校	学校名	生徒数（対象学年もしくは年齢）	M・Sについて	M・S以後の変化	現在の内容	教えている他宗教・宗派	地域との連携
Merton							
	Cranmer Middle School	445(Y4-Y7)	枠組みとしては有益各校が解釈すべき	変化は多くない既に指導体制を確立	多宗教の比較	ユダヤ、ヒンズー、イスラム	主な宗教すべての牧師を招く。地域の礼拝に参加
Norfolk							
	Chapel Break County First School	157(R-Y3)	ノーフォークのそれによる学校は独自のもの	工芸品を含めて五大宗教の教材を買った	食べ物、世話、祝祭儀式、実践コードなど	仏教、イスラム、シーク、ヒンズー	地域の教会から招く、地域の教会に参加
Warickshire							
	Long Lawford Combined School	234(PRE-Y7)	我々の計画に非常に影響を与えた、非常に有益である	M・Sは、a）関心を高めた、b）議論のための問題を提起、c）計画の基礎を提供、d）よりバランスのとれた構造化されたアプローチを可能にした	クロス・カリキュラーアプローチ　必要に応じて教科的アプローチ	ヒンズー、シーク、イスラム、回教	地域の教会または宗教団体の牧師や指導者を学校の集会に招き司会を担当
Bedfordshire							
	Oakley lower School	194(4-9)	アイデアを与えられる	変化した、焦点化された		他の宗教すべて	同上
	IWilliam Austin Junior School	430(7-11)	研究していない、LEAがシラバスを作るためのもの	M・Sにもとづいたベッドフォードシラバスに基づいて新しいシラバスを作ることになる、1996年9月	各学期新しいトピック各宗教に基づいたまたはテーマ的なもの	ユダヤ、ヒンズー、イスラムはある程度深く、シーク、仏教は詳しくない	異なる宗教の祝祭を行う
[illegible]e							
	Hormead CE Primary School	76(Y1-Y6)	知らない。用いていない	なし	教区のハンドブックに従う	仏教、イスラム、ユダヤ	教会立学校であるため教会の礼拝や祝祭と強い絆を持つ、司祭が学校に訪問、彼は理事でもある
Leicestershire							
	Dunton Bassett Primary School	90(5-11)	殆どインパクトなし	なし	多くはキリスト教の物語と祝祭について、ただし現在検討	シーク、ヒンズー	毎月教区牧師を招く、教会での祝祭に参加
	Hose CE Primary School	37(4-10)	そのようなものがあることを知らなかった		英国国教会の学校として独自のもの	ヒンズー、回教、ユダヤ、中国	教会での礼拝、クリスマス村と共同参加

中等学校 学校名	学校種	１９９５年度の学力（ＧＣＳＥのA-Cの割合）	Ｍ・Ｓについて	Ｍ・Ｓ以後の変化	現在の内容	教えている他宗教他宗派	地域との連携
Merton							
Wimbledon College	VA comp boys 13-18	51	あまり影響ない全員試験コースを取っているので	GCSEコースがいくらか強調されるようになった	ヒューマニティ中心	ユダヤ、イスラム、ヒンズー、仏教	ローマ・カトリックの教区の教会と密接な関係
Norfolk							
Old Buckenham High	c comp mixed 11-16	64	内容が多すぎる	まだない	オープンな批判的な、生徒に考えさせ研究させる	イスラム、ユダヤ、シーク、仏教、古代エジプト	外部の人を招く
Earlham	c comp mixed 12-18	8	有益な文書である	ない	グループ活動プロジェクト	現在イスラム、ユダヤ、９月に新Ａ・Ｓ	地域の僧が集会を地域のシナゴーグを訪れる
Thrope St Andrew	c comp mixed 11-18	46	実際の使用にはあまりに量が多くアカデミック	ない、しかしそれはキリスト教だけではなく、諸宗教を教えることを再確認させる	良い活動、適切な教材、スタッフ精神的道徳的社会的文化的教育に貢献している	全宗教宗派とヒューマニズム	地域の牧師が参加ただし初等学校のみ年齢の上の生徒は好まない
Oxfordshire							
Bartholomew School	vc comp mixed 11-18	62		特にない。ただしウォーリックのアグリード・シラバスに影響し、それが我々に影響		ユダヤ、ヒンズー、シーク、イスラム	地域の牧師が時折訪問若い聖職者が集会、ＲＥへレミントン・クリスチャンの代表が感謝祭に参加　何人かホームレスの中で働く
Warickshire							
North Leamington school	c comp mixed 12-18	41	ＬＥＡがアグリード・シラバスに責任を持つ			主な宗教	
Manor Park	c comp mixed 12-16	13	概して有益指示的ではあるが	新しいシラバスが９６年９月から試行	積極的。全生徒がコースに従う。ＧＣＳＥの短期コースが担当者を増員、国家認定の資格を与える	シラバス規定の宗教、イスラム、ユダヤ、ヒンズー、シーク、仏教	良い関係。礼拝の地域センターを使用。しばしばリーダーの訪問を受ける
Bedfordshire							
Stratton Upper School	c comp mixed 13-18	40	不当に他の宗教を犠牲にしてキリスト教を偏重していると感じた。それは公平ではない！	ない	学校は支持的カリキュラムに適切に位置づけられている。宗教主任として他宗教的アプローチを取っている	レスターのシラバスに従い仏教、ヒンズー、イスラム、ユダヤ、シーク	時折学外に訪問講演者を招聘　時間が許せばもっと多くのことをしたい
Leicestershire							
Sir Jonathan North Community College	c comp girls 11-16	42	宗教教育を独自の教科とし従来必ずしも持たなかった地位を提供した評価は良くできている	現在ＳＡＣＲＥによるノーフォークのアグリードシラバスを待っている	宗教教育は地理、歴史と同等で、伝統的なヒューマニティーズとみなされている。英語も含むヒューマニティーズのスタッフが分担	イスラム、ヒンズー、仏教、シーク、ユダヤ	初等学校とは密接な連携、牧師が時折話をする、礼拝に関しては学校と牧師とはあまり関係がない

初等学校	学校名	PSEは、 カリキュラムのどの部分で	ＰＳＥは、 ＮＣの導入によって変わったか？	宗教教育とＰＳＥの関係
Merton				
	Cranmer Middle School	ＮＣ教科、トピック、ＲＥ	ＮＯ	宗教教育にＰＳＥが入っている、ＰＳＥの時間もある、担任が教える
Norfolk				
	Chapel Break County First School	ＮＣ教科、トピック、ＲＥ、ＰＳＥ	ＹＥＳ　しかしＰＳＥが全体カリキュラムを補強するものという点は変わらない	ある部分は一緒、ただしコースの中ではない
Warickshire				
	Long Lawford Combined School	ＮＣ教科、トピック、ＲＥ、健康教育	ＹＥＳ　ＮＣが変化に影響を与えたのか、社会の要求が変わったのか評価は難しい	時には結合、Ｙ６の「健康と成長」やレセプション・クラスの「私自身」などは別のコースとして
Bedfordshire				
	Oakley lower School	ＮＣ教科、トピック、ＲＥ、クラスおよび全校集会	ＹＥＳ	一緒には教えない
	IWilliam Austin Junior School	特設のコース	ＮＯ　政府からより責任を与えられた、社会の弱体化により学校で行動について教えることを要求される	
Hartfordshire				
	Hormead CE Primary School	ほとんどＮＣ教科、時々特設コースとトピック	ＮＯ	一緒に教える、独自のコースを作っている
Leicestershire				
	Dunton Bassett Primary School	特設コース、トピック、ＲＥ	ＹＥＳ　どちらかといえば、削減された	一緒に教える
	Hose CE Primary School	ＮＣ教科、特設コース、トピック、ＲＥ、集会	ＮＯ	一緒に教える、他者への配慮、他者の尊重がキリスト教と融合

中等学校	学校名	ＰＳＥは、カリキュラムのどの部分で	ＰＳＥコースの名前	ＰＳＥの担当	ＰＳＥの週あたりの時間	ＰＳＥは、ＮＣの導入によってどう変わったか	クロスカリキュラーテーマとの関係 経済産業理解	キャリア	健康	市民性	環境	ＰＳＥと宗教教育との関係
Merton												
	Wimbledon College	テュートリアル時間	独自に開発したコース			毎年発展している，ＮＣに関係なし	10:11	10:11	科学 9:11		地理 9:11	一緒にはしない
Norfolk												
	Old Buckenham High	特設コース、テュートリアル時間	ＰＳＥ	ＲＥ主任、ＰＥ主任、ＰＳＥコーディネータ、ＨＥ主任、教頭、ＩＴ専科	５０分一回と５０分のテュートリアル	ＹＥＳ　より構成的になった、時にはあまり規定的で教師生徒間の関係づくりを妨害	9:11	9:11	7:11	7:11	地理8	一緒にはしない
	Earlham	ＮＣ、特設コース、ＲＥ、テュートリアル時間	ＰＳＥ	訓練されたＰＳＥ担当	１時間	ＹＥＳ	ＮＣの中で ８：１３					宗教教育は独自に
	Thrope St Andrew	特設コース	全校で展開									
Oxfordshire												
	Bartholomew School	特設コース（１２：１３）、ＲＥ、テュートリ	SKILL FOR LIFE（7：12）、GENERAL	テュータ（SKILL FOR LIFE）、教師	５０分一回	ＰＳＥが発展したのはここ１０年でＮＣの歴史と同じ	キャリア	7:11	7:11	7:11	7:11	
Warickshire												
	North Leamington school	特設コース			５０分の授業とテュートリアル時間	ＹＥＳ　特にＨＥがそうである	ＰＳＥ9：11	ＰＳＥ 9：11	ＰＳＥと科学 7：11	ＰＳＥ 7：11	ＰＳＥと地理 8：11	
	Manor Park	テュートリアル時間	ＰＳＥ	テュータ	４５分	コースは常に発展する						
Bedfordshire												
	Stratton Upper School	特設コース	ＰＳＥ／キャリア	多様	１時間							宗教教育独自で
Leicestershire												
	Sir Jonathan North Community College	特設コースとテュートリアル時間	ＰＳキャリア教育	専門教師の手助けによるパストラル・テュータの指導	１時間	クロス・カリキュラー・テーマの設定	10	9:11	7:11	10:11	7:11	宗教教育独自で

初等学校	学校名	Being a person	Moral perspective	Ideals	Moral rules	Social issues: race	sexism	nuclear war	environment	Politics: citizenship	community participation	the rule of the raw	Place within society: occupation	status and class	economic and social need	Health: physical	mental
Merton																	
	Cranmer Middle School																
Norfolk																	
	Chapel Break County First School			R-Y3		R-Y3	R-Y3		R-Y3	R-Y3	R-Y3	R-Y3				R-Y3	R-Y3
Warickshire																	
	Long Lawford Combined School	R-Y7	R-Y7	R-Y7	R-Y7	R-Y7	Y4-Y7	Y6-Y7	R-Y7	R-Y7	R-Y7	R-Y7		Y7	Y6-Y7	R-Y7	R-Y7
Bedfordshire																	
	Oakley lower School	R-Y3	R-Y3	R-Y3	R-Y3	R-Y3	R-Y3		R-Y3	R-Y3	R-Y3		R-Y3	R-Y3	R-Y3	R-Y3	R-Y3
	IWilliam Austin Junior School	Y3-Y6	Y3-Y6		Y3-Y6	Y3-Y6			Y3-Y6		Y5-Y6	Y4	Y6			Y3-Y6	Y3-Y6
Hartfordshire																	
	Hormead CE Primary School	Y1-Y6	Y1-Y6	Y1-Y6	Y1-Y6	Y1-Y6	Y1-Y6	Y4-Y6	Y1-Y6	Y1-Y6	Y1-Y6				Y4-Y6	Y2-Y6	Y2-Y6
Leicestershire																	
	Dunton Bassett Primary School			Y1-Y6					Y5-Y6						Y5-Y6	Y1-Y6	
	Hose CE Primary School	Y	Y	Y	Y	Y	Y	War in General	Y		Y				Y	Y	

（網掛け）が、ＰＳＥのカバーしている領域

中等学校	学校名	Being a person	Moral perspective	Ideals	Moral rules	Social issues: race	sexism	nuclear war	environment	Politics: citizenship	community participation	the rule of the raw	Place within society: occupation	status and class	economic and social need	Health: physical	mental
Merton																	
	Wimbledon College	Y9-Y11	Y9-Y11	Y9-Y11	Y9-Y11	Y9-Y11	Y9-Y11		Y9-Y11	Y9-Y11	Y9-Y11	Y9-Y11					
Norfolk																	
	Old Buckenham High	Y7-Y8	Y9-Y11	Y10-Y11	Y7-Y11	Y9	Y9-Y11	Y9	Y9	Y8-Y11	Y7-Y11	Y8-Y9	Y9-Y11			Y7, Y8, Y10	Y8, Y11
	Earlham Thrope St Andrew	Y8-Y11	Y8-Y11	Y8-Y11	Y8-Y11	Y8-Y11	Y8-Y11	Y11	Y9-Y11	Y8-Y11	Y8-Y11	Y8-Y11	Y8-Y11	Y8-Y11	Y8-Y11	Y8-Y11	Y8-Y11
		Y10	Y10-Y11	Y10-Y11	Y7-Y11		Y7-Y9		Y9-Y10	Y9, Y11	Y7-Y11	Y11	Y10	Y7-Y11			
Oxfordshire																	
	Bartholomew School	Y7-Y13	Y7-Y13	Y7-Y13	Y7-Y13	Y7-Y13	Y7-Y13	Y10-Y13	Y7-Y13	Y7-Y13	Y7-Y13		Y7-Y13		Y7-Y13	Y7-Y13	Y7-Y13
Warickshire																	
	North Leamington school	Y7-Y9				Y9-Y10	Y9-Y10		Y8, Y11	Y7-Y11	Y10		Y9-Y11	Y10	Y10-Y11	Y7-Y11	Y9-Y11
	Manor Park																
Bedfordshire																	
	Stratton Upper School	Y9	Y9-Y11	Y9	Y9	Y9	Y9-Y11		Y9	Y9		Y9	Y10-Y11	Y9	Y11	Y9-Y10	
Leicestershire																	
	Sir Jonathan North Community College	Y7-Y11	Y7-Y11			Y7-Y11	Y7-Y11		Y7-Y11	Y10	Y7-Y11		Y9-Y11		Y10	Y7-Y11	

（網掛け）が、ＰＳＥのカバーしている領域

資料3

「精神的・道徳的発達」

"Spiritual and Moral Development"
School Curriculum and Assessment Authority (SCAA)
Discussion Papers: No.3, September 1995

まえがき

1993年4月にNCCが「精神的・道徳的発達—討議資料」を公刊して以来、この文書の要求が多いことから、SCAAはこれを再版することにした。

この問題に関して個人的見解を差し挟む権利はないが、あえて警告するならば、われわれは一社会として、われわれの文明の中で、道徳的・精神的側面を一層考慮する必要があると思う。学校が父母の協力のもとに、教育の過程を通して、われわれの子どもたちの道徳的・精神的発達への顕著な貢献をし、成人生活の責任への基盤を提供することに各位が賛同されることを希望する。この文書を、学校のこの方面の重要な責任を遂行するたの支援を提供するものとして推薦したい。

1995年9月

サー・ロン・デアリング、学校カリキュラム評価機構議長

序　論

1998年教育改革法は、教育を生徒の社会の精神的、道徳的、文化的、知的、身体的発達という文脈に位置づけた。これらの側面はカリキュラムと学校の精神(エトス)を支えるものである。その重要性は、1992年教育(学校)法によってその権威を規定されている学校視察の枠組みに置かれることによって強調されている。同法は、勅任主任視学官が生徒の精神的、道徳的、社会的、文化的発達について大臣に報告を行いつづけることを求めている。登録視学は、同様にこれらの事柄についてコメントすることを求められている。学校は近年ナショナル・カリキュラムの実践に専念してきているが、これによって、教育の知的、身体的面での関心が高まってきた。多くの学校は、現在施行中のナショナル・カリキュラムの法的枠組みの中で、精神的道徳的側面の重要

性を認めてきたが、これらの問題に一層の注意を払うべき状況がある。

この文書は、学校の精神的・道徳的発達についての理解のために学校を指導することと、これらの側面が、宗教教育と集団礼拝だけでなく、カリキュラムのすべての領域と学校生活のすべての面に適用されるべきことを示すことをねらいとしている。この文書はとくに宗教的基盤のない公費維持学校のために書かれたものであるが、宗派立学校にとっても同様に有益であろう。

精神的発達

教育改革法はすべての生徒に適用される「精神的」という人間存在の側面について言及している。精神的発達のための可能性は、すべての者に開かれおり、宗派的信条や特定の信仰への回心に限定されるものではない。精神的発達をこのように限定することは、明らかな宗教的背景がない学校の大多数の生徒をその範囲から除外することになろう。この言葉は必ずしも身体的感覚を通して経験されものではなく、また、日常的言語で表現されるものではないが、人間の条件の根源的なものに適用されるものとみなす必要がある。それは他者との関係でなければならず、信者にとっては神との関係でなければならない。それは個人のアイデンティティーの普遍的探究——すなわち、死、苦難、美、また善や悪との遭遇というような挑戦的な経験と関係がある。それは人生の意味や目的およびそれによって生きる価値の探究と関わるものである。

精神的発達には多くの側面がある。

- 信条——宗教的信仰を含む個人的な信条の発達、人々は生きるための基盤となる個人的な、また共有する信条を持つことの理解、いかに信条が個人のアイデンティティーに貢献するかの理解を深めること。
- 畏敬の念、驚き、神秘の感覚——自然界、神秘、人間の業から霊感を得ること。
- 超越性を感じる経験——聖なるものの実在への信仰を起こす感情、あるいは個人の内なる力が日常経験を超える能力を発揮することを信じること。
- 意味と目的の探究——因難や苦難に遭遇して、「何故私が？」と問いかけること。生命の源と目的を考えること。美、苦難、死といった挑戦的な経験に応えること。

- 自己理解——思想、感情、情緒、責任と経験に関する自己意識、個人のアイデンティティーの理解と受容、自己尊重の発達。
- 関係——ひとそれぞれの価値を認め、尊重すること。共同社会の感覚を発達させること。他者との関係を築く能力。
- 創造性——例えば、美術、音楽、文学、工芸品によってもっとも奥深い思想や感情を表現し、想像力、感受性、直観、洞察力を働かせること。
- 感情と情操——美しいものや親切に感動する心、不正や攻撃に傷つくこと、情緒や感情をコントロールすることが重要な時とそのような感情を成長の糧として使うことをいかに学ぶかの意識を育てること。

大多数の人々はこれらのことを関連させることができる。しかし、彼らはそれらの解釈においてまたそれらに帰する意味において異なっている。ある人々はこれらの経験や感情を身体的、社会的、心理的原因に帰する。他の人々はそれらの説明を彼らの宗教上の教えに見出す。実際ここに英国の大多数の人々は何らかの神への信仰を持っていることを示す証拠がある。

教育的文脈における精神的発達

精神的発達は子どもの教育の重要な要素であり、他の学習領域の基本となるものである。好奇心なくしては、問いへの意欲がなくては、また創造力や洞察や直感を働かせることなしには、若者は学習への動機を欠き、彼らの知的発達は損なわれるであろう。自己理解、他者理解の能力の可能性を欠いては、隣人や同僚と共存することに困難を来たし、彼らの社会的発達は損なわれるであろう。畏敬の念や、われわれの生きるこの世界の美しさや、空間、音、言語を駆使した美術家や音楽家や作家の力に感動することができなければ、彼らは内的精神や文化の砂漠に生きることになろう。

生徒が精神的に発達するという考えは、これが生徒の進歩する１つの領域であるという期待を抱かせる。直線的進歩のモデルを提唱することはしないが、精神的発達の段階には以下のことが含まれよう。

- 他者を自分とは独立した存在として認めること。

- 経験に気づき、反省するようになること。
- 経験の意味を問い、探究すること。
- 可能な回答と解釈の範囲を理解し、評価すること。
- 個人のものの見方と洞察力を発達させること。
- 自己自身の生活の認識力を次第に増加させて得た洞察を適用すること。

道徳的発達

道徳的発達も、精神的発達と同様に、１つの単純な表現では定義できない。それはいくつかの要素を含んでいる。

- １つの原則によって道徳的に行動する意志——この態度が道徳的発達の基礎である。
- 社会に認められた倫理基準や行動習慣の知識——不文律、法制化されたものを含めて。
- 道徳的問題に対する責任ある判断を行う基礎として提唱されている規範的知識理解。
- 道徳的問題を判断する能力——それらが道徳的原理、洞察、推論を適用して起こる場合。

道徳的問題は善悪の基準に基づいて決断を下すことを人々に迫る。その決断は、望むらくは、善を促し、悪を減ずる行動をしばしば要求する。子どもたちは善悪の違いを知る必要がある。但し、幼い子どもは「良いこと」と「悪いこと」という言葉が使われている文脈を見分けることはできないだろうが。例えば、あるときは「悪いこと」という言葉は（舌を突き出すことは悪いことというような）社会的に受け入れられない振る舞いだけを指す場合もあるし、他の時にはある絶対的な道徳律が含まれる場合もある。にもかかわらず、子どもたちは善悪の観念を早い時期から教えられ、道徳的な行為が本能的習慣になる必要がある。

個人道徳はその属する社会的、文化的宗教的グループの各個人の信条と諸価値を、より広い社会の法律や習慣に結合させたものである。学校は道徳的絶対基準を含むこれらの価値を支持することを期待されるべきである。
学校の支持すべき価値には以下のものが含まれる。

- 真実を語ること
- 約束を守ること
- 他者の権利や所有物を尊重すること
- 他者に対して思いやりをもって行動すること
- 自分より貧しい人や弱い人を助けること
- 自己の行動に個人的責任を持つこと
- 自律

学校は次のことを拒否すべきである。

- いじめ
- だますこと
- 欺くこと
- 残酷さ
- 無責任
- 不正直

幼い子どもたちは何が善で何が悪かを自ら決定する能力や経験をほとんど持っていない。それ故、彼らは何が受け入れられ、何が受け入れられないかを知るように育てられなければならない。幼い子どもたちは必然的に何故ものごとがそうなのかを尋ねるであろうし、上の世代が行ったようにその限界を試すであろう。しかし限界——すなわち子どもたちが彼ら自身の判断を下すことができるような援助と支援を与える何らかの形の価値体系が必要である。

このような絶対的な価値に加えて、子どもたちは成長するにつれて人生が常に善悪が普遍的に一致するものではないという状況に投げこむことに気づく。社会はそれを勧めないにしても、その社会のメンバーの何人か、あるいはしばしば多くが悪いと考えている振る舞いをある程度許容している。例えば、飲酒、喫煙、ギャンブル、同様に離婚、中絶、流血を伴うスポーツなどである。生徒はこれらの問題について決断しなければならない。それらのあるものは計画的なカリキュラムの一部として取り上げられるであろうし、またあるものは直接的出来事として起こるであろう。学校の任務は、家庭との連携により生徒に彼ら自身の価値体系を発達させ、そのような事柄に対して責任ある決断を下すことができるような知識と問いかける能力と理性を育てることである。

教育的文脈における道徳的発達

学校での道徳的発達は子どもの家庭での経験の上に築かれる。生徒には、教職員やお互いに対して適切な態度で振る舞うことを強要する必要がある。すべての学校は彼らが守ることを保証するための処罰を伴ったこれらの事柄についての規則を持っている。これらの規則は、生徒に効果的な、正しい社会は、一定の規則が広範囲に個人に受け入れられているという前提に基づいていることに気づき、受け入れるよう早くから機会を与える。生徒は共同社会の規則を侵す場合には自己と他者への結果責任があることを学ぶ。年齢が上がるにつれて、生徒は何故規則が重要であり、単にトラブルに巻き込まれる恐れからではなく、確信を持って規則を踏まえて行動すべきであることを理解するようになるべきである。生徒は、同様に、規則は異なる人々により、異なって解釈されること、また、時折、規則を破った人々が許されたり、ある場合は許されない場合があるという、より難しい教訓を学ぶ。道徳的に教育されて学校を卒業する者は次のことができるべきである。

- 善悪の区別ができる。
- 自分自身の態度や価値観を明確にする。
- 自分自身の行動に責任を取る。
- 諸状況に応じた道徳的側面を理解する。
- 行動の自分自身や他者への長期にわたる、また即座の結果を理解する。
- 社会的に受け入れられる自分自身の価値や原理の体系を発達させ、自分の行動を支配するガイドラインを定める。
- 彼らの価値や態度が時を超えて変わらざるを得ないかもしれないことを認める。
- 彼らの原則に従って常に行動する。

学校はどのように精神的・道徳的発達を促すのか

精神的・徳的発達を促す機会となる学校生活には３つの領域がある。すなわち、学校のエトスとカリキュラムの全教科と集団礼拝である。

学校のエトスは、共同社会、学校の雰囲気、関係の質を特徴づける価値や態度、さらに葛藤や喪失、悲しみ、困難に立ち向かう生徒を学校が援助する方法を反映する。学校のエトスは共同社会が促進しようとする価値を反映する。これらの価値は学校全体の、とくに教室での行為を決定する。すべての学校は学問的卓越性と潜在的業績を価値づけることを主張すべきである。それ故、教室の行動を支配する期待は積極的に学習する環境を与える方向に向かう。おそらくすべての学校は彼らの目的は若者に人種や信条にかかわらず他者への尊敬の念を発達させることであると述べている。それ故、学校は異なった宗教的伝統の言葉でその精神性を表現する人々のものの見方を配慮を持って扱うべきである。学校はまた、信仰を持つ生徒の宗教的背景に心を致し、信仰を持つ人々への彼らの応答に配慮すべきである。

精神的・道徳的発達と責任ある、合理的な判断を行う能力に不可欠な知識と理解はカリキュラムのすべての教科を通して発達させるべきである。カリキュラムのほとんどの面で生徒は宇宙の起源、生きる目的、証明の本質、人間性の独自性、真実の意味についての疑問に出会うべきである。彼らは確かなものの可能性について考えるよう奨励されるべきであるし、また世界を理解するための唯一の手段としての科学というしばしば誇張された見方や、同様に、宗教や哲学の不適切さについての誇張された見方に疑問を持つように奨励されるべきである。道徳的問題は、例えば、科学や(生命や死)地理や(環境問題)歴史(寛容の発達)の中で起こってくる。とくに、学校はすべての生徒が世界の偉大な宗教の教えに照らして精神的・道徳的発達を培う宗教教育を受けるべきことを保証すべきである。学校は教育改革法に則したアグリード・シラバスを教えるにあたって、社会の他の主要な宗教を生徒に紹介するとともに、この国の精神的・道徳的価値に強力に貢献してきたキリスト教に多大の注意が払われなければならない。

宗教教育はとくに生徒の精神的・道徳的発達に重要な役割を果たす。ほとんどのアグリード・シラバスは生徒に「私は誰?」「何がいけないのか」「どうしたら癒せるか」「善悪に絶対性はあるか」というような究極的問いに挑戦することを要求している。生徒はカリキュラムのどこかでこのような問題を問われるべきであるが、生徒がはっきりとそのように要求されるのは宗教教育においてである。このような問いに答えるか否かは自由でなければならないし、彼らの応答はあらかじめ決定されているものではあり得ない。しかしながら、このような問題には情報を与えられた答えは他の人々の英知に関する知識と理解によってのみ可能である。生徒は人生に対する異なった宗教や哲学的見解を持った人々が提供する真理の主張を聞くことによって挑戦されなければならない。

生徒の精神的・道徳的発達は、生徒に次のような機会を提供するさまざまな経験を必要とする。

- 個人的な関心事について論議する。
- 大人や仲間との関係を築く。
- 共同社会への帰属感を発達させる
- 生徒自身の信仰や信条についての知識や理解を深めるとともに、他者の信条や価値観を探究することによって刺激を得る。
- 宗教的、哲学的問題について論ずる。
- 何故人々が精神的・道徳的問題についてある決断に到達し、それらの決断が彼らの生活にどのような影響を与えているかを理解する。
- 審美的な挑戦を経験させる。
- 沈黙と反省を経験させる。

集団礼拝は生徒に信条を探究させ、共有させる機会を提供すべきである。また祈り、瞑想、沈黙の重要性を考えさせ、彼ら自身の生き方と考え方や信条との関係を考えさせ、他者の必要について考えさせ、共同体意識を育み、それを持つ人々の宗教的信条の重要さについて理解させる機会を提供すべきである。集団礼拝はまた、学校の価値観を再確認し、解釈し、それらを実行させる機会を提供する。それは価値あるものとして行われている、共同社会の人々のさまざまな実践を祝う時を提供すべきであろう。

もし集団礼拝が真に反省と成長を刺激するならば、それは共同社会のすべてのメンバーを参加させるべきである。この全員参加は計画を必要とし、学校は法の枠内で精神的・道徳的発達を促すためにいかに集団礼拝が計画されているかを詳細に示すべきである。

学校の方針を準備する

すべての学校はその入学案内書に生徒の精神的・道徳的発達を支援する学校の精神の明確な説明をを含むことを要求される。学校の個々の教師や大人は意識的にしろ、無意識的にしろ生徒に価値観を伝えており、それらの価値観は学校が促進するべく主張しているものと一致していることが重要である。父母は知る権利があり、子供たちがとくに役割モデルと見られる教師たちから受け取るメッセージに関心がある。まだ行っていない学校と理事会は、これらの領域についての学校の方針を明確にし、学校のアプローチを定める中心的な価値基準を設ける必要がある。

価値基準の宣言

学校のエトスは学校が推進しようとする、また学校生活のすべての場面を通して示そうとする価値基準を述べた声明から明らかであろう。学校にとってそのような声明を作成することはそこに関係するすべての人に精神的・道徳的討議に参加する機会を与えることになるからである。このことはすべての教員と理事者がこれらの価値を支持することに同意する必要があり、同意された諸価値が無視されたならば、彼らの権威を行使することを意味する。父母と子供たちは、これらの諸価値を十分承知の上で学校を選んだのであるから、彼らはそれらを守るべきであるということに同意する必要がある。子どもたち、とくに大きな生徒たちはこれらの諸価値が自由にはっきりと彼らとともに論議されているなら、学校の諸価値を守ることに参加意識を持つであろう。

価値と行動

学校が期待している行動基準はこれらの諸価値を反映したものである。学校全体にわたって、とくに教室での行動を決定する諸価値を学校が確立することが重要である。「もっとも効果的な学校は共同体意識と価値観に基づいた積極的な雰囲気を創出している学校である。」(『学校における規律—エルトン・レポート』1989年)

子供たちは責任を与えられれば、責任ある行動を取るようである。しかしこのことは受け入れられる行為の限界を明確に述べた枠組みの中での責任を与えている共同体においてのみ、また、教師がそれらの限界を超えた生徒にきっぱりと素早く反応するところでのみ実際に効果的であり得る。

価値は教えることに内在している。教師はその職業的性格上生徒やお互いに語りかけることによって、着るものによって、使う言語によって、仕事に努力することによって価値を示す「道徳の代理人」である。

価値観は共同体としてそれ自身学校の理想の中心に在る。賞賛を与えたり、役員に指名したり、褒美を与えたり罰したりする方法すべてが、どのようなことに価値があるのかということを伝えている。入学についての方針、とくに特別な要求を持った生徒に関しての方針は同様に価値観を示す。

価値観についての声明を作成することは単にもっともらしい文書を作成することを目的とした仕事ではない。それは学校についての本質的な誠実な声明であり、学校を象徴するものである。多くの学校は共通の価値基準を持つであろうが、彼らはまたお互いに異なるであろう。そしてその違いが父母の選択に重要な影響をもたらすであろう。

価値基準の声明でもっとも重要なことはそれが実践されること——すなわちそれは見られるべきものであるだけでなく、有効であることを見られるべきである。学校にとっておそらくもっとも困難な仕事は、その価値基準が期待と規則を真に支えていること、またそれらが共同体のすべてのメンバーによって真剣に受け取られていることを確認することである。声明のいくつかの面が常に再検討されているという事実が自動的に新しいメンバーを協議に参加させることになるであろう。

生徒の精神的・道徳的発達——視察基準

視察の取り決めは有志立援助学校や特別協定学校その他の種別による学校のタイプによって多様である。学校はそのカリキュラムと学校生活のその他の領域が精神的・道徳的発達を促す機会を提供していることを確認するために評価すべきである。視学官が個々の生徒の精神的・道徳的発達について判断を下すことは不適当であるから、教師と生徒が実践記録に合意することを期待することが適切であろう。

教育水準局(OFSTED)は学校の精神的・道徳的発達に対する配慮とそれらの配慮に対する生徒の反応を視察し、評価する。そのような配慮の証拠は次のようなことから得られる。

- 校長、その他の教員、そしてできれば理事長との話し合い。
- 授業や学校活動の諸側面の観察。
- 毎日の集団礼拝の観察。

これらの話し合いと観察によって学校は次のような点を示すべきである。例えば、

- 精神的・道徳的問題について学校全体に表明される一致した方法を持っているか。
- 想像力、インスピレーション、瞑想、善悪の明確な理解を価値あるものとするエトスを培っているか。
- 内省的、審美的経験や意味と目的についての疑問を話し合う機会をカリキュラムの中で提供しているか。
- 宗教教育と集団礼拝が適切に行われているか。

討議のための諸問題

学校はカリキュラムや他の学校生活の領域が生徒の精神的・道徳的発達のための機会を提供していることを保証していることを評価すべきである。以下の問いが討議を始めるために有益であろう。

- あなたの学校のエトスをどのように書き表すか。もしすでにあればどのように変えたいと思うか。
- 精神的・道徳的発達を促す機会がカリキュラムのどこにあるか。
- あなたの学校は精神的・道徳的発達を促すために集団礼拝をどのように行っているか。
- あなたの学校はどのように生徒の宗教的背景を考慮しているか。
- どのように学校は共通の価値基準を定め、公表するために最善を尽くすことができるか。
- 精神的・道徳的発達を意味する生徒の疑問に答えるための戦略は何か。

- どのようにして理事者や教員はこのような問題に父母を参加させることができるか。

（柴沼　晶子訳）

資料4

(1) 「成人人生のための教育」会議における SCAA議長サー・ロン・デアリングの挨拶

Text of Speech by Sir Ron Dearing introducing SCAA's Conference on "Education for Adult Life"

1996年1月15日

おはようございます。私はロン・ディアリング、学校カリキュラム評価機構の議長です。私が学校カリキュラム評価機構に参りました時に次のように公言いたしました。すなわち、私の最大の関心事は、われわれは今日の世界において成人としての準備をするために若者の精神的・道徳的発達を無視してはならないということであると。皆さんも同様にこのことに関心を持たれていると存じますし、本日この重要な日として記憶されるであろう日に集まられたことを歓迎いたします。SCAAはこれまでこのように広範な専門家や私的な関係者の代表を招いたことはありません。私たちは目前にある問題を討議するだけでなく、困難ではありますが、SCAAだけではなく、すべての皆さんによって行動計画を示していただくことを願っております。

このシンポジウムを持ちたいと思ったのは、多くの方々と同様に、私はわれわれの文明が進みつつある方向に非常な憂慮の念を抱いているからです。われわれの会議をこれから私たちは非常に実際的な問題に取り組みたいと申し上げることで始めてよいでしょうか。

まず初めに、人類の最初の日で始めましょう。アダムが知恵の木から実を食べた時、主は言われました。「善悪をわきまえるようになったのだから、人間は今やわれわれと同じになった」と。人間の本性である善悪の違いを知ることと、悪を避ける知識を持つこととは別のことです。神々の間でさえ、少なくともギリシャ文学や北ヨーロッパの伝説では神々は悪を越えるものではありません。人間も然りです。

今日人々は悪という言葉を使うことをためらうかもしれません。しかしこの2、3か月のことを思い出すと、ウエスト家の行動やローレンス校長を殺害したギャングのことを、あるいはリフトをとめたフランスの少女セリーヌ・フィガールを殺害した男、また若者を自分の庭で蹴り、死に至らしめたギャングのことをどのように考えたらよいのでしょうか。悪以外の何ものでもありません。

幸運なことに、私たちが使える言葉ですが、善は、人間の正常な行動に見られるものです。そうでなければわれわれの文明は崩壊してしまうでしょう。しかし文明、われわれの文明のすべての質を損傷し、変えるには、ほんのわずかの悪で十分なのです。

文明を人々は当たり前のものとみなしています。それは何世紀もの間に生み出されたものです。しかしそれは法律や慣習や価値観の複雑にからみあったもので、壊れやすいものですが、これこそまさに文明の本質なのです。

私は、われわれの文明が、いかにして私がさきに述べた恐ろしい犯罪によってだけでなく、ダラム大学のサー・ピーター・アスチノヴが総長就任演説で述べられた「尊敬」——相互の尊敬——が目に見えない強化と保護として機能する見えざる絆を徐々に喪失することによって損なわれていることを憂慮するものです。

ここで述べたこの目に見えない絆は、今日のわれわれの社会よりはるかに堅固な社会に自然にできた絆です。それらは１つの町に住む祖父母や両親、叔父、叔母の家族の間にあったものであり、長い間同じ街に住んだ隣人によってもたらされたものであり、医師、一般の人々、校長や教員、郵便配達人、警官、牛乳配達人でさえも、長い間社会の一員であり、好かれ、尊敬されていた社会人として、彼らの、とくに若者のために模範となる生活によってもたらされたものです。それと対照的に今日私たちは非常に流動的な社会の中にいます。あの私の子ども時代のテントの杭は、ことに都市においては失われてしまいました。同時に、キリスト教の徐々の侵食や、子どもの日曜日の一部であった日曜学校や彼らが拠り所としていた諸価値の衰退はわれわれの社会が基盤とする掟をさらに弛めてしまいました。皆さんはマシュウ・アーノルドが信仰の海を語った詩、「ドーヴァー海峡」を思い出されるでしょう。

「しかし私が今耳にしているのは、ただその海のもの哀しい、長く、退いてゆく響きにすぎない。この世の広漠としたもの憂い果てに、むき出しの小石の下へ、夜風のため息となって後退してゆく。」

それは長い、穏やかな過程でした。しかし、これらすべての要素が、そしておそらく耳障りな大見出しの今日の文化は、われわれの文明を支える抑制装置と価値観の内的な宣言を弱めてきています。事態が悪くなる時、政府を責めるのが通例です。政府は何かをしなければなりません。しかし文明が政府によって作られるものではありません。政府は法律を作成することはできます。しかし人々の価値観を形成することはできないし、社会に横たわる価値観に矛盾する法律と人々に厳しい法を課すことを喜んで受け入れさせることはできません。

文明は人々によって作られ、人々に属するものです。そしてそれを作り、健全にする責任のあるのは人々です。

私は最初の問題――暴力の悪に戻りたいと思います。今、ほとんどの婦人は夜寂しい道を歩くのに保護が要ります。両親は子どもたちを見えないところで遊ばせることを恐れます。年老いた人々は見知らぬ人にドアを開けることを恐れます。このようにわれわれの文明は明らかに衰退してしまったのです。個人がそれぞれの仕事で活動する際の安全ほど文明において必要なものはありません。基本的に、われわれの日常生活において不安なしに日常生活を送るということは私たちがもっとも必要とするものです。

私は、われわれの現在の問題を解決するにあたって政府に期待することはできないと申しました。この会議の目的はこのことを認め、それへの対応策を探ることです。

私たちの特別な責任は子どもたちに対するものです。学校はわれわれの文明を善くするために絶大な影響力を持っています。前文部大臣のジョージ・トムルソンは1947年に申しました。「危機に際して議会なしに切り抜けることは可能だ。大臣たちがいなくても可能である。役人がいなくとも、また地方教育当局がなくても可能なことはさらに確かだ。これらのいずれかあるいはすべてがなくても世の中はより悪くなることはないだろう。しかし、もし教師がいなくなったら世の中は二世代で野蛮状態に戻るだろう。」

私たちは、学校が価値の問題を取り上げるために、暴力が人々にとって耐え難いものであり、教養ある男女にとって呪わしいものであるということを互いにしっかりと認識するために、両親との新たな連携が必要です。

私は１つの問題に焦点を当ててきました。これは非常に重要で適切な問題であると思います。しかし私は今日人々が道徳的・精神的価値のすべての領域に関心を持っていると感じています。そのことを認識させて下さい。そして今日科学者たちがここにおられますから、創世記の第３章に戻りましょう。そこで神はアダムに言われます。「手を伸ばし、生命の木から実をとり、永遠に生きることは彼に許されていない。」もしも次の世紀に入って私たちが生命の木に届くようになり、加齢の問題を打ち破るなら、それは水爆をはるかに超えた大きな恐怖となるでありましょう。それはいかなる男女によってもコントロールできないでしょう。しかし私たちの誰が生命の木の実を拒否するでしょうか。それ故、科学が知識と理解の追求においてあの魅力的挑戦に取りかかることは道徳的に正しいでしょうか。科学は挑戦に抵抗できるでしょうか。

真理はこれらの道徳的問題がたくさんあり、これらの問題は生活の一部であることをすべての子どもに理解させることが教育の役目です。私はこの急速に変化する世界に向けてわれわれの若者を備えさせるために、情熱を持って学校が責任を取ることを、文明の再生期において国家の主導を引き受けることを期待いたします。

ジョージ・トムルソンが言いました。「教師がいなければわれわれは二世代で野蛮な状態へ逆戻りするだろう」と。今日の問題は、教育においていかにわれわれが文明の更新のために、とくに両親とともに教育において責任を担うかということであります。１人だけでは成し遂げることはできません。共に手を携えて責任を持つとき、学校で歌った賛美歌のあの主張に応える力の中に、

「それらが未来に起こるのです。かつてこの世が知らなかったようなよりよい人類が。こころに自由の炎をもって、眼には知識の光りをもって。」

ご静聴に感謝いたします．同僚のニツク・テイト所長をご紹介致します。

（柴沼　晶子訳）

(2) ニック・テイト博士のスピーチ

「成人人生のための教育：カリキュラムの精神的・道徳的諸側面」

"Education for Adult Life: Spiritual and Moral Aspects of the Curriculum"
Conference organised by SCAA

1996年1月15日

サー・ロンの歓迎のご挨拶に、私の歓迎の言葉を添えさせていただけましょうか？

本日私たちが集まることができたことをうれしく思います。私は今日の討議の出発点として提出された、皆さんの提言の内容に感銘を受けました。クリスマス前の金曜日に、この大きな論文の束をよろめきながら車に運び、それらをまさにターキーとミンスパイと子どもたちのゲームの間に全部読み終えました。それらに深く考えさせられ、また、皆さんが報告されたあるものには勇気を与えられ、あるものには不安を覚えさせられました。

本日の主たる仕事はグループごとの討議です。午前中は報告書に挙げられた特別な問題をさらに検討し、午後は行動のための精密な提案を作成したいと思います。サー・ロンと私が午前中に担当する仕事と、サー・グディサンが午後担当する仕事は、道徳的・精神的教育における広範な問題からいくつかを選ぶことです。（私は労働のための教育については何も述べません。それがそれほど重要な問題でないからではなく、それはサー・ニコラスが取り上げる問題だからです。）

私の最初のポイントは、われわれがこれから討議する問題は学校だけの問題ではない、ということです。学校における道徳的・精神的教育は、学校を支える社会がその目的を明確にして初めて可能です。そして、たとえわれわれが自らの目的を明確にしていたとしても、これは教育の一面にすぎません。とくに学校の努力は学校外の社会によって支援される必要があるのです。

しかし何がわれわれの目的なのでしようか。道徳的・精神的教育について考える時、われわれは必然的にモーゼやプラトンの時代からずっと人類が格闘してきた人生の目的について、あるいは社会の本質についてのこのような根本的諸問題に直面せざるを得ません。

これがわれわれが今日始めようとしている討議に、教育に専門的に携わっているさまざまなグループの人々とともに、父母、雇用主、大学人、商業組合、異なる宗教の代表と、もちろん政府といった、社会のすべての分野の人々が参加する必要がある理由なのです。学校のカリキュラムの法的な管理人としてSCAAはおそらくこれらの問題に関する国民的な討論を始めるために特別に置かれています。しかしわれわれはそれ以上のことを行いたいのです。今日のわれわれの目的は行動のアジェンタを作ることです。皆さんが挙げられた多くの関心事はいずれも価値のあるものであります。

多くの提言の中で私の心を打ったのは、フィリップ・ローレンスの殺人への言及でした。明らかに多くの方々は、それが起きた時、執筆の最中であり、ある場合明らかにそれは言いたいことを明確にするきっかけとなりました。今日の会議が、もしあの事件の悪から義を生み出す助けとなるためにいささかの貢献をすることができるなら、この会合を持つ意味はあるでありましょう。

フィリップ・ローレンスの死は、われわれの会議の中心テーマを何にすべきかを明らかにするものであります。すなわち、カリキュラムのこの分野における学校の実績と、現在行っている以上の支援を、社会は学校に与える必要があるということを明らかにすることです。皆さんの提言は、われわれの社会の道徳的構造を強化するために、学校がすでに行っているいくつかの例を挙げています。すなわち学校は良い行動の規範を定めており、父母にそれらを家庭においても適用するように助言しているのです。学校は生徒に自己規律や、学校外のスポーツ活動において役割を果たすために参加して、ティーム・スピリットを獲得するよう励ましています。しかし、学校の努力は、審判や相手チームを口ぎたなく罵るタッチラインにいる父母によって損なわれてしまっているのです。教師たちは、母親が売春婦になって家を捨てた生徒の家族のために、食べ物やプレゼントやクリスマス・ツリーを買うために金を出し合っているのです。学校は概して非常に道徳的な場であります。そして、もし、ラビが述べているように、われわれが第2の暗黒時代に突入しているとしても、文明の灯火を灯しつづけるのは(これも彼が述べていることですが)、家族や教会や慈善団体などの小さな組織と同様にとりわけ学校なのです。最近学校は、多くの批判にさらされてきていますが、このことをわれわれは忘れるべきではありません。

それ故、生徒の道徳的・精神的発達には、社会の道徳的・精神的発達が不可欠です。1988年教育改革法は両者が学校のカリキュラムの目標であるべきであると規定して、このことを認めています。しかし、社会の道徳的・精神的発達の促進は、20世紀後半に蔓延している、自由な民主主義の多くの諸前提とはしっくりやっていけません。もしそのことを真剣に考えるならば、それはひとり教育政策を通してのみ起こるものではありません。この意味で、教育はより広い社会政策の一部であるべきであり、まさに、オブザーヴァー紙のメラーニ・フイリップが言う「国民的プロジェクト」なのです。われわれの現在の問題の一部は、われわれがそのようなプロジェクトがどのようなものなのかに確信がなく、あるいはそれを促進することが政府の法的な機能なのかどうかということに確信が持てないことなのです。

明らかなことは、伝統的に教育は、――そして政府は――(古めかしい言葉を使えば)「有徳な社会」の発展を促進することを両者ともその役目とみなしてきたということであります。何世紀にもわたって常々英国民が聞きなじんできた共通祈禱書の言葉によれば、市民政府の適正な機能は「徳の維持」であります。これはプラトンの理想国家と教育制度が掲げていた目的であり、伝統的なキリスト教徒の教育と地域社会の概念の背後に横たわっていたものです。これらは多くの面で、最近まですべての西欧社会の教育の背後にある主要な形成力でした。しかし教育はその中核において社会の道徳的・精神的幸福を促進するものであるという前提は、他の文化や宗教と共有するものです。この会議の論文の1つは、イスラムの伝統的教育では、どの程度その教育が全体としてより高い問題に関心を持つように社会を刺激したかによって、その成功度が測られてきたと述べています。

伝統的教育の中心は、学校においても家庭においても、一連の規則や教訓や原理を伝達することでした。十戒や、七つの大罪、七つの主な徳が、かのリチャード・ホガート[1)]が80年代の終わりに、まだリーズの高年者の口にのぼるのを見出した――「汝が欲するところを他人になせ」「共通の礼儀」――というような共通の成句とともに、多くは力強い、記憶されやすいものでした。1つの社会としてわれわれはもはや、少なくとも大多数の人にすぐに受け入れられやすい、このような枠組みを持っていません。われわれは生活の道徳的構造を伝統的に支えてきた日常の言葉を欠いているのです。リチャード・ホガートが言ったように、「もはや正しい通貨はあの銀行にはない。その紙幣やコインは19世紀のアルバニア国鉄の債券のような歴史的骨董品である」のです。

われわれの生き残った道徳的言語を衰えさせた最大のものは、すべてを誤らせる相対主義の蔓延です。それはリチャード・ホガートのリーズの高齢の婦人たちにさえ見出すことができます。彼女たちはその依って立つ規則を言い直す時に、ある点で言いよどんで、「でもそれは私の意見にすぎません」と言うのです。われわれの中のもっと世慣れた人々は、「でも私は押しつけがましくなりたくありません」とか、「私の考えでは」とか、「私の感じでは」と述べるでしょう。つまりはっきり言えば、ひとがもっともしていると見られたくないことは、どのような価値であれ、それを客観的で普遍的なものであると言い張ることなのです。

相対主義という語で私の意味するのは、道徳は大部分趣味や意見の問題であるという見方、道徳的誤まりというようなものは存在しない、それ故、道徳的問題の真理を探究したり、それについて論じたり、論証したりする点はないという見方です。この見方は広く流布しています。1994年のモリ調査では、15歳から35歳の人々の48%が人生には明確な善と悪があるとは思っていないと述べており、一方、41%が道徳は常に(時々ではなく)状況に依ると感じているのです。

この情景は(この会議に論文を提出された)マリーネ・タルボットによっても確認されています。彼女は彼女のオックスフォードの学生の間でも同様の相対主義的な前提に出会うと述べています。またこれは、ケンブリッジ大学の教育学部のマヅライン・アーノット博士の教員養成の学生の研究によっても確認されています。後者の研究では、私の読みが正しければ、養成中の教師たちは、まるである価値の真理が常にその問題に対して相対的で、決して普遍的でないかのように、彼らが自民族中心主義や階級やジェンダーの価値観を生徒に押しつけているように見られるようなことを何ごとであれ行うことを非常に嫌がることを示しています。

このいずれもがリー・モグ卿の論議を巻き起こした見解[2)]から見ると驚くにはあたりません。これもまたフィリップ・ローレンスの殺人によって引き出されたものですが、「道徳的相対主義は英国のエスタブリッシュメント、現代の政府、現代の教育、現代の放送などの、すべての今日の英国の道徳意識のふくれ上がった信条なのです。」これが事実ならば、その結果はどうなるのか。このことを今日皆さんは考察したいと願っておられることでしょう。

道徳的相対主義がわれわれの意識を支配するに至った理由は4つあります。これらはわれわれが学校で行っていることにとって非常に重要なので、これらの各々について若干述べたいと思います。

第1は、とくに過去において差別されたり、排除された人々、あるいは何らかの面でアウトサイダーであった人々に対する関係において、それらの人々の見方を尊重し、過去の過ちを償いたいというわれわれの欲求であります。現代社会のもっとも顕著な様相の多くは、——そしてまさに若者の態度は——このような配慮の結果なのです。しかしわれわれはあまりに過剰反応しているように見えます。文化間に価値の違いがあるという認識は、価値の概念そのものを弱めることになってしまっています。もしわれわれが特定の社会について道徳判断を下すことができないなら(例えば彼らがその中でグループを圧迫するといった)、われわれは単にそれらの社会について道徳的判断を下すことだけでなく、個人についても同様に道徳的判断を下すことに関して極めて無能のままでいることになります。

文化相対主義と関係した似たような問題があります。すなわち、文化的所産に固有の価値はないという見方です。『隣人』は『リア王』と同じように良く、最近の「ブラー」のリリースは(それ自身優れたものであるかもしれないが)シューベルトの「アヴェ・マリア」と同じであると言うのです。しかしこのことはのちのSCAAの会議の主題です！

相対主義の第2の理由は宗教的信仰の衰退であります。多くの人々は、道徳的問題における真理は神とは独立しているということを受け入れることができますが、道徳性の宗教的基礎の喪失はその信用性を弱めてしまいました。カンタベリーの主教が最近言われたように、啓蒙主義以後の人々は「神に対する深い、説明のつかない信仰の遺産に頼って生きていました。しかしそこから人々は遠ざかると、なぜ良くあらねばならないかということに本質的な根拠を与えることがますます困難になっていることを見出す」のです。これが宗教教育がすべての子どものカリキュラムの重要な部分でありつづけなければならない理由の１つです。このことにはすぐに戻りましょう。またそれは子どもの精神的発達が、正しいことを行う意志の源として非常に重要である理由であります。

道徳的相対主義の第３の原因は、われわれがそれを通して世界を見ようとする学問のほとんどが、とくに人類学、社会学、歴史学、文学研究において、過去１世紀以上の間、変容してしまったより広範な知的潮流の一部にすぎない、ということであります。ごく最近、われわれは普遍的価値と文化的特質の意義を認める伝統的価値の感覚の双方を、同時にまた無気力に拒絶させるポスト・モダニズムの最盛期を見たところです。

最後に、相対主義は消費主義と切り離すことはできません。もし多くの若者が道徳と趣味の間に相違がないと考えるようになっているのならば、われわれの社会の消費的圧力がその責めをいくぶんか負うべきです。消費主義の結果であり、またとくにポップ・カルチュアの消費主義の結果である自己満足を伴った偏見と、われわれの人間性のイメージの幼児化はこの会議での主要な関心事の１つでなければなりません。

以上私は、なぜ相対主義が勝利を得てきたかに焦点を当ててきました。そして、その結果についての私の憂慮について（望むらくは）明らかにしてきました。私がまだしていないことは、何故これらの見解が若者にとって有害であると証明されつつあるかを説明することです。

われわれは未曾有の変動の時代に生きています。このことは次のことを意味します。

- 社会的、地域的流動性。
- 従来の社会が遭遇したことのないほどの家族の崩壊。
- ことに彼等の役割に不安のある、資格のない若い男性にとって非常な不安をもたらす、両性の関係の変化・雇用のパターンの変化（とくに「生涯の仕事」の消失）。
- 経済のグローバライゼイション・文化的、国家的アイデンティティーを脅かすコミュニケーション革命。

- 例えば遺伝的知識や、われわれの伝統的な物の見方に及ぼすような知識の拡大。

これらすべてが社会や学校に及ぼすインパクトを分析するいとまはありません。明らかなことは、若者が客観的な、永続的な価値が存在するということ、あるものは確実であるということ、この不安定さの中に何らかの指導原理がある、という感覚を持って成長することを保証することが重要であるということであります。それはまた、われわれが、先代の社会が提供してきた最善のもの——なかんずく彼らの道徳的英知——を失っていないことを保証する教育が必要であるということを強調するものです。

要するに、われわれと若者の言動のギャップはしばしばあるにしても、われわれがかつて持っていた、われわれの道徳的生活の健全な知的基盤を、われわれが失ってしまったことは疑いありません。もし殺すべきドラゴンがいるとすれば、それは相対主義というドラゴンなのです。

しかし、前進に向かっての実践的方法はどのようなものでしょうか。これこそ私が述べたように、今日の会議の目的です。この段階で何らかの結論を示唆することは差し出がましいのですが、皆さんに検討していただきたい考え方のいくつかの筋道を明確にさせて下さい。

第1に、皆さんの多くは、共有している、あるいは公約された価値が教育の基盤の1つであり、それらがどのようなものかを公式に表明する必要があると書かれています。成功している都市の学校——他の学校が似たような環境のもとで失敗しているにもかかわらず、学力的に成功している学校——を際立たせている重要な要素の1つは、1つの中核的価値体系を明確にして、それを積極的に実行していることです。

しかしわれわれはこれ以上の何かを必要とします。もし価値が普遍的なものならば、そしてまた、趣味や特定のグループの文化的好みではないならば、社会が学校にそのために教えるよう権威づけるような、そして学校がそれを行うにあたって社会の支持を期待できるような、価値についてのより広い、国家的な同意をわれわれは必要とします。

もしわれわれが中核的な価値の声明を行うとすれば、これらは単に研究や、討議やディベイトのためのものであってはなりません。偉大な自由主義者Ｊ．Ｓ．ミルでさえ認めたように、疑問を呈すべきではないいくつかの道徳的事柄があるのです。これはどのようなものなのか、どのようなものであったのか、どのようなものであらねばならないのか。

学校が教えようと目指す価値について考える際に見出すように、公私を分けることは不可能です。もし、道徳教育の目的が公的徳(また古風な言葉を用いますが、)を培うことであるとすれば、それは私的徳の基礎の上にのみ成し遂げられます。このことは、他人を傷つけない行動の法的な寛容と、道徳的な寛容という全く異なった事柄の区別の曖昧さに慣れてしまった20世紀後半の自由な民主主義にとっては、格別な困難を生じます。社会として、彼らの行動が他人を傷つけない場合には、われわれが個人の幅広い自由を許しているからといって、これらの行動が道徳的行動であるとみなされるべきである、あるいはまた、教育は若者に独自のやり方で選択を行うように奨励すべきではないということを意味しているのではありません。

私が――本日皆さんが検討されるにあたって――示唆したい第２の点は、生徒の道徳教育を推進するために、そして(おそらく)効果的実践原理を明らかにするために、公式、非公式を問わず、学校カリキュラムのあらゆる場面に含まれる問題を明確にするということであります。学校はどのように一致した目的に、教員や生徒や父母の参加を保証しているでしょうか。芸術や科学の道徳教育への独自の貢献は何か。精神的教育がどのように道徳教育を支えているか。どのようにして学校はわれわれが今日話し合おうとしている定量化できない達成目標を軽視することなく、定量化し得る達成目標に取り組むための健全な配慮を維持することができるだろうか。いかにして中央の機関はそれらの開発したシステムがこれらの２つの要素の均衡を保つことを保証するだろうか。そして、最後に、教師の職業的成長とは何を意味するのか。論文の中には、見習い教師の道徳問題についての誤解と闘う方法だけでなく、いくつかの興味深い示唆が見られます。

第３に宗教教育です。宗教教育は学校における道徳的・精神的教育の唯一の、あるいは主要な手段ではないものの、その役割は決定的です。それ故、多くの学校での立派な文書の無視は誠に遺憾であります。若者からキリスト教および同様に他の主要な宗教について学ぶ権利を奪うことは、彼ら自身を、また彼らが住む世界を理解する重要な方法を奪うことになります。これはとくに、われわれが「ポスト宗教的」あるいは「ポスト・キリスト教徒」であると主張しているにもかかわらず、70%の人々が神を信じ、69%が宗派に帰依していると公言している社会において、また(レスリー・フランシスの13歳から15歳の3万人を対象にした調査によると)若者は生きることに価値を見出し、それに意味があると考え、信条の実践者であろうとなかろうと、他者や環境への配慮を示しているような社会において、そのように言えるのです。公費維持学校における宗教教育は、若者に神学的主張を真理であると説得するものではありません。しかしそれは、(とりわけ)彼らにそれらの主張の本質について教えるものであります。そして、長年の無視にもかかわらず、今や宗教教育はそれが失った地位を回復する明るいきざしを見せつつあります。すなわち、宗教教育のカリキュラムの中でのキリスト教の中心的位置を、他の宗教の学習とならんで再確認することによって、またすべての主要な宗教団体との協力によって開発されたSCAAのモデル・シラバスによって、さらに、伝統的にもっとも無視されてきた14歳から16歳の若者のために質の高い宗教教育を提供することを約束するGCSEの宗教教育の短期コースにそのきざしが見られます。

第4はPSEです。多くの学校のカリキュラムや時間割にはそれに該当する場に関して、何編かの論文にその本質と目的に関する何らかの中央のガイダンスへの要望があります。われわれはそれを与える方法を多大な熱意と結束を持って見出す必要がありましょう。どの程度までPSEはわれわれがさきに述べた道徳的相対主義のための手段となってきたでしようか。またわれわれはこれに満足しているのでしょうか。われわれはそれが生徒の自己尊重を促すことを強調していることについて冷静に見直す必要があります。このことはどのように道徳教育に貢献しているのか?(20世紀後半の特有な最大の関心事である)自己尊重があまりに強調されすぎる可能性があり、伝統的な道徳的資質のあるものがあまりに軽く扱われていると考えるのは異端的でしょうか。われわれはいかにPSEが現在、また将来にわたって若者に彼らの役割を果たさせ、家族生活を全うすることを援助することができるかを考える必要があります。とくにどうしたらそれは伝統的なふた親家族を中心とする構造を維持するための社会の努力に貢献することができるのか。そして最後に、われわれはPSEと市民性の教育との関係を明確にする必要があります。われわれのの弱められた共同体意識を強めるための、より広範な努力の一部として、後者のイメージを向上させるためにどのような実際的手段を取ることができるのでしょうか。

今後の方針への私の最後の提言は、SCAAの主催による国家的フォーラムの設置であります。それは広範な分野からの代表、教育の内外からのグループを引き込み、われわれが今日討議する問題をさらに検討し、行動計画を提言するようなフォーラムであります。そのねらいは、学校に新たな要求を課したり、現存の法的カリキュラムを変更することではありません。それはここ4、5年は固定されているものです。むしろその機能は共同体がもっと一般的に、SCAAのような組織と同様に、われわれの何人かが無視してきたと彼らが感じているカリキュラムのある側面で、大方の予想に反して、多くの学校がすでに行っていることを、援助する方法があるかを考えることであります。

それがこの問題と闘う唯一の方法であります。しかしこれは、すべてがそうであるように、1つの考えであって、皆さんの見解を歓迎するところであります。

（柴沼　晶子訳）

訳注

1）リチャード・ホガート(Hoggart, Richard)は20世紀前半の現代文化研究に影響を与えた作家、評論家。レスター、バーミンガム大学教授を歴任の後、ユネスコなどで活躍。著書*The Uses of Literacy* (1957) など多数。

2）生徒たちの争いを止めようとして殺害されたローレンス校長の追悼ミサで、モグ卿は、英国社会に蔓延している価値相対主義を批判し、反響を呼んだ。

資料5

「成人人生のための教育——青少年の精神的・道徳的発達」

“Education for Adult Life: The Spiritual and Moral Development of Young People”,
SCAA Discussion Papers: No.6, July 1996

1 序 章

このレポートは、1996年1月に開催された「成人人生のための教育 —— 青少年の精神的道徳的発達」に関する会議において表明された意見をまとめたものである。この会議は学校カリキュラム評価機構の精神的・道徳的発達に関する継続的調査の一部として召集されたものである。

会議の目的は、教育の専門家や、理事者(ガバナー)、親、若年労働者、雇用者、宗教指導者、学者などを含んだ子どもや青少年に責任を持つ人々によって分かち合われた関心事項についての議論を進めることであった。議論を広める必要性は一連のコンサルテーション、すなわちナショナル・カリキュラムの改訂、宗教教育のモデル・シラバス、16歳から19歳のための資格に関するサー・ロン・デアリングの再調査、の間に明らかになった。これらのコンサルテーションは子どもの精神的・道徳的発達への注目の欠如とその結果への関心を示した。

SCAAのこの対応は、1988年教育改革法第1条の新規見直しの意図を示すものである．この条文では、教育の目標は、「学校および社会における児童・生徒の精神的、道徳的、文化的、知的、および身体的な発達を促進し、成人後の生活における機会、責任および経験に対して児童生徒に準備させること」としている。

会議の目指すものは、

- 全国的討論を促す。
- SCAA、学校、親、青少年団体、雇用者、研究者による将来の思考や行動についての情報を与える。

討議は以下に焦点を絞る。

- 精神的・道徳的発達の本質。
- 青少年の成人人生の準備における精神的・道徳的発達の重要性。
- このことがカリキュラムや学校生活においてどのように編成されるとよいのか。
- このことにおいて他の機関や社会の成員がどのように学校をサポートするのか。

2　キーポイントの要約

- 精神的・道徳的価値や社会の現状についての懸念には根拠がある。
- 多くの親や教師はこの懸念を分かち合っているが、子どもや青少年をどのように導くべきかに関しては確信がない。
- 多くの親は広告に表されたイメージや合成された若者文化を含めた明確な道徳原理や行動に対して反対している。
- 生産的な議論を進めるために、「価値」「態度」「道徳性」などの主要な用語について、広く同意された定義を持つべきである。
- 社会は学校が育てることを期待する価値と行動を表明し、確認しなければならない。
- 価値と行動に関する学校の政策は明確にされ両親に同意を得るべきである。
- 精神的・道徳的発達は、成人人生にとって避けることのできないものである。
- 精神的・道徳的発達は、カリキュラムのすべての側面と学校全体の行動様式を通して促されるべきである。
- PSE に関する全国的な包括調査が必要である。PSE の伝統的なアプローチは、厳しさが欠落しており、しばしば多くの若い人々の体験外の問題に焦点を当てている。PSE でカバーする領域は、個人や家族の問題と同時に、労働と市民性という文脈で設定されるべきである。
- 学校、親、地域社会のリーダー、若年労働者、産業界、若い人々の間でのパートナーシップは、価値や社会的に受け入れられる行動を育てる効果的な方法を提供する。雇用者は、学問的資格だけでなく人格的(personal)特性にも重要性を認めていることを強調するべきである。

- 価値と行動についての現在の混乱は、一部には哲学的論議の誤解から来ている。ある価値や行動が「絶対的なもの」として定義できないという事実は、それらが一般的な規則として広められるのを妨げることを意味しない。
- これらの問題は教育のためのみではなく、われわれが生活し働きたいと思うような社会の創造に関与するすべてのもののためである。
- 初任および現職の教育研修はともにこれらの領域、とりわけ精神的・道徳的発達のために適切な教授・学習のストラテジーにより大きな注意を払うべきである。

3 精神的発達

精神性(spirituality)の定義

SCAA が1995年に再版した討議資料に載せられている精神性(spirituality)の定義は広く受け入れられている。

精神性は以下を含む。

- 身体的感覚的境界を超える能力に関わる人間の本質
- 内的生活、洞察力、見解の発達
- われわれの体験する世界を超越する理想や可能性を信ずる性向
- 神、「来世」「究極の問い」への応答
- 愛、信仰心、善など「物質的に」分類できない人間の特質を育成する傾向
- 創造と想像による内的世界
- 人生、真実、究極的価値の意味の探求
- 他者を価値づけることのできるアイデンティティーや自己価値観

精神性は、他者や社会全体の理解とそれらに関わる能力を個人が豊かにするものとして一般的に認められる。

精神的発達の重要性

精神性と道徳性

精神性は、われわれが何であるか、われわれの自己理解、われわれの人生観、対人観、世界観、を規定する、すなわち結果としてわれわれの行動を形

成する大いなる力である。それは個人的な生活や仕事における上手な関係やパートナーシップの基礎を形成する。多くの代表たちは精神性と道徳性の発達に緊密な関係があると見ている。道徳的価値の欠如は精神的成長を阻害し、行動の過失は、その被害者だけでなく加害者の自己をも傷つけ得るのである。精神性とは、道徳的に行動する意志の源ととらえることができる。ある代表たちは、個別的で動的である精神性は、道徳性についての伝統的な仮定としばしば矛盾することがあると述べている。精神性は、受け入れた見解への挑戦につながる発見への知的衝動を成し遂げる。

精神的発達と学習

ある代表はすべての学習は精神的な活動であると言う。精神的な感覚とは学習のための必要条件である。なぜならば、存在の意味の探究のために、われわれが自分自身や現存の知識を超えることを動機づけるものが人間の精神性だからである。真理の探究に関わる人間の精神性は、若い人々に自分自身の精神性の探究と発達を挑ませ、彼らが真理を自分自身で探究する手助けをするという意味で教育の定義となり得る。

もし精神性、道徳的発達、学習の関係が受け入れられるなら、精神的発達の重要性は自明なものとなる。

信条の枠組み

ある代表は、精神性とはそれ自体は中立的なものであり、世界について一貫した理解を与える信条のシステム内において発達したときにのみ意味を持つものとなるという見解を持っている。宗教や非宗教的哲学は、体験を拡張し、その体験を理解し評価し表現する言語を提供するコンテクストや枠組みを示す。精神性は、スキルまたは才能の型とみなされるべきである。音楽の才能のある子どもは、潜在的才能を十全の能力へと育てる知識と経験を持つ教師によって訓練されない限り、真の音楽家とはなり得ない。そのためそれは精神的発達を伴うべきである。宗教的そして哲学的信条のシステムは、若い人々に彼ら自身の精神性を理解する言語と概念的枠組みを与えることができる。

精神的発達

若い人々の精神性はさまざまな方法で発達させることができる。例えば、宗教によって、思考によって、祈りによって、瞑想によって、儀式によって等である。あるものは、精神性は、畏敬の感情や自然や宇宙の不思議さを通して目覚める。また他のものは、他者との肯定的関係を通してそれが起こる。否定的な体験もまた、例えば心的肉体的苦痛を受けるなど、明らかに精神性に影響する。精神性を養う本質的な要因は、内省と自身の体験からの学習である。

代表たちは、「精神的・道徳的発達」は教育において重要であると認めている。ある者は、ここ十年の間の宗教の形成と人格的精神的発達への関心の高まりを指摘し、過度な物質主義への反応としての精神的価値への回帰への渇望があることを指摘することで、世俗主義と相対主義が勝利したという仮説に対して疑問を投げかけた。

4　道徳的発達

価値と態度

価値とは、道徳的に良いか悪いかに関しての判断を与える原理である。態度とは、他者や他者の行動に対して、われわれの持つ性質と性向であり、われわれが何に価値を置くかに大きく依存するものである。両者ともに行動に影響を及ぼし、そのため学校生活やより広い社会にとって基本的に重要なものである。学校に対する子どもの態度は、子どもやその家族が教育にどの程度価値を置くかを反映するものであり、ある部分ではその活動に費やされる程度を決定するものである。自分自身や他者や環境への子どもたちの態度は学校や自分自身の生活全体における個人的関係や一般的行動に影響を与える。価値と態度を適切に示していない教育制度は、成人人生における機会、責任、体験のための準備をするという課題の遂行に子どもを失敗せしめることになろう、ということに会議では同意された。

問題があるのか？

ある意味で会議は、とりわけ若い人々の間で、道徳的基準の堕落が確認されるという国民一般の関心に呼応する形で召集された。社会に薬物中毒や犯罪、暴力が蔓延しているという見方に基づいて、われわれは今、「道徳的危機」の時代に生きていると信じている代表がいる。若い人の価値に対してすべての世代が関心を表明しているが、若い人々の極めて多くの割合は、今や統制不能に陥っているということがある代表の見解である。大きな関心事となっているのは、若い人々の行動である。1995年12月に起こったフィリップ・ローレンス校長の殺害は、この見解が正しいとの証拠であるとして多くの代表から指摘された。

しかしながら、今日メディアや広告によって若い人々に及ぼされる圧力を、代表たちは認識している。現代の価値に影響を与え、あるいは作り出してさえいるイメージの作者たちに対しては、とくに関心を示している。メディアによって促進される容姿の基準に恥じないようにするという圧力や、仕事や教育的期待のための競争によりもたらされるところの、しばしば若い人々の経験する抑圧について、多くの代表は証言している。

今日若い人々が成長していく価値的環境を作り上げた世代の道徳的価値へも代表たちの関心は向けられている。若い人は他者のすることを見て行動すること、そしてまずは例えば成人の行動を変える必要があることについて広く同意されている。前の世代は非難されないということではない。受け継いだものの中には、人種差別、搾取、環境汚染があるのである。

しかしながら、ある代表たちは、若い人々の態度は広く思われているよりももっと肯定的なものであると論じている。富や名声への欲求は、通常根深い公平心によってバランスがとられている。

考え得る要因

代表たちは、道徳的価値に関する現状のいくつかの要因を挙げている。

- 知的流行の支配　—中略—
- 道徳的眼識の喪失　—中略—
- 現世的そして精神的の双方における全国的なリーダーへの尊敬の喪失　—中略—
- 物質主義と貪欲　—中略—
- 家族の断絶と歴史的コミュニティーの崩壊　—中略—
- テクノロジーの発達　—中略—
- 共通言語の欠如　—中略—

進むべき道

共通の言語

多くの代表は、道徳教育についての論争の用語を学校カリキュラム評価機構が明確に定義するべきであると信じている。

明確な目標

代表たちは道徳的発達に対して異なった期待を持っている。例えば、若い人々は以下のようになるべきと議論されている。

- 正しいことと間違ったことの基準についての知識がある。
- 道徳的論議ができる。
- 進んで分別のあるふるまいをする。
- 自身の行動の責任をとる準備ができている。

代表たちは、これらの目標はそれぞれ別個のものであり、どれ1つとっても単独では「道徳的」在り方を十分に生み出すことはできない。

—中略—

中核となる価値の定義

ある代表は、中核的な価値のまとまりが全国的に同意されたならば、学校や地域社会でそれを促進させる手助けとなると言う。絶対性への問いはこの議論の中心となる。学校カリキュラム評価機構の所長であるニック・テイトは、道徳性は単なる嗜好の問題であるという信念について批判することで1日を始め、「殺害される必要のあるドラゴンがいるとすれば、それは相対主義というドラゴンである」と締めくくった。

—中略—

代表たちは、中核の価値については、意見が分かれた。学校は、その任務の声明において中核的価値を示しているが、それらの価値がすべてのスタッフによって支援され進められているものであるのかについては疑いがあるし、それは学校が取り組みにくい領域であるということで大いに同意されている。個々の学校が地域のコミュニティーのコンサルテーションを通じて価値のコードについて取り組めるだろうということには強い賛成があるのに対して、中核の価値について全国的な同意が得られるかについては、疑いがある。しかしながら雇用者たちは、一般に全国的中核価値の確立には障害はないと感じている。彼らは、多くの組織が被雇用者たちが同意できる中核的価値の陳述を作り上げたことを指摘している。(例えば市民性の教育や雇用への準備など)学校単位で取り組まれたプロジェクトは、若い人々に望まれる資質のリストを作り上げるのに、何の障害もないことは明白である。

行動の変革

道徳的発達の計画は、正しい事、間違った事に関する知識や道徳的判断の能力に限るべきでなく、行動に影響を与えることを探究するべきであると、ほとんどの代表は同意している。哲学的議論に浸ることは学校における実際的進歩の妨げになるということに関心が向けられている。それが絶対でないからといって価値を勧めることへ恐れをなすことは衰退していく。例えば、「常に真実を語るべきである」という陳述は絶対ではないと議論されるかもしれない。なぜならばある状況では嘘がふさわしいということもあるからである。それでもなお、そのことは親や教師が若い人々に嘘は一般に受け入れられるものではないことを伝えることを妨げるものではない。

若い子どもたちは、とくに明らかな方向性が必要とされる。哲学的議論のため、あるいは人生が規則の期待を放棄するためにある種の価値を促進することから撤退するのは、有益なガイダンスとは明らかに違うものである。

5 教育における精神的・道徳的発達

学校は何をしているのか

会議は、学校がすでに若者の価値を育成し、責任ある行動を推奨することを目指していることを認めている。ほとんどの学校は、これらの側面の教育を学校案内に取り込んでおり、学校の目的と目標に含んでいる。重要なのは、実践において、これらの価値が地域社会のすべての成員に説明され、理解され、同意されているかである。

学校は何ができ得るのか

学校は、子どもの精神的・道徳的発達に貢献するにふさわしい場所であるということを会議は認めている。それは、若者と成人との間の建設的な関係を育てるように定められた環境を提供することができる。次第に断片化されつつある社会において、学校はしばしば若者が安心できるコミュニティーに属しているという感覚を育てることのできる唯一の安全な場所となっている。

学校は、その実践の方向を導く価値について明確にし、統一させることを求めるべきということについては、一般に同意が得られた。教師は、教室においてこれらの価値を対話する最良な方法を積極的に計画するべきである。学校案内に示される目標と、学校のコミュニティー内で、子どもが体験する現実との間には、一致が求められるべきである。意識しているにせよ、いないにせよ、すべての教師は、彼らがもっとも価値を置く美徳とその美徳がどのように実践され得るかを伝えるべきである。このことは、価値に関して、ある共通の合意の必要性を強調している。

学校は若者の賢い決定のできるスキルを発達させ、受け入れられる価値と態度と行動を発達させる必要があることを、会議は信じている。それらは、より容易に評価できるスキルにとってかわるべきではない。

われわれは、仕事の準備を強調しすぎており、人生のための準備、とりわけ精神的・身体的・性的・社会的・職業的・道徳的属性と資質などの個人の発達を十分強調していないという見解を多くの代表は示している。実際的な推薦としては、「重要なスキル」のいかなるリストも「人生のためのスキル」を含むべきである。

教授と学習

学校は伝統的に、道徳教育に重要な役割をすることを期待されてきたが、その方法が明確に定義づけられたことはほとんどなかった。若者に単純に規則を「良いもの」として課することは、ほとんど効果的ではない、ということについて、一般に同意されている。

若者は、もし彼らが以下のようなものであれば、責任のある方法で振る舞うようになるだろう。

- 自分に何が期待されているのかを知る。
- 何故、そのような行動が期待されるかを理解する。
- 彼らが守ることを期待される規則の決定に積極的に関与する。
- 社会の年長のもの、とりわけ権力のある年長のものからの模範によって導かれる。
- 彼らの体験の外にある状況や「規則」が要求するものに従って、知的で責任ある道徳的判断ができるようになる。

- 「正しいことをする」意思を持つ。

代表たちは，精神的・道徳的発達を育成する方法の一連を提案している。

道徳的発達

1．学校の「エトス」が第１に重要であるということは、広く同意されている。このことは、若者にとって歓迎すべき共感的で刺激的な環境を作り上げるだけでなく、学校を働く場として運営していくにあたって、精神的・道徳的問題を考慮することを保証することを意味している。この環境の中で、支持的な関係の創造と維持は、社会的スキルの促進のために計画された活動を提供するのと同じように、個人の発達にとって中心となるものである。

2．ある代表たちは、明確な学校の規則の重要性を強調した。他者への配慮に基づいた規則が学校のコードを設定し、教師と子ども間の接触の基礎を形成するべきである。責任をどうとるかを学ぶに際して、若者は大人を意思決定のパートナーとするべきである。責任と規律は分けられないものであるべきという見解を多くの代表たちは示している。

3．討議は、大人が若者の精神的・道徳的発達を促す機会として見られる。若者は、道徳的価値を自動的に気づくことはない。道徳の問題の討議を通して、若者は道徳的判断の基準を理解し、どのような態度が形成されるかを理解するようになる。討議の題材は、子どもの生活に直接関係した実際の状況にするべきである。学校の行動は、職業的ジレンマについての話を授業でしてもらうために、産業界のリーダーを呼んだり、ビジネスと社会のコースを提供したり、産業界の倫理組織を利用することである。

4．職業コースは、労働界のための準備を提供する。精神的・道徳的発達は、生徒同士の討議によって、またそこから持ち上がった状況を探究することによってサポートされ得る。成人人生の準備のために、自身、機会、責任、権利、労働とビジネス関係、経済とテクノロジーにおける新しい開発の密接な関係に関する知識と理解を生徒に要求する。

精神的発達

上述の多くのアプローチが、道徳的・精神的発達の双方に等しく適用できるにもかかわらず、代表たちは、精神性を促進する、もう１つの方法を明らかにした。キリスト教徒、仏教徒、ユダヤ教徒、イスラム教徒の代表たちは、静寂と沈黙の定期的な時間や黙想の機会などを提供することは、精神的な発達の中心であるという信条を他者に示した。

若い人は以下に関して、反省する時間が必要である。

- 家族、コミュニティー、世界における位置と相互依存
- 行動の結果の現実
- 体験から学ぶこと
- 自身、意味、理想、運命
- 役割のモデル

評　価

精神的・道徳的発達の評価と記録と報告の困難性を認識しているのに対し、多くの代表たちは、その可能性は探究されるべきと感じている。学校が、子どもの体験や到達の記録と報告の方法を見つけ出さない限り、これらの領域は地位と認識を欠いているままであると代表たちは危惧している。

あるものは、学校はこれらの領域における子どもの到達を評価するよりも、過程と子どもへの効果を評価するべきと感じている。学校の視学は精神的・道徳的資質にとくに焦点を置くべきと提案された。

6　カリキュラムの横断およびそれを超えたものとしての精神的・道徳的発達

精神的・道徳的次元(dimension)は、学校の方針の中心に位置づけなければならず、またすべての学校活動やカリキュラムの中のすべての教科に普及されなければならないことに代表たちは同意している。大人は学校やそれを取り巻くコミュニティーにおいて模範として先導しなければならない。もし若い人々に世の中のためになることを身につけさせようとするならば、教育者は外的生活と同時に内的生活を取り扱う自信を持ち合わせていなければならない。知識は大切だが、個人的責任を受け入れること、判断、他者との協動、行動様式の理解も同様に重要である。

—中略—

法令カリキュラム

科学

—中略—

宗教教育

精神的発達は学校生活を通して促進されるべきであることは同意されているが、宗教教育と集団礼拝がその中でも際立った貢献をすると多くの代表は認めている。宗教教育は、宗教や哲学的文脈の中で独自の精神性を探究する機会や信仰の重要性を考察する機会を与えている。とりわけ宗教教育は、子どもたちを刺激し、意思決定に際して子どもたち自身の関与を要求する。それは、「何？」よりもむしろ「何故？」という批評的問いをさせる。

集団礼拝

学校は法令により、授業のある日は毎日集団礼拝を行わなければならない。ある代表は多くの学校で精神的・道徳的発達の機会を欠いているという意味において集団礼拝の限界を認識している。それは静かな内省と、必ずしも学校の１日の中で出会う必要のないタイプの刺激を許している。

他の法令カリキュラム

非法令カリキュラム

多くの代表たちは、精神的・道徳的発達は、すべての教科のすべての教師の責任であることに同意しているが、他のものは、警鐘を鳴らしている。ある教師たちは、これらの領域に自信が持てず、熟練できていないと感じている。彼らに、そのような責任を負わせるのは負の遺産となり得る。精神的・道徳的発達の教授のための他の３つの方法が提案される。

それらはPSEと経済政治理解と市民性教育である。

パーソナル・アンド・ソーシャル・エデュケーション(PSE)

多くの代表にたちは、PSEが学校において、低い地位に貶められ、統一性に欠けることに同意している。あるものは、全国達成記録(National Record of Achievement)によって認められる子どもの到達をもって、キー・ステージ４においてはPSEが法令カリキュラムの一部となることを要求した。PSEは、全国的枠組み、試験的活動、教師と親の間のより大きなパートナーシップによって向上するであろう。

PSEは、感情への対処、他者の理解、自身の行動の責任をとることの学習を含んだ対人スキルを発達させるという意味で、あるものはその価値を見ている。ある代表はPSEのプログラムの多様な内容として以下のものを含むことを薦めている。

- 個人そして家族の関係
- 性的責任
- 薬物アルコール教育
- 親の役割と子どもの発達
- 暴力、破壊的行動と争いへの対処

PSEのプログラムは、子どもの持つ背景の違いに敏感であるべきであり、また若い人々が日常のように体験している親の別居や離婚を考慮するべきである。過去30年の間、PSEを導入するための多様で規模の大きいプロジェクトが学校で開発された。代表たちは、これらがより広範囲に受け入れられるべきであると提案している。

他の代表、とりわけ産業界は、伝統的なPSEの目標(agenda)に批判的である。

彼らの主張は以下である。

- 取り扱われるトピックは、あまりに「危機に集中」しすぎている。
- 成人人生における日常の意思決定のために若い人々が準備することにもっと注意を注ぐべきである。
- PSEの内容は、あまりにしばしば「良いことの主張」のどちらかと言うとランダムな助長に支配されている。
- (例えば産業の環境的影響や商業主義の過ちなど)包括的な判断が、あまりにしばしば問題とエビデンスの皮相的考察に基づいてなされている。
- 産業や商業への否定的態度は、国が抱える技術者や科学者を軽んじ、それらの職業に若者を引き寄せることを困難にした責任をある部分で持っている。

現在のPSEの内容に批判的である代表たちは、以下のような代替案を提案している。

- 仕事における創造性、責任性、達成に関係した自己概念の探究
- 職業人生の行動様式とライフスタイル
- 仕事の重要性あるいはその欠如

- 仕事、余暇、家庭生活のバランスをどうとるのかと、それらから持ち上がる関心と行動様式の争い
- ビジネスと産業の価値を正直にそして現実的に見据える
- (例えば仕事における関係、力の倫理、忠誠やハードワーク、熱狂、献身などの態度など)働く場に関係する個人的問題や価値の考察
- 生産、投資、売買において持ち上がる倫理的問題

経済政治理解

ある代表たちは、カリキュラムを横断して経済的・政治的問題に関する道徳的問題を若者と討議することの重要性について論じた。

代表たちのコメントは以下を含んだ。

- 運命の道具や幸福の源として、人間の感情の中でお金が神に代わった。
- カリキュラムは、愛と正義の精神とから構成されるべきであり、お金と所有の物質主義から構成されるべきではない。
- 若者は、経済と政治の世界やそこで生じる道徳的主張の理解のための批判的思考力をつけるべきである。
- 1990年代におけるイギリスの統合部分としての「市場」とその社会的結果の経済的政治的理解を子どもがする必要性。
- 経済と政治に内在して価値を考慮する重要性。

例えば、

－経済的政治的問題における事実と価値の区別についての明確な理解。

－個人や集団によって持たれているさまざまな違った価値とそれらがどのように政府の政策にさまざまな影響を与えたか。

－提案された行動の利益と同時にコストの吟味の必要性についての明確な理解。

－どのように公的資金が使われるか、その説明責任と公的生活の水準。

市民性教育

精神的・道徳的発達のためのもう１つの可能なチャンネルは、市民性の教育である。これは、他のヨーロッパ諸国では、高いプライオリティーとなっているし、しばしば法令カリキュラムの中に含められている。

市民性に関しては、多くの英国政府の主導したものがあったが、どれも法

的効力はなかった。中央政府の支持の欠如と、その他学校への圧力が市民性教育を多様なものにした。ほとんどの学校は、市民性の教育をするという主張を学校概要の声明に含んでいるが、それがシステマティックに教えられているという証拠はない。

積極的な市民性とは、社会において十分に効果的な参加を意味する。国は読み書きができ応答性のある社会と責任性の自覚と市民性の権利を必要とする。この限りにおいて、市民性の教育は初等・中等教育の中核的目標の1つとなるべきである。市民性を教える機会は、カリキュラム全体に存在するが、それが現在ある方法(とりわけ宗教教育、PSEやエキストラ・カリキュラー活動)によって教えられるべきか、それとも特設の教科としてあるべきかについては、代表たちの意見は分かれている。

市民性は、広く社会的・政治的・経済的コンセンサスと「共通の良識」を育成する価値に根拠づけられたものであるべきということを多くの代表たちは、信じている。共通の良識は人々の環境への関心に基づいた行動のコードを要求している。市民性へのアプローチは、伝統的価値に基づいた社会のための行為の法則を含むべきである。学校は市民性を教えるに際して、例えば学校との建設的関係を通しての攻撃を減らすことを目指している警察など公的サービスによって、しばしば支持されている。

カリキュラム以外にその他考慮するべきこと

学校とコミュニティーのパートナーシップ

若者の価値は、とくに家族、仲間集団、学校やメディアなどさまざまな媒体によって形成される。学校は、若者の精神的・道徳的発達や良き市民の育成のための責任を単独で負うことを期待されてはいないという見解で、会議は一致している。また道徳性の単独な裁断者であることも期待されていない。もし、社会とパートナーシップを組み、彼らの育成する価値が両親やより広い地域社会の同意に基づいて、権威とサポートを得たら、学校は効果的になるだろう。

学校や他の地域社会の媒体の間の相互の利益のための、実際的パートナーシップをある代表は提案している。例えば、PSEのためのアプローチは、教育・保健・社会サービスの部局の専門的知識が一緒にされるべきである。

学校は、若者や家族にとって、これらのサービスの協力をするのには理想的な中心である。とりわけ、社会は学校が供すべき価値を常に示さなければならない。学校が促進できる精神的・道徳的発達の範囲は、社会全体の精神的・道徳的状態の反映である。若者は、模範によってもっとも学ぶと多くの代表たちは、信じている。そこで教師や他の大人たちは、次の世代の模範であると自分自身をみなさなければならない。家族の崩壊が、若者の行動や態度の問題の第1の原因であり、学校が親の不適格性の補償を次第に期待されてきていることが、多くの代表によって認められている。結果的に、学校と親の間の緊密なパートナーシップが最優先であるとみなされている。学校と家庭の価値は、ときに衝突するものであり、学校と家庭の間の分かち合った価値やより強い親和性を発達させることが、より重要となっていることを代表たちは認識している。ある代表は、今日、多くの家庭が精神的・道徳的発達に関して子どもの援助をすることに自信を失っているが、これらの場合、学校での討議は家庭での討議を育てるものであり、家族への利益ともなると認識している。行動の契約が、学校、親、若者の間で同意されるというような成功した計画を、ある代表は報告している。

ある代表は、親や学校が価値や責任ある行動を教えることに際して前提とされているものに、1人の代表は疑念を抱いている。学校や雇用者、地域社会における子どもの学習体験は、統合されるべきである。雇用者はまた、若者に価値を促進する重要な役割を持っている。教育に対する若者の態度は、将来の雇用者がどういう期待を教育に持っているかということについての彼らの見方に多く影響される。会議における商業や産業の代表は、被雇用者へ人格的資質と学問的成績とを等しく価値づけていると会議で主張している。彼らは、また、高いモラル水準の模範を示す自身の責任を認識している。ある代表は、学校ですすめられる他者への配慮やチームワークのような資質よりも、むしろ野望のようなものが本当は望ましいものであるということに疑いをかけながら、雇用者が人格的資質においている価値に懐疑的である。それでもなお、雇用者たちは多くの会社がビジネスの倫理のコードを作っていることに注意を向けていて、普遍的なビジネス倫理を要求している。全国職業資格協議会や英国産業連盟やヨーロッパ組合によってすでになされた仕事は、そのようなコードの基礎となる。

職業人生のための準備がすべての子どものカリキュラムの一部となり、ビジネスと教育の共有の責任となるべきであることは、広く同意されるべきである。企業の人間が学校を訪問し職場においてのモラルジレンマに関して話をするプロジェクトについて、代表たちは討議した。コミュニティーの価値について討議する地域の計画に資金提供するため、「教育・ビジネスパートナーシップ」を通して、訓練企業審議会の要請がある。

批判されている反社会的行動を賛美していることでメディアへの広範囲な批判がある。若者への肯定的模範を示すことへの試みをほとんどしないので、メディアの影響は建設的というより破壊的である。

教員研修

―中略―

7 学校と地域社会における価値のための全国フォーラム

学校が育成するよう社会的に望まれる価値について討議するための全国フォーラムを学校カリキュラム評価機構が設置すべきであるというニック・テイトの提案に対しての反応は分かれた。示された条件は以下を含む。

- 学校の価値と社会のある部門の価値は、しばしば葛藤がある。とりわけ家族や社会における女性の役割についてはそうである。
- 学校の価値や市場の価値は、いつも合致するとは限らない。
- 異種混合社会においての共通の価値を育成することは困難である。

ある代表たちは、中核となる価値のセットへの社会的支持を得るという考え方は共通しながらも、そのような価値があるのかについては、懐疑的であった。信仰集団の成員は、コンセンサスを得ることに対して、かなり自信があるようだが、主要な信仰団体が中核となる価値に同意することができるかに関して疑問を投げかけた。

多くの代表たちは、全国フォーラムという提案に賛成であり、以下のように論じている。

- 教育は、価値を論じる共通の言語を持つべきである。
- 国家の繁栄は、健康的な社会を要求し、単に熟練した個人の寄せ集めではなく、このことは確立され同意された道徳的境界の必要性を前提としている。

- 次第に複雑化しているテクノロジーの社会は、これまで以上に新しく出現しつつある道徳の問題を評価するために要求される同意された価値を必要とする。
- 共通に同意された水準の枠組みと市民性は、学校、親や他のパートナーを若者の精神的・道徳的ニーズへ向けることを手助けする。
- 中核となる価値への全国的同意は、それを進める上での枠組みと自信を学校へ与える。

フォーラムが、過度に単純化し十分話し合われていない規則を作ったならば、若者がそれを負担に思って拒否してしまうと指摘し、そのようなものは作るべきではないと代表たちは警告した。しかしながら、地域の文脈において解釈され得る価値の枠組みについては、否定的というよりもむしろ肯定的に表現し提案された価値をもって支持された。フォーラムは、それはある社会的・文化的集団の特徴を形作っているとみなされる特定の行動というより価値や態度に焦点を置くべきである。分かち合われた価値に関する同意は、さまざまな集団が価値を実践に移している方法に制限しないで統一性を持つべきである。示された例としては、この国の多くの人々が、男女を同等にみなしているのに対し、信仰ではそのように実践されていない。

効果的な教授・学習戦略の明確化は、フォーラムのもう１つの可能な貢献である。関心は、正しいことと間違っていることについて子どもの無知というより、彼らが正しいと思っていることをすることの能力のなさと拒否である。若者がより良く行動する「決心」というものが、強くなってきたのかについて調査をする事例研究を代表たちは依頼した。できるだけ多くの人や組織を直接的関与、もしくはコンサルテーションがメディアを使った応答可能な報告を通して受け入れるべきという挑戦として、フォーラムの考えは見られている。ある程度の議論と相互理解へとつながる要求をもって、フォーラムは学校へ利益を与えるだけでなく、国民生活において、新鮮な感覚の目標を与えるだろう。

8 薦められる行動

8－1 (会議に参加した)代表らによって指摘された要点は会議の報告書にまとめられ、今後の議論のきっかけとされるべきである。

8－2 学校と地域社会の価値に関するいかなる全国フォーラムも、できるだけ多くの支持者からの代表で構成し社会における多様な見解を考慮にいれることができるようにするべきである。

8－3 精神的・道徳的・社会的・文化的発達への統一されたアプローチが存在することが必要である。

8－4 カリキュラムにおける教科や学校生活における他の領域を通しての精神的・道徳的・社会的・文化的発達に関する問題に取り組む作業グループが緊急に必要とされる。

8－5 カリキュラムのいかなるモニターも、精神的・道徳的・社会的・文化的発達を含むべきである。

8－6 精神的・道徳的・社会的・文化的発達に関する調査団体、出版社、関連団体のリストは学校を含めこれらの問題に関心のあるものにとって手助けとなる。

8－7 精神的・道徳的・社会的・文化的発達の評価の可能性に関する調査と開発活動が必要とされている。

8－8 国際比較に関する活動は、他国における市民性教育の供給と内容の調査を含むべきである。

付録

MORI 世論調査の調査結果

1996年3月、SCAAは「会議」によって持ち上がった問題の調査を進めるためにMORIを任命した。

成人調査の結果の概要

道徳性の指導

10歳以下の子どもにとって、何が良いか悪いかを教えられるべきであると感じているもの(51%)と善悪に関する自身の感覚を発達させるよう導かれるべきと感じているもの(49%)とに調査の回答者は分かれている。11歳から16

歳までの子どもについては、その発達を導かれるべきと考えるもの(59%)の方が、教えられるべきと考えるもの(24%)より多い。回答者のある程度の数の集団(15%)は11歳から16歳までの子どもは自分自身で何が良いか悪いかを決めることを許されるべきであると感じている。

双方の(子どもの)集団に対して、調査の回答者は、その年齢や社会的階級によって異なった見解を持っている。年配の回答者たちは、どちらかと言うと子どもは教えられるべきと考えており、子どもが自分で考えるべきと考えているのは、どちらかと言えば若い集団である。労働者階級の社会階級の回答者たちは、子どもに良し悪しの違いを教えることに関してどちらかと言うと上中流階級の人たちの意見に近い(そして子どもたちが良し悪しに関して自分自身の感覚を育てることに関しては、それほど近くない)。

道徳的模範

教師やスポーツ選手は、それぞれ77%と73%の回答者が良い道徳的模範であると答えているように、若者にとって、もっとも良い道徳的模範となっている。より若い回答者の方が、これらの集団を良い道徳的模範であると答えている。教師は非白人(86%)や親(82%)から高い割合でそのように思われている。

宗教的リーダーは、全体としては3番目に高い(良い模範を示していると48%が考えている)。15歳から24歳までの範囲の回答者がこの集団が良い模範を示していると答えた割合は、他に比べもっとも低い(39%)。親でない集団より、親の集団の方が、宗教的リーダーは良い模範を示していると考える割合が少ない(それぞれ50%と44%)。

政治家と流行歌手は、半数以上の回答者に貧しい道徳的模範しか示していないと思われている。非白人の人種集団と労働者の社会階級の集団には、政治家はもっとも好かれていない。流行歌手は貧しい道徳的模範しか示していないと、白人集団や55歳以上の人々がもっとも考えている。

責　任

子どもの行動に対して、親の責任がもっとも大きいと答えた人が、少なくとも10人のうち6人いた。しかしながら、15歳から24歳までの若者の集団は、他の集団に比べ、これらの行動にについて親が責任を持っているとしていない。10人のうち８人は、悪い言葉と他者への配慮の欠如に対して何かをしなければならないと感じている。

全体として３分の１のものは、無断欠席に対して教師に責任があると考えている。盗みや破壊、暴力などは警察に責任があると考えているのは、４分の１である。15歳から24歳の年齢集団は、このような行動に対して教師や警察に責任があると考えている割合が他の年齢集団よりも多い。

自分自身の道徳行動

多くの割合の回答者(44%)は、保険の不正な請求を止めさせる理由は、「嘘をつくことは悪いことだから」としている。女性や年長者、上中流の社会階級の集団が、この見解を持ちがちである。

15歳から24歳の若者は、嘘をつくことに対する関心(28%)よりも逮捕されること(37%)に対する恐れの方が多い。他の集団では、このことは２番目に多い理由である。

10人中９人の回答者(89%)は、決して万引きをしないと言っている。15歳から24歳の若者は、他の集団よりもそう言う割合が少ない(80%)。

半分の回答者は、決して身体的暴力を使わないと言った。男性より女性の方が(41%に比べて58%)このように言う割合が多い。65歳以上の年齢の３分の２は決して身体的暴力を使わないのに対して、25歳のそれは３分の１(34%)である。同じようなパターンは、他者への無配慮に関しての質問に見られる。すべての回答者の51%は、決して無配慮ではないと答えている。

半分以下のもの(44%)が、決して嘘はつかないと答えている。嘘への傾向は、年齢が関係している。例えば、15歳から24歳までの68%は、嘘をつくこともあると答えているのに対して、45歳から54歳までの46%、65歳以上の32%がそう答えている。

半分以上の回答者(56%)が自分を第１に考えると答えている。６人中１人(15%)は、もし自分に利益があるならば確実に自分を第１に考えると答えている。15歳から24歳までの23%と非白人の27%がそう答えている。

「人生の意味」の領域の質問に関して、回答者は関心を示している。10人中７人(73%)は、人生が何のためにあるのかについて考えることに興味を持っているし(うち35%は非常に興味を持っている)、また同じような数(71%)のものが、宇宙がどのようにできたかに興味を持っている(うち31%は非常に興味を持っている)。3分の2(65%)は、死後も世界があるのかについて興味があるし(うち34%は大変興味がある)、5人中3人は、神が存在するのかについて、考えることに興味を持っている。この最後に質問に関しては、年齢によって多様である。15歳から24歳の、5人に1人は、このことに大変興味があるのに対して、55歳以上のそれは5人のうち2人である。労働者の社会階級と非白人系の回答者は、これらの質問に関して大変興味を示す場合がより多い。

自分の雇用者に正直であることが最大の方針であるという主張には強い同意がある。10人のうち8人(83%)が同意しているし、そのうち半分(46%)が強く同意している。仕事においては無慈悲になる必要があること(43%が非同意、38%が同意)や、仕事で自分の仲間より自分の利益を優先させるべきであること(50%が非同意、26%が同意)については、意見の相違がある。この質問に関しては、それぞれの集団に差異はほとんどない。

若者調査の結果の概要

11歳から16歳の196人の若者とコンタクトを取った。この中には、回答者の家族だったものであり調査者が訪問したときに家族が同席し、調査に喜んで協力をすると答えた126人の子どもを含んでいる。さらに15歳か16歳の60人は、回答者とは別にインタビューを受けた。

11歳から16歳のこの集団は、良し悪しに関しては感覚がよく発達している。10人中9人以上は(95%)、他者のお金や物を盗むことは良くないと答えているし、10人のうち8人は(88%)、学校の勉強をごまかすことは正しくないと答えている。およそ半分は、人をののしってはいけないと答えているし(55%)、喧嘩をしてはいけないと答えている(50%)が、それぞれ14%と17%は、これらの行為は時には正当化されると信じている。

同時に、およそ10人中6人は、もし何か悪いことをしたら白状し(59%)、いじめられたら教師に言う(57%)ことが正しいとしている。若者のかなりの少数派は、これらの状況に対する反応は、その状況次第であるという証拠がある。3分の1以上が白状することと教師に言いつけることは、時には良いことと答えている(それぞれ34%と37%)。

10人中8人は、成人はその時代の人々が生活を営んでいくのを手助けしていることや(79%)、人々はその取り巻く環境を十分配慮していないこと(78%)に同意している。暗くなったら外出するのは安全とは言えなく(51%が同意し、41%が同意しない)、テレビには暴力が多すぎる(48%の同意に対し41%が同意しない)と少数が考えている。

一般の見方によれば、この若者の集団は、正直さより親切さを評価する。半数(54%)は、ほとんどの人は親切であることに同意するが、10人のうち3人(31%)は同意しない。7人のうち1人はわからない(15%)。反対に、半数(52%)は、ほとんどの人が正直であることに同意しないが、3分の1(34%)は同意している。また7人のうち1人(14%)は確かではない。

年をとるにつれ生活が良くなるかという質問についての若者の意見はバランスがとれている。そうなるという意見に賛成(43%)と反対では、違いが5ポイントである。しかしながら5人に1人は、わからないと答えている。

これらの若者の中には、「人生の意味」の質問に比較的高い興味を持つものがいる。5人のうち3人は、人生は何のためにあるのか(61%)、どのように宇宙は始まったか(59%)、死後の世界があるのか(59%、うち30%は大変興味がある)について興味を持っている。それぞれの質問について、4分の1は興味はないと答えている。

神が存在するのかについて、より多くの若者が信じている(47%が信じているのに対し36%が信じていない)が、この質問についての差異は比較的小さい。これらの質問すべてにおいて、おおよそ6人のうち1人は確定的な意見を言っていない。

(新井　浅浩訳)

Mark Wardman and Anita Maidment

MORI　1996年3月5日

参考文献

政府刊行物

Central Advisory Council of Education, *Children and their Primary Schools: A Report of the Central Advisory Council of Education*, HMSO, 1966.

Education Reform Act 1988, HMSO.

Education Act 1992, HMSO.

Education Act 1993, HMSO.

Education Act 1996, HMSO.

Committee of Inquiry into the Education of Children from Ethnic Minority Groups, *West Indian Children in Our Schools*, HMSO, 1981.

Committee of Inquiry into the Education of Children from Ethnic Minority Groups, *Education for All (Swann Report)*, HMSO, 1985.

Dearing, Sir R., *The National Curriculum and its Assessment–An Interim Report*, NCC/SEAC, 1993a.

Dearing, Sir R., *The National Curriculum and its Assessment–An Final Report*, SCAA, 1993b.

Department for Education and Science, *Prospects and Problem for Religious Education*, HMSO, 1971.

Department for Education and Science, *Report by HM Inspectors on a Survey of PSE Courses in Some Secondary School, carried out: Autumn 1986–Summer 1987*, DES, 1988.

Department for Education and Science, *Personal and Social Education from 5 to 16, Curriculum Matters 14*, An HMI Series, HMSO, 1989.

Department for Education, *Choise and Diversity, A New Framework for Diversity*, HMSO, 1992.

Department for Education, *Religious Education and Collective Worship, Circular 1/94*, DEF, 1994.

Department for Education and Employment, *Excellence in Schools*, The Stationery Office, July 1997.

Department for Education and Employment, *Preparing Young People for Adult Life, —A Report by the National Advisory Group on Personal, Social and Health*

Education, May 1999.

National Curriculum Council, *Curriculum Guidance 3: The Whole Curriculum*, NCC, 1990a.

NCC, *Curriculum Guidance 4–Education for Economic and Industrial Understanding*, NCC, 1990b.

NCC, *Curriculum Guidance 5–Health Education*, NCC, 1990c.

NCC, *Curriculum Guidance 6–Careers Education and Guidance*, NCC, 1990d.

NCC, *Curriculum Guidance 7–Environmental Education*, NCC, 1990e.

NCC, *Curriculum Guidance 8–Education for Citizenship*, NCC, 1990f.

Office For Standards In Education, *Religious Education and Collective Worship 1992–1993*, HMSO, 1994.

OFSTED, *Guidance on the Inspection of Nursery and Primary Schools*, HMSO, 1995.

OFSTED, *Guidance on the Inspection of Secondary Schools*, HMSO, 1995.

OFSTED, *Religious Education, A review of inspection findings 1993/94*, 1995.

OFSTED, *The Impact of New Agreed Syllabuses on the Teaching and Learning of Religious Education, A Report form the OHMCIS*, 1997.

Qualifications and Curriculum Authority, *Education for Citizenship and the Teaching of Democracy in Schools, Final Report of the Advisory Group on Citizenship*, 1998.

QCA, *Personal, Social and Health Education and Citizenship at Key Stages 1 and 2–Intial Guidance for Schools*, QCA, 2000.

QCA, *Personal, Social and Health Education and at Key Stages 3 and 4–Intial Guidance for Schools*, QCA, 2000.

QCA, *Citizenship at Key Stages 3 and 4–Intial guidance for schools*, QCA, 2000.

QCA, *Religious Education: Non–statutory Guidance on RE*, 2000.

School Curriculum and Assessment Authority, *Model Syllabuses for Religious Education*, SCAA, 1994.

SCAA, *Education for Adult Life: The Spiritual and Moral Development of Young People*, SCAA, 1996a.

SCAA, *Press Release 46/96*, 30 Oct. 1996b.

SCAA, *Press Release 56/96*, 19 Dec. 1996c.

SCAA, *Teaching English as an Additional Language: A Framework for Policy*, SCAA, 1996.

宗教教育関係（第１部）

英文

Astly, Jeff & Francis, Leslie eds., *Christian Theology and Religious Education*, SPCK, 1996.

Beck., John, *Morality and Citizenship in Education*, Cassell, 1998.

Best, Ron ed., *Education, Spirituality and the Whole Child*, Cassell, 1996.

Bishop of Durham, *The Fourth R, The Report of the Commission on Religion Education in Schools, appointed in 1967 under the Chairmanship of The Bishop of Durham, National Society* SPCK, 1972.

Bottery, Mike, *The Morality of the School—The Theory and Practice of Values in Education*, Cassell, 1990.

Brown, Alan & Furlong, Joan, *Spiritual Development in Schools, Invisible to the Eye*, The National Society for Promoting Religious Education, 1996.

Cole, Owen ed., *World Faiths in Education*, George Allen & Unwin, 1978.

Cole, Owen & Judith Evans-Lowndes, *Religious Education in the Primary Curriculum*, Religious and Moral Education Press, 1991.

Cooling, Trevor, *A Christian Vision for State Education*, SPCK, 1994.

Copley, Terence, *Teaching Religion—Fifty Years in England and Wales—*, University of Exter Press, 1997.

D'Costa, Davin ed. *Christian Uniqueness Reconsidered—The Myth of a Pluralistic Theology of Relgigions*, Obris Books, 1995.

Cox, Edwin, *Changing Aims in Religious Education*, Routledge, 1966.

Cox, Edwin, *Problems and Possibilities for Religious Education*, Hodder & Stoughton, 1983.

Cox, Edwin & Josephine, M. Cairns, *Reforming Religious Education*, Kegan Page, 1989.

Cruickshank, M., *Church and State in English Education, 1870 to the Present Day*, Macmillan, 1963.

Dean, Thomas ed., *Religious Pluralism and Truth—Essays on Cross-Cultural Philosophy of Religion*, State University of New York Press, 1995.

Erricker, Clive & Jane, *Reconstructing Religious, Spiritual and Moral Education*, Routledge, Falmer, 2000.

Felderhof, C.M., ed., *Religious Education in a Pluralistic Society*, Hodder & Stoughton, 1985.

Goldman, Ronald, *Religious Thinking from Childhood to Adolescence*, Routledge & Kegan Paul, 1964.

Goldman, Ronald, *Readiness for Religion*, Routledge & Kegan Paul, 1965.

Gower, Ralph, *Religious Education at Primary Schools*, Lion Education, 1990.

Grimmitt, Michael, *What Can I Do in RE?*, Mccrimmon, 1973.

Grimmitt, Michael, *Religious Education and Human Development*, Mccrimmon, 1987.

Halstead, Mark & Taylor, Monica J. eds., *Values in Education and Education in Values*, Falmer Press, 1996.

Hammond, John, Hay, David et al., *New Methods in R.E.—An Experiential Approach—*, Oliver & Boyd, 1990.

Hargreaves, David, *The Mosaic of Learning: Schools and Teachers for the Next Century*, Demos, 1994.

Hart, Colin, *Religious Education: From Act to Action,* Cats Trust, 1991.

Hewitt, Harold ed., *Problems in the Philosophy of Religion,* Macmillan, 1991.

Hick, John, *Problems of Religious Pluralism,* Macmillan, 1985

Hill, Brennan, *Key Dimensions of Religious Education,* Sintt Mary's, 1988.

Hilliard, F. H., *The Teacher and Religion,* James Claeke & Co., 1963.

Hirst, Paul H. & Peters R. S., *The Logic of Education,* Open University Press, 1970.

Hirst, Paul H., *Knowledge and the Curriculum,* Routledge & Kengan Paul, 1974.

Holm, Jean, *Teaching Religion in School,* Oxford University Press, 1975.

Hughes, Elizabeth, *Religious Education in the Primary School–Managing Diversity,* Cassell, 1994.

Hull, John, *Studies in Religion & Education,* Falmer Press, 1984.

Hull, John, *The Act Unpacked—The Meaning of the 1988 Education Reform Act for Religious Education,* Birmingham Papers, 1989.

Hull, John, *Mishmash–Religious Education in Multi–Cultural Britain,* Birmingham Papers, CEM, 1991.

Hull, John, *Utopian Whispers, Moral Education and Spiritual Values in Schools,* Religious and Moral Education Press, 1998.

Institute of Christian Education, *Religious Education in Schools—The Report of an Inquiry Made by the Research Committee of the Institute of Christian Education into the Working of the 1944 Education Act—,* SPCK, 1954.

Jackson, Robert ed., *Perspective on World Religions,* Extramural Division School of Oriental and African Studies, 1978.

Jackson, Robert ed., *Approaching World Religions,* John Murray, 1982.

Jackson, Robert ed., *Religious Education—An Interpretive Approach,* Hodder & Stoughton, 1997.

O'Keefe, Bernadette, *Faith, Culture and the Dual System—A Comparative Study of Church and County Schools,* Falmer Press, 1986.

Kent, Graeme & Kirby, Mike, *Religious Education: A Whole School Guide,* Parson Publishing, 1994.

King, Ursula ed., *Turning Points in Religious Studies,* T & T Clark, 1990.

King, Anna & Reiss, Michael J., *Multicultural Dimension of the National Curriculum,* Falmer Press, 1993.

Lowton, Dennis, *The Tory Mind in Education 1979–94,* Falmer Press, 1994.

Mccleland, V.A. ed., *Christian Education in a Pluralist Society,* Routledge, 1988.

Mcleod, John, "Church and State", in Robert Morris ed. *Central and Local Control of Education after the ERA 1988,* Longman, 1990.

Nice, David, *County and Voluntary Schools,* Longman, 1992.

Parson, Gerald ed., *The Growth of Religious Diversity in Britain from 1945,* Vol.1, Open University Press, 1993.

Peters, R.S., *Education as Initiation,* The University of London Institute of Education,

1964.
Peters, R.S., *Ethics & Education*, Routledge & Kengan Paul, 1967.
Peters, R.S., *The Concept of Education*, Routledge & Kegan Paul, 1967.
Peters, R.S., Education and Educated Man, in R.F. Dearden, P.H. Hirst & R.S. Peters eds., *Education and the Development of Reason*, Routledge & Kegan Paul, 1972.
Phenix, Philip H., *Realms of Meaning*, McGraw-Hill, 1964.
Pumfry, P.D. & Verma, G.K., *Cultural Diversity and the Curriculum*, Vol.2—*Cross-Curricular Contexts, Theme and Dimensions in Secondary Schools*, Falmer Press, 1993.
Pumfry, P.D. & Verma, G.K., *Cultual Diversity and the Curriculum*, Vol.3—*The Foundation Subjects and Religious Education in Primary Schools*, Falmer Press, 1993.
Robinson, T.A.John, *Honest to God*, SCM, 1963.
Schools Council, *An Approach through Religious Education*, Evans/Methuen Educational, 1969.
Schools Council, *Religious Education in Secondary Schools, Working Paper 36* Evans/Methuen Educational, 1971.
Schools Council, *Religious Education in Primary Schools, Working Paper 44* Evans/Methuen Educational, 1972.
Schools Council, *A Groundplan for the Study of Religion*, 1977.
Smart, Ninian, *Secular Education & the Logic of Religion*, Humanities Press, 1969.
Smart, Ninian & Horder, Donald eds., *New Movements in Religious Education*, Temple Smith, 1975.
Smith, James W.D., *Religion and Secular Education*, The Saint Andrew Press, 1975.
Sealey, John, *Religious Education: Philosophical Perspectives*, George Allen, 1985.
Starkings, Dennis ed., *Religion & the Arts in Education*, Hodder & Stoughton, 1993.
Sutcliffe, John M. ed., *A Dictionary of Religious Education*, SCM, 1984.
Taylor, Monica J., *SACRE's—Their Formation, Composition, Operation and Role on RE and Worship*, National Foundation for Educational Research, 1990.
Verma, G.K. ed., *Education for All: A Landmark in Pluralism*, Falmer Press, 1989.
Watson, Brenda ed., *Priorities in Religious Education—A Model for the 1990's and Beyond*, Falmer press, 1992.
Watson, Brenda, *The Effective Teaching of Religious Education*, Longman, 1993.
Wedderspoon, A.G. ed., *Religious Education 1944–1984*, Allen & Unwin, 1966.
Wolffe, John, *The Growth of Religious Diversity in Britain from 1945*, Hodder & Stoughton, 1993.
Wright, Andrew, *Spiritual Pedagogy: A Survey, Critique and Reconstruction of Contemporary Spirual Education in England and Wales*, Culham College Institute, 1998.

英文雑誌

Learnig for living (1961-1978), Christian Education Movement.

British Journal of Religious Education, Christian Education Movement.

邦文

笠井恵一『二十世紀神学の形成者たち』新教出版社、1993年。

国立教育研究所内道徳研究会編『道徳教育の現状と動向—世界と日本—』ぎょうせい、1982年。

佐久間孝正『変貌する多民族国家イギリス』明石書店、1998年。

ティリッヒ著、茂洋訳『究極的なものを求めて』新教出版社、1968年。

デコスタ著、森本あんり訳『キリスト教は他宗教をどう考えるか』教文館、1997年。

ヒック他編、八木誠一他訳『キリスト教の絶対性を越えて』春秋社、1993年。

ヒック著、間瀬啓充他訳『宗教の哲学』勁草書房、1964年。

ヒック著、間瀬啓充訳『宗教多元主義—宗教のパラダイム変換』法蔵館、1990年。

ピーターズ著、三好信浩・塚崎智訳『現代教育の倫理：その基礎的分析』黎明書房、1971年。

フェニックス著、佐野安仁・吉田健二訳『宗教教育の哲学』晃洋書房、1987年。

フェニックス著、岡本道雄・市村尚久訳『コモン・グッドへの教育』玉川大学出版部、1995年。

古屋安雄『宗教の神学—その形成と課題—』ヨルダン社、1988年。

間瀬啓・稲垣久和編『宗教多元主義の探究—ジョン・ヒック考—』大明堂、1995年。

松川成夫「イギリスの教育改革における宗教教育の問題—『教育改革法1988』をめぐって」青山学院大学キリスト教文化研究センター編『現代におけるキリスト教教育の展望』ヨルダン社、1996年。

宮寺正晃夫著『現代イギリス教育哲学の展開』勁草書房、1997年。

ロビンソン著、小田垣雅也訳『神への賛美』新教出版社、1964年。

宗教教育関係（第２部）

英文

Coard, Bernard, *How the West-Indian Children is Made Educationally Subnormal in the British School System,* New Beacon Books, 1971.

Commission for Racial Equality, *Learning in Terror,* 1987.

Commission for Racial Equality, *Code of Practice: For the elimination of racial discrimination in education,* 1989.

Commission for Racial Equality, *Ethnic Monitoring in Education,* 1992.

Cordon, Paul & Newnham, Anne, *Different Worlds: Racism and discrimination in Britain,* Runnymede Trust, 1983.

Daniel, W.W., *Racial Discrimination in England,* Penguin Books, 1967.

Dufour, Barry, ed., *The New Social Curriculum,* 1990.

Gaine, Chris, *No Problem Here,* Hutchinson, 1987.

Gaine, Chris, *Still No Problem Here,* Trentham Books. 1995.

Gilborn, David, *Race, Ethnicity and Education: Teaching and learning in multi-ethinic schools,* Unwin Hyman, 1990.

Gilborn, David, *Racism and Antiracism in Real Schools,* Open University Press. 1995.

Gilborn, David & Gipps, Caroline, *Recent Research on the Achievements of Ethnic Minority Pupils,* HMSO, 1996.

Gill, Dawn & Levidow, Les eds., *Anti-racist Science Teaching,* Free Association Books, 1987.

Gill, Dawn, Mayor, Barbara & Mode, Blair, *Racism and Education: Structures and Klein, Gillian, Education Towards Race Equality,* Cassel, 1993.

Hatcher, Richard, Troyna, Barry & Gewirtz, Deborah, *Racial Equality and Local Management of Schools,* Trentham Books, 1996.

Law, Ian, *Racism, Ethnicity and Social Policy,* Prentice Hall Europe, 1996.

Macdonald, Ian, et al., *Murder in the Playground: The Burnage Report,* Longside Press. 1989.

National Union of Teachers, *Anti-Racist Curriculum Guidelines,* 1992.

Rosen, Harold & Burgess, Tony, *Languages and Dialects of London School Children,* Ward Lock Educational, 1980.

Sirai-Blatchford, Iran, *The Early Years: Laying the foundations for racial equality,* Trentham Books, 1994.

Stubbs, Michael W. ed., *The Other Languages of England: Linguistic minorities Proiect,* Routledge & Kegan Paul, 1985.

The Runnynede Trust, "A Background Paper: A community defends its school", *Race and Immigration,* No.245, 1991.

The Runnymede Trust, *Equality Assurance in Schools,* Trentham Books, 1993.

Troyna, Barry & Watcher, Richard, *Racism in Children's Lives: A Study of Mainly White Primary Schools,* Routledge, 1992.

University of Warwick Centre for Ethnic Relations, *Census Statistical Paper,* No.1, *Ethnic Minorities in Great Britain: Settlement Pattern,* 1992.

邦文

異文化間教育学会編『異文化間教育―特集 多文化教育と外国人教育』第7号、1993年。

川野辺創「イギリスにおけるバングラディッシュ系の生徒の低学力問題」日本比較教育学会編『比較教育学研究』第18号、1992年。

佐久間孝正『イギリスの多文化・多民族教育』国土社、1993年。

部落解放研究所編『これからの人権教育』解放出版社、1997年。

松井清『教育とマイノリテイ』弘文堂、1994年。

人格教育(PSE)関係

英文

Anning, A., *The First Year at School,* Open University Press, 1991.

Beck, J., *Morality and Citizenship in Education,* Cassell Education, 1998.

Best, Ron ed., *Education, Spirituality and the Whole Child,* Caseell, 1996.

Best, R., "The Impact of Decade of Educational Change on Pastoral Care and PSE: A Survey of Teacher Perceptions", in *Pastoral Care in Education-R—The Journal for Pastoral Care and Personal and Social Education,* Vol,17 No.2, June 1999.

Best, R, Lang, P., Lodge, C. & Watkins, C., *Pastoral Care and Personal-Social Education-Entitlement and Provision,* Cassell, 1995.

Best, R. et al. eds., *Pastoral Care and Personal-Social Education-Entitlement and Provision,* Cassell, 1995.

Curry, M. & Bromfield, C., *Personal and Social Education for Primary School through Circle Time,* Nasen, 1994.

Durham County Council Education Authority, *Personal and Social Education: A Statement of Policy,* 1992.

Foster, John, *Issues1—The cross-curricular course for PSE,* Collins Educational, 1992.

Foster, John, *Issues2—The cross-curricular course for PSE,* Collins Educational, 1992.

Foster, John, *Issues3—The cross-curricular course for PSE,* Collins Educational, 1993.

Foster, John, *Issues4—The cross-curricular course for PSE,* Collins Educational, 1993.

Foster, John, *Issues5—The cross-curricular course for PSE,* Collins Educational, 1993.

Galloway, David, *Pupil Welfare & Counselling: An Approach to Personal and Social Education across the Curriculum,* Longman, 1990.

Halstead, J. Mark & Taylor, Monica J., *Values in Education and Education in Values,* Falmer Press, NFER, 1996.

Halstead, J. Mark & Taylor, Monica J., *The Development of Values, Attitudes and Personal Qualiteis—A Review of Recent Research,* NFER, 2000.

Hargreaves, A. et al., *Personal and Social Education-Choices and Challenges,* Basil Blackwell, 1988.

Haydon, Graham, *Teaching About Values: A New Approach,* Cassell, 1997.

Kant, Lesley, *Personal and Social Education across the Curriculum,* London Borough of Merton, 1994.

Kolb, D., *Experiential Learning,* Prentice Hall, 1984.

Lang, Peter ed., *Thinking About…Personal and Social Education in the Primary School,* Basil Blackwell, 1988.

Lang, Peter, Best, Ron & Lichtenberg, Anna, *Caring for Children: International Perspectives on Pastoral Care and PSE,* Cassell, 1994.

Lang, Peter, with Katz, Yaacov & Menezes, Isabel eds., *Affective Education—A Comparative View,* Cassell, 1998.

London Borough of Merton Inspectorate and Advisory Service, *Guideline for Personal and Social Education across the Curriculum,* 1994.

Marland, Michael, *Pastoral Care,* Heinemann Educational Books, 1974.

McGuiness, John, *Teachers, Pupils and Behaviour: A Managerial Approach,* Cassell, 1993.

Norfolk County Council Education Committee, *Personal and Social Education, A Statement of Policy for the Curriculum 5–16*, 1992.

North Yorkshire County Council Education Department, *Personal and Social Education Guideline*.

Nuttall, L., "Transmitted, Caught or Taught? A Whole School Approach to Personal and Social Education", in *The Journal of the National Association for Pastoral Care in Education*, Vol.6 No.1, March 1988.

Office for Standards in Education, *Guidance on the Inspection of Nursery and Primary Schools*, HMSO, 1995.

Office for Standards in Education, *Guidance on the Inspection of Secondary Schools*, HMSO, 1995.

Perigo, Brenda, *Health Education Personal and Social Education Behavior*, Oxfordshire County Council.

Power, Sally, *The Pastoral and the Academic–Conflict and Contradiction in the Curriculum*, Cassell, 1996.

Pring, Richard, *Personal and Social Education in the Curriculum*, 1984.

Ryder, J. & Campbell, L., *Balancing Acts in Personal, Social and Health Education*, Routledge, 1988,

TACADE, *Skills for the Primary School Children*, TACADE, 1993.

Watkins, C., "Does Pastoral Care＝Personal and Social Education", in *The Journal of the National Association for Pastoral Care in Education*, Vol.3 No.3, March 1985.

White, Patricia ed., *Personal and Social Education–Philosophical Perspectives*, Kogan Page, 1989.

英文雑誌

The Journal of the National Association for Pastoral Care in Education.

邦文

石附実編著『比較・国際教育学』東信堂、1996年。

伊東博『自己実現の教育』明治図書、1980年。

木村浩「全国共通カリキュラムの設定と教育水準の向上—イギリスの場合—」日本比較教育学会編『比較教育学研究』第16号、1990年。

ジョン・ネイスビット『メガトレンド』南雲堂、1990年。

志水宏吉『変わりゆくイギリスの学校』東洋館出版社、1994年。

高浦勝義『総合学習の理論・実践・評価』黎明書房、1998年。

ダフネ・ジョンソン編、岩橋法雄・福知栄子他訳『イギリスの教育と福祉—問われる学校の責任と限界』法律文化社、1983年。

デニス・ロートン著　勝野正章訳『教育課程改革と教師の専門職性—ナショナルカリキュラムを超えて』学文社、1998年。

二宮皓編著『世界の学校—比較教育文化論の視点にたって』福村出版、1995年。

藤田英典『教育改革』岩波新書、1997年。

水越敏行監修『諸外国の特色ある教育方法』国立教育会館、1998年。
望田研吾『現代イギリスの中等教育改革の研究』九州大学出版会、1995年。

執筆者既発表論稿

柴沼晶子「イギリスの宗教教育におけるオープン・アプローチの動向」日本比較教育学会編『日本比較教育学会紀要』第4号、1978年。
柴沼晶子「アグリード・シラバスにあらわれたイギリスの宗教教育の動向」『日本大学精神文化研究所紀要』第9号、1978年。
柴沼晶子「英国の公立学校における宗教教育—英国の宗教教育の教育的意義づけをめぐって」『日本大学精神文化研究所紀要』第12号、1981年。
柴沼晶子「英国の公立学校(County School)における宗教教育の教育的論拠としての R.S. Peters の『教育』の概念」『敬和学園大学研究紀要』第3号、1994年。
柴沼晶子・新井浅浩「英国の1988年教育改革法後の宗教教育と人格教育」日本比較教育学会編『比較教育学研究』第21号、1995年。
柴沼晶子・新井浅浩「英国の1988年教育法後の公立学校における宗教教育と人格教育(PSE)に関する基礎的研究—目標の分析を中心に」『敬和学園大学研究紀要』第5号、1996年。
柴沼晶子・新井浅浩「英国の1988年教育改革法後における宗教教育と人格教育に関する基礎資料」(平成7・8年度科学研究費補助金研究中間成果)敬和学園大学、1997年。
柴沼晶子・新井浅浩「英国の1988年教育改革法後における宗教教育と人格教育に関する基礎的研究」(平成7～9年度科学研究費補助金研究報告書)敬和学園大学、1998年。
小口功・川野辺創「イギリスにおけるイスラム教徒の学校教育に関する一考察」日本比較教育学会編『比較教育学研究』第17号、1991年。
新井浅浩「人間の成長・発達と学校制度(2)—イギリス—」山下武編著『現代教育への視座—教育学試論—』八千代出版、1994年。
新井浅浩「イギリスにおける全国共通カリキュラムの改定動向—『デアリング・レビュー』を中心に」『学校と地域社会との連携に関する国際比較研究・中間報告書(1)』国立教育研究所、1996年。
新井浅浩「海外の実践から学ぶ『生き方を考える』総合学習—イギリスの PSE—」『指導と評価』第44巻1月号、㈳日本図書文化協会、1998年。
新井浅浩「イギリスにおける1988年教育改革法後の総合学習の展開」『新しいメディアに対応した教科書・教材に関する調査研究』財団法人教科書研究センター、1999年。
新井浅浩「イギリスにおけるナショナル・カリキュラムと子どもの精神的・道徳的発達」日本比較教育学会編『比較教育学研究』第26号、2000年。
新井浅浩「外国の心の教育はどうなっているか—イギリスの PSE の事例—」『授業づくりネットワーク』第13巻第9号、学事出版、2000年。

あとがき

英国の宗教教育の代表的な雑誌*British Journal of Religious Education*は、1934年から1961年までは*Religion in Education*、1961年から1978年までは*Learning for Living*、そして1978年から現在のものへとその誌名を変えてきた。このことは英国の宗教教育の変化を端的に示しているように思われる。

著者は1960年代の後半からこの雑誌の諸論稿を追って英国の宗教教育の変容に驚かされつつも、一貫して公立学校での宗教教育を存続させ、そのために宗教教育のカリキュラムにおける存在理由を求める論議に関心を持ってきた。当初は公立学校に宗教教育を位置づけている英国の教育の在り方に教育史的、比較教育学的観点から興味を抱いていたのであるが、短大の教職課程の道徳教育の研究を担当し、わが国の道徳や道徳教育研究という科目の問題点を痛感させられるに至って、英国の宗教教育への関心が深まってきた。それは宗教的とは言わないまでも、実存的な生への問いかけというレベルまで深まらないわが国の道徳教育に、英国の新しい神学を背景にした探究的宗教教育から示唆を得るところがあるのではないかと考えたからであった。

そのような期待で英国の宗教教育の論議を追っているうちに1988年に教育法が改正された。英国の1988年教育改革法は宗教教育を強化したと一般にわが国では紹介されるが、果たしてその内実はどのようなものなのか、諸宗教の学習という側面を強めていた英国の宗教教育が改革法の目的にある精神的・道徳的発達に貢献するためにどのような取り組みをしつつあるのか、そのような問題意識で新たに1988年教育法後の宗教教育を見てみたいと思った。その際、宗教教育を補完し、実践的な生徒指導を担うPSEの研究をされている新井浅浩氏と共同研究を企画した。生徒の精神的・道徳的発達をホーリスティックに図るためには両者の連携が欠かせないものであると思ったからである。

しかし宗教教育だけでなくPSEについても、これまでわが国ではその実体があまり知られていないために、基礎的な資料の収集やそれらの理解と整理に時間とエネルギーとを費やしてしまい、本書もそれらの紹介や解説に終始してしまって、当初の研究目的を十分に達成していないことに忸怩たる思いがある。これを著者らの研究の一里塚として今後の研究を進めていきたい。

1988年教育改革法は、初めて多文化社会としての立場から公立学校の宗教教育は英国における主要な宗教の学習を含むべきことを定めている。にもかかわらず、あるいはそのためにかえって、マイノリティの宗教教育に対する要求は強まっている。この問題について、長年研究されている小口功氏に執筆を担当していただいた。

研究にあたっては実に多くの方々のご教示やご支援をいただいた。麗澤大学の岩佐信道教授には同大学で主催された2度の国際道徳教育学会で、英国国立研究所（NFER）の主任研究官であるモニカ・テイラー氏と親交を深める機会を与えていただき、1996年に同氏の主催された英国ランカスター大学での国際道徳教育学会に参加することができた。他でもないこの学会で、当時SCAAが進めていた「教育と地域社会における価値のための全国フォーラム」の存在を知ることができたのである。現在英国のカリキュラムに新たに導入された「市民性の教育」がわが国の教育学会でにわかに注目されているが、本書の終章と資料に紹介した同フォーラムの設置がその発端になったものであり、資料はその時に与えられたものである。また立正大学の浪本勝年教授にはQCAの貴重な関係資料をご恵与いただき、最新の英国の教育の動向を知ることができ、本書にも活用させていただいた。またニック・テイト所長に同氏のスピーチの拙訳をお届けいただき、後日同氏から訳文を資料として本書に所収することの快諾を得ることができた。バーミンガム大学のグリミット教授には著書の一部の掲載を承諾していただき、また現在の宗教教育に関する貴重なご教示をいただいた。最後に、ブラッドバリィ夫妻には新井氏のPSEの実態調査をはじめ数々の調査研究にあたってご配慮とご支援をいただいた。これらの方々にこの場で改めて御礼申しあげたい。

本書は日本学術振興会の平成12度科学研究費補助金「研究成果公開促進費」の助成により、拙い共同研究の成果を公刊することができた。出版にあたって東信堂のご配慮をいただき、細部にわたってゆきとどいたお世話をしていただいたことに御礼申しあげる次第である。

2000年1月

柴沼 晶子

事項索引

タ行

ナ行

ハ行

マ行

ヤ行

ラ行

欧字・数字

人名索引

■執筆者紹介および執筆分担

柴沼　晶子（しばぬま　あきこ）・**編者**：序にかえて、第1部、終章第1・4節、あとがき

1962年、国際基督教大学教育学研究科修士課程修了。フェリス女学院短期大学助教授を経て現在敬和学園大学教授。

主要著作・論文

『道徳教育の現状と動向——世界と日本』（共著、国立教育研究所内道徳教育研究会編、ぎょうせい、1982年）、『開かれた学校と学習の体験化——教師教育のパラダイム転換をめざして』（共編著、教育開発研究所、1992年）、『学校革命——無学年制による改造』（共訳、明治図書、1968年）、「イギリスの宗教教育におけるオープン・アプローチの動向」『日本比較教育学会紀要 第4号』（1978年）。

小口　功（おぐち　いさお）：第2部

1988年、名古屋大学大学院教育学研究科修了。文部省調査統計企画課専門職員をへて現在近畿大学豊岡短期大学助教授。

主要著作・論文

『教育原理』（共編著、近畿大学豊岡短期大学通信教育部、1999年）、『教育総合演習』（共著、近畿大学豊岡短期大学通信教育部、2000年）、「イギリスにおける男女共学の普及」『教育近代化の諸相』（名古屋大学出版会、1992年）、「イギリスの人権教育から学ぶ」『これからの人権教育』（解放出版社、1997年）、「イギリス——多文化教育の理念と政策の変遷」『多文化教育の国際比較』（玉川大学出版部、2000年）。

新井　浅浩（あらい　あさひろ）・**編者**：第3部、終章第2・3節

1986年、米国カリフォルニア大学大学院修士課程修了。文理情報短期大学専任講師をへて現在西武文理大学専任講師。

主要著作・論文

『現代教育への視座』（共著、八千代出版、1994年）、『教育データブック』（共著、時事通信社、2000年）、『アドベンチャー教育で特色ある学校づくり——個性を認め合う体験学習』（共著、学事出版、1999年）、「イギリスの初等学校におけるオープン教育に関する一研究」『比較教育学研究 第16号』（1990年）、「イギリスにおけるナショナル・カリキュラムと子どもの精神的・道徳的発達」『比較教育学研究 第26号』（2000年）。

Religious Education and PSE in English Schools

現代英国の宗教教育と人格教育（ＰＳＥ）

2001年2月28日　　初　版第1刷発行　　〔検印省略〕

＊定価はカバーに表示してあります

編者 ⓒ柴沼晶子・新井浅浩／発行者 下田勝司　　印刷・製本 中央精版印刷

東京都文京区向丘1-5-1　郵便振替00110-6-37828　　発行所 株式会社 東信堂

〒113-0023　TEL (03) 3818-5521㈹　FAX (03) 3818-5514

Published by **TOSHINDO PUBLISHING CO., LTD.**

1-5-1, Mukougaoka, Bunkyo-ku, Tokyo, 113-0023, Japan

ISBN4-88713-392-8 C3037 ¥5200E

E-mail:tk203444@fsinet.or.jp

東信堂

比較・国際教育学〔補正版〕	石附実編	三五〇〇円
日本の対外教育—国際化と留学生教育	石附実	二〇〇〇円
比較教育学の理論と方法	J・シュリーバー編著 馬越徹・今井重孝監訳	二八〇〇円
世界の教育改革—21世紀への架ケ橋	佐藤三郎編	三六〇〇円
〔現代アメリカ教育1巻〕教育は「国家」を救えるか—質・均等・選択の自由	今村令子	三五〇〇円
〔現代アメリカ教育2巻〕永遠の「双子の目標」—多文化共生の社会と教育	今村令子	二八〇〇円
ドイツの教育	天野正治・結城忠・別府昭郎編	四六〇〇円
21世紀を展望するフランス教育改革—一九八九年教育基本法の論理と展開	小林順子編	八六四〇円
フランス保育制度史研究—初等教育としての保育の論理構造	藤井穂高	七六〇〇円
変革期ベトナムの大学	D・スローパー、レ・タク・カン編 大塚豊監訳	三八〇〇円
フィリピンの公教育と宗教—成立と展開過程	市川誠	五六〇〇円
国際化時代日本の教育と文化	沼田裕之	二四〇〇円
ホームスクールの時代—学校へ行かない選択：アメリカの実践	M・メイベリー/J・ノウルズ他 秦明夫・山田達雄監訳	二〇〇〇円
社会主義中国における少数民族教育—「民族平等」理念の展開	小川佳万	四六〇〇円
東南アジア諸国の国民統合と教育—多民族社会における葛藤	村田翼夫編	四四〇〇円
ボストン公共放送局と市民教育—マサチューセッツ州産業エリートと大学の連携	赤堀正宜	四七〇〇円
現代英国の宗教教育と人格教育(PSE)	柴沼晶子・新井浅浩編	五二〇〇円
現代の教育社会学—教育の危機のなかで	能谷一乗	二五〇〇円
子どもの言語とコミュニケーションの指導	D・バーンスタイン他編 池・内山・緒方訳	二八〇〇円
教育評価史研究—教育実践における評価論の系譜	天野正輝	四〇七八円
日本の女性と産業教育—近代産業社会における女性の役割	三好信浩	二八〇〇円